Jancis Robinson
Der Degustationskurs

Jancis Robinson

Der Degustationskurs

 Hallwag

In Erinnerung an T. E. R.

Die englische Neuausgabe ist 2000 unter dem Titel
»Jancis Robinson's winetasting work book«
im Verlag Conran Octopus Ltd., London, erschienen.
Conran Octopus Ltd. ist ein Imprint der Octopus
Publishing Group Ltd, 2–4 Heron Quays, Docklands,
London E14 4JP.
www.conran-octopus.co.uk

Erstmals erschienen als »Masterglass« 1983
Design und Layout Copyright © Octopus Publishing
Group Ltd. 2000
Text Copyright © Jancis Robinson 1983,
revised edition 2000
Special photography © Jan Baldwin 2000
All rights reserved

Gesamtproduktion der deutschen Ausgabe:
Werkstatt München GbR
Übersetzung aus dem Englischen:
Manfred Mothes und Andrea von Struve
Lektorat: Renate Haen
Satz: Anja Dengler

Projektleitung: Marc Strittmatter
Herstellung: Maike Harmeier
Umschlaggestaltung: KMS Team GmbH, München
Umschlagfoto: Stefan Braun
Printed and bound in China

Copyright © 2003 Gräfe und Unzer Verlag GmbH
Grillparzerstr. 12, 81675 München
Alle deutschen Rechte vorbehalten

Hallwag ist ein Unternehmen des Gräfe und Unzer
Verlags, München, Ganske Verlagsgruppe
hallwag-leserservice@graefe-und-unzer.de

ISBN 3-7742-0893-X

GRÄFE
UND
UNZER

Ein Unternehmen der
GANSKE VERLAGSGRUPPE

Inhalt

Vorgeschmack:
Ein Buch für Durstige

Dieses Buch richtet sich an all jene, die mehr über Wein wissen möchten, ihn aber viel lieber trinken, als über ihn zu lesen. Glücklicherweise ist die praktische Seite des Weingenießens nicht nur angenehmer als die graue Theorie, sie ist zudem auch wesentlich wichtiger.

Wer seinen Lebensunterhalt damit verdient, über Wein zu schreiben und zu reden, verliert leicht die Tatsache aus dem Blickfeld, dass es nur der Geschmack ist, auf den es wirklich ankommt. Dieses köstliche Getränk ist nicht dazu da, um in Büchern analysiert und in Jahrgangstabellen aufgelistet zu werden, sondern dient zuallererst dem sinnlichen Genuss. Mein praktischer Ratgeber wird Sie also vor allem beim Trinken begleiten und Ihnen erklären, warum ein bestimmter Wein so und nicht anders schmeckt. Auf diese Weise werden Sie vom einfachen Konsumenten zum echten Kenner und können dem Rebensaft ein Vielfaches an Genuss entlocken.

Dieses Handbuch beinhaltet einen kompletten Lehrgang für alle Wein- und Wissensdurstigen. Es geht ausführlich auf den Prozess der Weinbereitung ein, erläutert den Einfluss so unterschiedlicher Faktoren wie Klima und Flaschengröße auf den Geschmack und zeigt auf, wie sich der Weingenuss durch die richtige Art des Servierens und Trinkens steigern lässt. Dieses Wissen wird Ihnen nicht nur mit Worten, sondern auch anhand zahlreicher praktischer Übungen vermittelt, bei denen es vor allem um unsere Lieblingsbeschäftigung geht: die Weinverkostung. Jedes Kapitel besteht aus einem theoretischen und einem praktischen Teil, sodass Sie sich zunächst Grundkenntnisse aneignen und diese anschließend gleich anwenden können.

Der Kurs beleuchtet zunächst die Funktionsweise des Schmeckens und geht auf einige erstaunliche Tatsachen ein, deren Kenntnis dazu beitragen wird, Ihr Geschmackserlebnis zu steigern – sei es beim Essen oder beim Weintrinken. In einem weiteren Kapitel werden die praktischen Aspekte des Weinservierens und -trinkens erläutert. Den Hauptteil des Buchs nimmt jedoch der Wein selbst ein, in Worten beschrieben und genussreich erlebt beim Verkosten.

Die erwähnten praktischen Übungen sollen dem interessierten Weinliebhaber im Einzelnen veranschaulichen, warum jeder Wein seinen eigenen, unverwechselbaren Geschmack hat und was diesen ausmacht. Alle Faktoren, die zum Geschmack beitragen, werden unter-

sucht und mit Beispielen belegt, sodass am Ende des Kurses jeder Teilnehmer mit dem nötigen Wissen ausgestattet ist, um bestimmen zu können, was er da in seinem Glas hat. Weinkennerschaft kann man sich im wahrsten Sinne des Wortes erschmecken. Schon nach der Hälfte dieses Kurses sollten Sie einen Chardonnay von einem Sauvignon unterscheiden können und am Ende einen Médoc von einem Coonawarra; dies bei einer Fehlerrate, die jener von Weinprofis entspricht – und die liegt bei bis zu 50 %.

Viele Faktoren beeinflussen den Geschmack des Weins, angefangen bei der Bodenbeschaffenheit des Weinbergs hin zur offen stehenden Weinkellertür bei der Abfüllung. Den größten Einfluss jedoch hat selbstverständlich die vorherrschende Traubensorte, aus der der Wein bereitet wurde. Aus diesem Grund und weil weltweit so viele Weine sortenrein angeboten werden (Cabernet Sauvignon, Merlot, Pinot noir, Chardonnay, Riesling usw.), werden im Hauptteil dieses Buchs die wichtigsten Traubensorten im Einzelnen vorgestellt.

In erster Linie dient dies dazu, für jede Rebsorte ein eigenes Geschmacksmodell zu entwickeln. So sind ein neuseeländischer Marlborough Sauvignon und ein Sancerre Beispiele für dieselbe Traubensorte. Sie beide zu verkosten (und dazu vielleicht noch einen trockenen weißen Bordeaux und einen kalifornischen Fumé blanc) hilft, ein »Gaumenbild« des Sauvignon blanc herauszubilden. Darüber hinaus werden in jedem Kapitel aber auch spezifische und oft sehr komplexe Faktoren genau beleuchtet. Nachdem Sie gelernt haben, Sauvignon am Geschmack zu erkennen, werden Sie zum Beispiel aufgefordert, Weine dieser Rebsorte aus verschiedenen Klimazonen zu vergleichen und dabei zu erfahren, wie 50 % mehr Sonneneinstrahlung »schmecken«.

Zuerst betrachten wir die Weißweintrauben, dann jene, aus denen Rotwein bereitet wird. Anschließend widmen wir uns den Schaumweinen und den gespriteten, d. h. mit Alkohol angereicherten Weinen, wie zum Beispiel Sherry und Portwein. Am Ende des Buchs finden sich neben einigen Beispielen für Weine und Speisen, die nicht zusammenpassen (was jedoch nicht allzu dogmatisch gesehen werden sollte), auch Vorschläge für weiterführende Weinproben sowie ein kurzes Glossar, das die für die Weinverkostung relevanten Begriffe erklärt.

Wie Sie dieses Handbuch benutzen sollten

Um dieses Buch möglichst effektiv einzusetzen und Ihr Wissen über Wein schnell und systematisch zu erweitern, sollten Sie sich an die Reihenfolge der hier angebotenen Übungen halten, da sie aufeinander aufbauen. Doch lässt sich die Reihenfolge auch umstellen, und Sie können mit dem Wein beginnen, den Sie gerade trinken. Wenn Sie ihn im Register gefunden haben, schlagen Sie die entsprechenden Seiten auf und beginnen mit den Übungen einfach dort. Das dritte und vierte Kapitel, die sich mit den weißen und roten Weinen beschäftigen, können problemlos auch parallel in Angriff genommen werden, doch sollte selbst der unorthodoxe Weinverkoster zuerst einen Blick in die Kapitel »Schmecken lernen« und »Praktische Fragen« werfen.

Man kann bereits aus dem Studium eines einzigen Weins viele Erkenntnisse gewinnen, doch wenn man zwei Weine miteinander vergleicht, erfährt man mindestens fünfmal so viel. Sie können Ihren Lernerfolg in diesem Kurs daher erheblich beschleunigen, wenn Sie sich mit anderen zusammentun, die ebenfalls mehr über Wein erfahren wollen, oder wenn Sie den Inhalt angebrochener Flaschen zu nutzen lernen, aber auch, indem Sie Ihren Weinkonsum drastisch steigern. Über die beiden letztgenannten Möglichkeiten entscheiden nur Sie selbst, Ihre Leberwerte und Ihr Bankkonto. Bei der ersten sollten Sie jedoch bedenken, dass eine Dreiviertelliterflasche einerseits nur sechs volle Gläser Wein ergibt, andererseits aber bis zu 20 Probierportionen.

In den Übungen werden spezielle Weine zum Probieren und Vergleichen vorgeschlagen und anschaulich beschrieben. Viele davon sind fast überall erhältlich und nicht übermäßig teuer. In einigen Fällen ist es jedoch unumgänglich, mehr Geld auszugeben, um den Lernerfolg zu garantieren. So kann ein billiger kalifornischer Chardonnay die sowohl für Kalifornien als auch für Chardonnay charakteristischen Merkmale nicht annähernd so gut zur Geltung bringen wie ein vier- bis fünfmal so teurer Wein gleicher Provenienz und Traube.

Wenn Sie am Weinverkosten Gefallen gefunden haben, sollten Sie sich mit den weiterführenden Lektionen beschäftigen. Mit Lust, Verstand und einem sensiblen Gaumen angegangen, werden sie einen versierten Weinkenner aus Ihnen machen.

Jeder kann Weinexperte werden

Einerlei, wie viel oder wie wenig Sie bereits über Wein wissen, Sie werden in diesem Kurs, der für jeden Interessierten und selbst für blutige Anfänger geeignet ist, das Verkosten unseres Lieblingsgetränks erlernen. Da ich selbst beim Verfassen dieses Buchs noch eine Menge dazugelernt habe, hoffe ich, dass auch jene davon profitieren werden, die sich schon eine Zeit lang mit Weinkunde beschäftigen. Und die weniger Erfahrenen haben allen Grund, mutig ans Werk zu gehen, denn gerade unter ihnen finden sich immer wieder die besten Weinverkoster.

Ein Erwachsener kann etwa 1000 verschiedene Geschmacksnoten unterscheiden, von denen sich viele im Wein wiederfinden. Somit ist Ihr Geschmacksapparat wohl gerüstet für die Aufgaben, die Sie erwarten. Alles, was Ihnen nun noch fehlt, ist die sachkundige Anleitung, die dieser Kurs bietet – und etwas Selbstvertrauen. Jeder kann das Verkosten erlernen, abgesehen von einer verschwindend kleinen Zahl von Menschen mit chronisch beeinträchtigtem Geschmacksempfinden; und bei der Blindverkostung (der geschmacklichen Beurteilung von Weinen unbekannter Identität) sind Anfänger in der Regel besonders erfolgreich, da ihr Geschmackserleben noch nicht durch vorangegangene Erfahrungen beeinflusst ist.

Am Ende dieses Kurses dürften Sie in der Lage sein, Weine allein an ihrem Geschmack zu identifizieren. Und was noch wichtiger ist: Sie werden auch die Qualität des Weins erkennen und bewerten können.

Und lassen Sie sich nichts vormachen: Ganz gleich, was mancher selbst ernannte Weinexperte dazu sagt, in Geschmacksfragen gibt es kein Falsch oder Richtig. Das Verkosten ist naturgemäß eine subjektive Angelegenheit. Lassen Sie sich deshalb nicht vorschreiben, welchen Wein Sie zu mögen oder abzulehnen haben. Es kommt vor allem darauf an, dass er Ihnen schmeckt. Dieses Buch soll dazu beitragen, Ihren Genuss am Wein zu steigern.

1. Schmecken lernen

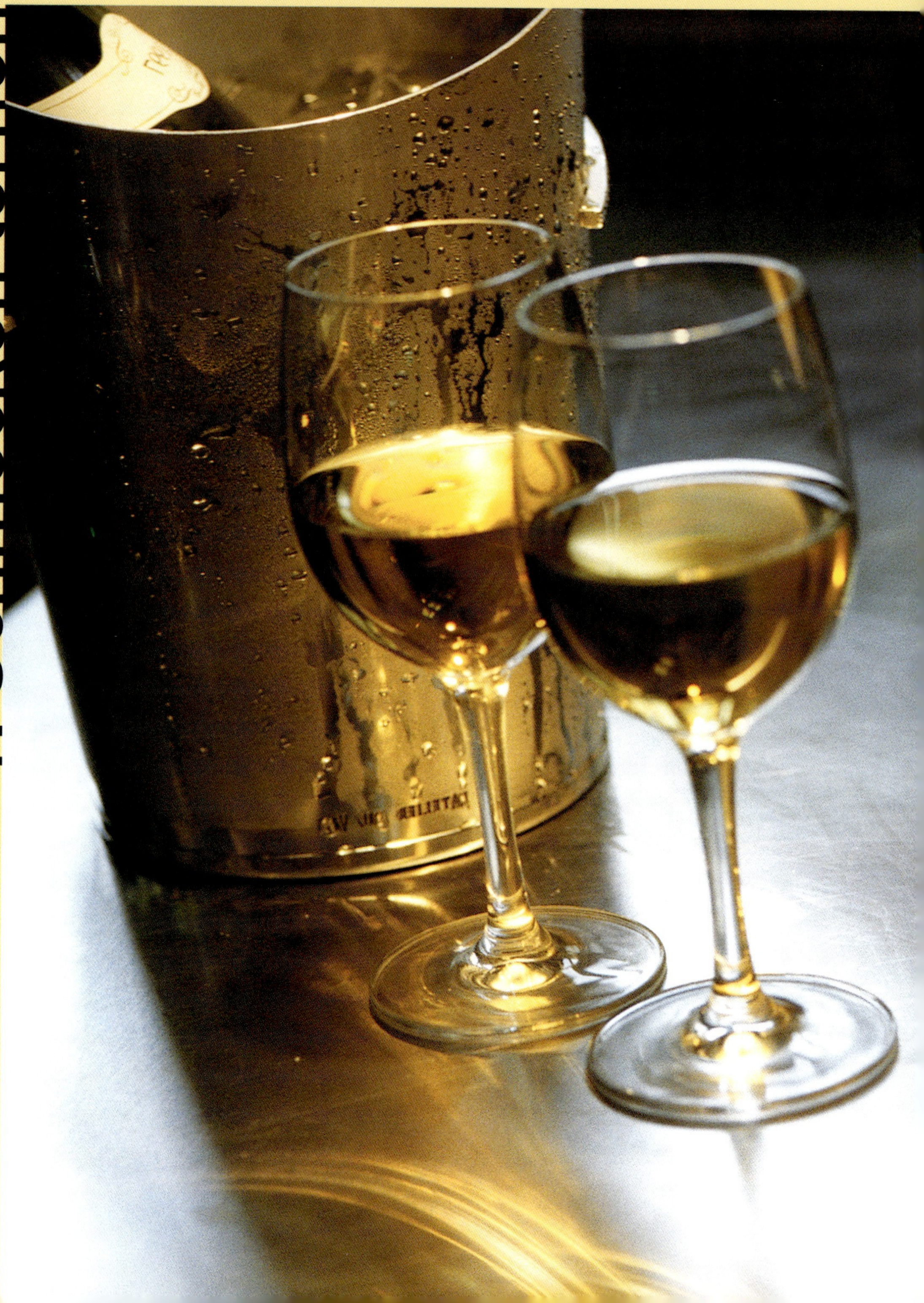

Wie wenig wir wissen

*Es ist erstaunlich, wie wenig wir über die alltäglichen, uns so
vertrauten Vorgänge des Essens und Trinkens wissen. Erst wenn
unsere Nahrung im störungsanfälligen Verdauungssystem ange-
langt ist, scheint die Medizin von ihnen Notiz zu nehmen und hat
den Prozessen im Magen-Darm-Kanal sogar ein eigenes Fachgebiet
gewidmet. Viel weniger ist jedoch über das am Beginn der Nah-
rungsaufnahme stehende Schmecken bekannt.*

Nur wenige Wissenschaftler haben es bisher für nötig befunden, sich
näher mit unserem Geschmackssinn zu beschäftigen. Der Grund liegt
wahrscheinlich darin, dass eine Störung der Geschmackswahrnehmung nicht als ernst zu nehmende Erkrankung angesehen wird (mich
würde sie allerdings zum Wahnsinn treiben). Und wenn schon die
Fachwelt nicht viel zur komplexen Funktion des gustatorischen Sys-
tems und seiner Rolle als Bindeglied zwischen Körper und Geist zu sagen hat, dann verstehen wir normalen Esser und Trinker noch weit
weniger davon, wie man aus der Fähigkeit des Schmeckens am meisten herausholen kann. Selbst jene, die kulinarische Genüsse zu schätzen wissen, können schwerlich sagen, warum sie dies tun. Ob es nun
Schokoladentorte, Räucherlachs oder ein Merlot ist, stets neigt man
dazu, möglichst schnell möglichst viel davon an den Geschmacksrezeptoren vorbei in sich hineinzufüllen. Wir haben zwar davon gehört,
dass Kauen das Geschmackserlebnis vertiefen kann, und vielleicht irgendwann einmal professionelle Weinverkoster bei ihren ausgedehn-
ten, nicht gerade sehr ästhetischen Spül- und Gurgelübungen beobachtet. Aber damit sind wir mit unserer Weisheit schon am Ende.

   Trotzdem können die meisten von uns jedoch genau sagen, was
ihnen schmeckt. Oder? Wir glauben, es sei der Geschmack der Speisen
und Getränke, den wir erkennen und einordnen, doch zeigt die Erfahrung, dass wir, allein auf unseren Geschmackssinn angewiesen, ziemlich hilflos sind. Wir werden dem Vorgang des Schmeckens auf den
Grund gehen, sodass Sie am Ende viel besser gerüstet sind, Wein in all
seinen Facetten zu würdigen – und Speisen ebenso, denn wir schmecken Festes und Flüssiges fast auf dieselbe Art. Physiologisch gesehen,
können wir einen festen Stoff tatsächlich erst dann schmecken, wenn
wir ihn durch Kauen verflüssigt haben. Experimente haben gezeigt,
dass wir völlig Trockenes überhaupt nicht schmecken können; ein aus-
getrockneter Mund erkennt selbst Zucker nicht als süß.

Für die folgenden Übungen benötigen Sie einen teilnahmsfreudigen
Partner: entweder jemanden, der
sich genauso für diesen Weinkurs
interessiert und dem Sie anschließend ebenfalls assistieren, oder
jemanden, der Sie genug liebt, um
Sie auch bei Ihrer neuesten Liebhaberei zu unterstützen.

Bekannte Speisen

Verbinden Sie sich die Augen und
lassen Sie sich neben einer Speise,
die Sie kennen und mögen, eine
zweite servieren, die von der ersten
nur um eine Nuance abweicht. Dafür kämen zum Beispiel in Frage:
Schokoladenkuchen und einfacher
Rührkuchen oder Räucherlachs
und geräucherte Makrele. (Natürlich
sollten diese Speisen in ähnlicher
Form auf den Tisch gebracht werden, also beide Kuchen mit bzw.
ohne Glasur und Lachs wie Makrele
zum Beispiel in dünne Scheiben
geschnitten.) Können Sie die beiden
blind unterscheiden?

Rot- und Weißwein

Wenn Ihnen die letzte Übung leicht
vorkam, werden Sie diese für ein
Kinderspiel halten. Doch Sie werden
sich wundern, wie schwer es ist,
einen weißen von einem roten Wein
zu unterscheiden, vorausgesetzt,
dass beide mit derselben Temperatur serviert werden. Mit der Auswahl
der Weine können Sie Ihre Erfolgs-
chancen beeinflussen. Weißweine mit
»rotem« Geschmack sind körper-

**ALLE ÜBUNGEN KÖNNEN SIE
ZU HAUSE UND DIE MEISTEN
AM TISCH DURCHFÜHREN.**

reich und trocken, wie zum Beispiel
weißer Burgunder, Chardonnay,
Sémillon und einige der eher klassischen weißen Riojas. »Weiß« schmeckende Rotweine sind säurereich
und im Mund nicht zu schwer, etwa
Pinot noir und Beaujolais oder auch
diverse nordostitalienische Gewächse, wie zum Beispiel Valpolicella,
sowie die Rotweine des Loire-Tals
aus Chinon und Bourgueil.

Einfacher zu unterscheiden
sind ein leichter, süßlicher Weißwein,
etwa von der Mosel, und ein kör-
per-, aber nicht zu säurereicher
Roter, beispielsweise aus Argentinien, aus dem Barossa Valley oder
ein Châteauneuf-du-Pape. Doch
selbst dann werden Sie wahrscheinlich überrascht feststellen, dass
Sie genau »hinschmecken« müssen,
bevor Sie Ihr Urteil fällen. Und wenn
Sie den Test gar mit richtig billigen Weinen durchführen, den Haus-
weinen Ihrer Eckkneipe zum Beispiel, wird Ihnen die Entscheidung
noch viel schwerer fallen.

Die Rolle der Nase

*Wir gehen gemeinhin davon aus, dass Speisen und Getränke neben
ihrer optischen Qualität, die wir mit den Augen erfassen, auch einen
Geruch haben, für den die Nase zuständig ist, und einen Geschmack,
der im Mund wahrgenommen wird. Tatsächlich sind die beiden
Letztgenannten aber nur sehr schwer voneinander abzugrenzen.*

Wie stark unser Geruchssinn am Schmecken beteiligt ist, merken wir,
wenn wir erkältet sind und eine verstopfte Nase haben: Alles kommt
uns völlig geschmacklos vor. Wenn uns andererseits der Duft eines im
Ofen schmorenden Gerichts in die Nase steigt, ist es dann nicht so, als
könnten wir es bereits schmecken?

Der »Geschmack«, den wir wahrzunehmen glauben, ist tatsäch-
lich eine Kombination aus den Sinneseindrücken der Nase und des
Mundes. Doch wie bereits erwähnt, ist die Nase das empfindlichere
Organ. Ohne unseren Geruchssinn haben wir große Schwierigkeiten,
Nahrung geschmacklich einzuordnen oder zu unterscheiden, weshalb
der Begriff »Aroma« im engsten Sinn weniger irreführend wäre als
»Geschmack«, der allgemein dem Mund zugeschrieben wird. (Siehe
zum Begriff Aroma aber Seite 35 unten.)

Eine Substanz kann zweierlei Arten von sensorischer Information an das Gehirn übermitteln: Die eine erschließt sich über den di-
rekten Kontakt des flüssigen oder festen Stoffs mit Zunge und Mundhöhle, die andere über dessen meist unsichtbare flüchtige Bestandteile.
Wenn wir etwas bewusst riechen, sei es eine Speise, Wein oder Sham-
poo, sind es Letztere, die uns in die Nase dringen und die olfaktorischen Sinneszellen stimulieren. Beim Kauen einer Substanz steigen die
»Dämpfe« durch den so genannten Nasen-Rachen-Raum auf und erreichen auf diesem Weg die Riechzellen. Was wir als »Schmecken« bezeichnen, besteht also zum großen Teil aus unbewusstem Riechen, und
»Geschmack« beinhaltet immer auch Geruch.

Obwohl es experimentell kaum nachprüfbar ist, da wir den Nasen-Rachen-Raum nicht verschließen können, gilt es als gesichert,
dass die sensorische Information, die durch feste und flüssige Bestandteile übermittelt wird, weniger geschmacksrelevant ist als die der flüchtigen Komponenten. Dies liegt daran, dass unsere Rezeptoren für gas-
förmig gelöste Substanzen wesentlich empfindlicher sind als die auf
Zunge und Mundschleimhaut befindlichen Sinneszellen für feste und
flüssige Stoffe. Wenn wir bei unterdrücktem Geruchssinn eine Sub-

stanz kauen, nehmen wir weit weniger von ihrem Geschmack wahr, als wenn wir einfach nur an ihr riechen würden – vorausgesetzt natürlich, es handelt sich dabei um einen Stoff, der Dämpfe abgibt.

Die Menge an Dämpfen, die von Stoffen freigesetzt werden, variiert erheblich. Das Riechen von stark flüchtigen Substanzen, die ständig zahllose, kleinste Aromapartikel an die Atmosphäre abgeben, kann ein eindrucksvolles Erlebnis sein. So ist Wein, verglichen etwa mit Brot, enorm volatil. Die geruchsaktiven Substanzen, die eine Scheibe Brot absondert, sind nicht annähernd vergleichbar mit denen eines Glases Wein, dagegen duftet frisches, warmes Brot stark, weil die Hitze des Backofens Geruchsstoffe in Hülle und Fülle verdampfen lässt. Ebenso weiß jedes Kind, dass heiße Suppe viel geruchsintensiver ist als kalte. Wenn sie direkt aus dem Kühlschrank kommt, hat sie fast jegliche Volatilität verloren und ist demgemäß weniger appetitanregend als eine heiße, stark duftende Suppe, deren verführerisches Aromengemisch unmittelbar seinen Weg zu unserem olfaktorischen Sinneszentrum findet. Nun sind die Sinnesbotschaften, die die Nase dem Gehirn übermittelt, zwar nicht stärker als die des Mundes, aber wesentlich nuancierter. Wein ist einer der komplexesten Geschmacksträger, die wir kennen, und er ist von natürlicher Volatilität, weshalb er nicht erst erwärmt werden muss, um sein Aroma zu entfalten. Sie sollten daher immer an einem Wein riechen, bevor Sie ihn trinken.

DURCH BEWUSSTES BERIECHEN KÖNNEN SIE ALLES, WAS SIE TRINKEN (UND ESSEN), INTENSIVER GENIESSEN.

Die Nase zuhalten

Halten Sie sich beim Essen die Nase zu, um festzustellen, wie sich der Geschmack verändert. Wenn Sie zudem den Mund schließen, ist die Speise fast völlig isoliert – gewissermaßen eingeschlossen in einer Kammer, die nur einen (Hinter-) Ausgang hat – und schmeckt noch fader. So wird ein Stück Ananas zwar noch als säuerlich-süß und saftig erkannt, doch ohne jenes besondere Ananasaroma, das die Nase aufnimmt. Suppe wird man vielleicht als feucht und salzig einordnen, ihren vollen Geschmack jedoch erst dann genießen können, wenn ihr Duft durch die Nase strömt.

Lassen Sie sich die Augen verbinden und klemmen Sie sich (mit den Fingern, einer Klammer oder wie auch immer) die Nase zu. Probieren Sie nun drei Speisen von vergleichbarer Konsistenz, aber unterschiedlichem Geschmack, wie zum Beispiel Apfel-, Karotten- und Kartoffelbrei, und versuchen Sie herauszuschmecken, worum es sich jeweils handelt. Sollten Sie damit Probleme haben, nehmen Sie passierte Zwiebeln hinzu, deren Geschmack ja recht markant sein dürfte, aber wundern Sie sich nicht, wenn Sie selbst die nicht erkennen; Sie wären nicht der oder die Erste.

Dämpfe

Halten Sie bei den oben beschriebenen Selbstversuchen den Mund möglichst geschlossen, sonst gelangen Aromastoffe mit der Atemluft über den Rachen in den Nasenraum und stimulieren die Geruchsrezeptoren, ähnlich wie bei der Nasenatmung. Beachten Sie auch, dass nach dem Zerkauen der Speisebrei in den hinteren Rachen befördert wird, von wo Dämpfe in die Nase gelangen können, wenn diese nicht fest verschlossen ist.

Im Mund

Speisezucker ist nicht sehr volatil. Schnuppern Sie an der Zuckerdose – er riecht fast nach gar nichts, so sehr Sie sich auch bemühen. Zucker löst kaum eine Sinnesempfindung in der Nase aus. Im – feuchten! – Mund ist seine Wirkung jedoch gewaltig, speziell auf der Zungenspitze. Wenn die volle Süße zuschlägt, gibt es keine subtilen Geschmacksnuancen, höchstens noch ein Erfühlen der körnig-kristallinen Beschaffenheit. Dieses Beispiel veranschaulicht die zwei Arten sensorischer Erfahrung, die eine Speise oder ein Getränk in unserem Mund auslöst: Stimulation durch Geschmack oder Konsistenz. Auf die Beschaffenheit werde ich später noch zurückkommen.

WIRD WEIN ERWÄRMT, GIBT ER MEHR DUFTSTOFFE AB
UND RIECHT DANN SEHR INTENSIV.

Am Ende des Kapitels werden wir auf das so wichtige Riechen oder »Schnuppern« des Weins eingehen, doch zunächst wollen wir näher ergründen, wie viel Information uns der Mund liefern kann. Wie unser Zuckerexperiment auf Seite 15 bereits erkennen lässt, kann die Zunge sehr starke Sinneseindrücke vermitteln. Fast alle unsere so genannten Geschmackspapillen (und das können zwischen 500 und 10 000 sein) sitzen auf der Zunge, und jede einzelne ist auf das Erkennen eines der Grundelemente des Geschmacks abgestimmt. Die Physiologie unterscheidet mindestens vier – süß, sauer, salzig und bitter –, doch gibt es Argumente für weitere, darunter ölig, alkalisch, fettig, metallisch und ein »umami« genanntes Geschmackscharakteristikum, für das Natriumglutamat das beste Beispiel ist. Aus den ersten vier lässt sich bereits ein nützliches Geschmacksmodell erstellen. Für sie sind jeweils eigene Zonen der Zungenoberfläche besonders empfänglich, die jedoch von Person zu Person unterschiedlich ausgeprägt sein können. Sie werden ohne weiteres selbst feststellen können, welcher Abschnitt Ihrer Zunge wofür am empfindlichsten ist. In jedem Fall sollten Sie beim Schmecken eine möglichst große Zungenfläche mit der Speise in Berührung bringen. Nehmen Sie einen ordentlichen Mund voll!

Die Süße im Wein

Ganz allgemein lässt sich sagen, dass die höchste Konzentration der für Süßes zuständigen Geschmackspapillen an der Zungenspitze zu finden ist. Dies ist wohl der Grund dafür, dass man nur ganz leicht an einem Eis schlecken muss, um zu erkennen, wie süß es ist, und warum Schokolade auf der Zungenspitze viel intensiver schmeckt als beispielsweise Käse.

Traubensaft wird zu Wein, wenn Hefe den Zucker reifer Trauben in Alkohol verwandelt. Der so entstandene Wein ist um einiges trockener und stärker als der ursprüngliche Traubensaft, doch kann die darin verbliebene Menge an so genannter Restsüße erheblich schwanken. Wein kann sehr trocken, trocken, halbtrocken, lieblich, süß und sehr süß sein, doch selbst sehr trockene Weine enthalten noch einen, wenn auch geringen Anteil an Restsüße. Der Zuckergehalt schwankt zwischen einem und 200 Gramm pro Liter, wobei er bei trockenen Weinen gewöhnlich weniger als zehn, manchmal sogar nur zwei Gramm beträgt. Die meisten billigen Tropfen, aber auch viele allgemein beliebte Weine enthalten eine große Menge an Restzucker, da die »angenehme Süße« so manchen geschmacklichen Mangel überdeckt.

In den letzten Jahren ist es jedoch mehr und mehr in Mode gekommen, die ehemals häufig verschmähten trockenen Weine zu bevorzugen. Dies hat bei einigen Zeitgenossen, zu denen ich mich durchaus selbst zähle, eine Art umgekehrten Geschmackssnobismus ausgelöst, weshalb manche von uns nun gern betonen, dass uns der Sinn nach lieblichen deutschen Weinen oder französischem Sauternes steht.

Die Süße schmecken

Überprüfen Sie mit Hilfe kristallinen Zuckers, an welcher Stelle Ihrer Zunge Sie Süßes am deutlichsten schmecken. Wenn Sie das nächste Mal etwas trinken, versuchen Sie den Süßegrad der Flüssigkeit anhand ihrer Wirkung auf Ihre Zunge zu ermitteln. Machen Sie es mit jedem Glas Wein ebenso und stellen Sie fest, wie viel Süße darin enthalten ist. Wie beim Zuckerdosentest werden Sie erneut bemerken, dass man Zucker nicht riechen kann. Manche Gerüche werden zwar automatisch mit Süßem in Verbindung gebracht – der Duft reifer Früchte zum Beispiel oder Vanille –, doch mit der Nase allein kann man Zucker nicht erkennen.

Süßegrade des Weißweins

Sehr trocken

Muscadet; aus der Sauvignon-Traube bereitete Weine von der Loire wie Sancerre, Pouilly-Fumé und Sauvignon de Touraine; die meisten Champagner und andere Schaumweine in Brut-Version.

Trocken

(Diese bei weitem umfangreichste Kategorie ließe sich noch weiter unterteilen, da die billigeren Versionen nach »halbtrocken« tendieren.) Die meisten Chardonnay, Sauvignon blanc, Sémillon, Verdelho und Colombard; weißer Burgunder; als »sec« gekennzeichnete Chenin-blanc-Weine von der Loire wie Vouvray und Saumur; Rhône- und Provence-Weine wie Hermitage blanc oder Châteauneuf-du-Pape blanc; die meisten Bordeaux »sec«; die meisten Vins de Pays; Soave, Verdicchio, Pinot grigio, Pinot bianco und die meisten Vini da Tavola; Rioja, die »halbtrockenen« Weine und einige der leichten Kabinettweine Deutschlands; Sherry Fino und Manzanilla.

Halbtrocken

Riesling, Viognier, Gewürztraminer, Chenin blanc, Pinot gris; die meisten als »demi-sec« gekennzeichneten Franzosen, speziell Vouvray und Coteaux du Layon; die meisten Elsässer; Frascati; deutsche »halbtrockene« und Kabinettweine sowie Spätlesen; Sherrys mit der Bezeichnung Dry Amontillado und Dry Oloroso; weißer Portwein.

Lieblich

Die meisten Spätlesen; das Gros der als »moelleux« bezeichneten Franzosen; die meisten elsässischen Vendage-tardive-Weine; Asti, die meisten Moscato; Moscatel de Setúbal; ungarischer Tokajer; deutsche Auslese, Beerenauslese von der Mosel; viele weiße Zinfandel-Weine; Sherry Amontillado; die meisten Madeira.

Süß

Die meisten als »edelsüß« oder »Beerenauslese« gekennzeichneten Weine; Sauternes, Barsac, Monbazillac, Saussignac, Ste-Croix-du-Mont; französische Muscat-Weine; deutsche Trockenbeerenauslese; die meisten Recioto- und Passito-Weine; Vin Santo; kalifornischer Muscat; handelsüblicher Sherry Oloroso; Malmsey Madeira.

Sehr süß

Spanischer Moscatel; australischer Liqueur Muscat und Liqueur Tokay; Cream und PX Sherry; das Gros der gespriteten Weine.

Süßer Rotwein

Allgemein geht man davon aus, dass es nur beim Weißwein Unterschiede bei den Süßegraden gibt. Doch dies trifft natürlich auch auf Rosé zu, wobei der aus der Provence stammende meist recht trocken, Mateus Rosé hingegen eher halbtrocken bis lieblich ist. Dass aber auch Rotweine einen unterschiedlichen Zuckergehalt aufweisen können, dürfte vielen neu sein. Port ist das beste Beispiel für einen sehr süßen Rotwein, doch wurde er nachträglich mit Alkohol angereichert (mehr dazu in Kapitel 5).

Beim Probieren der unten aufgeführten Rotweine werden Sie feststellen, dass ihre Süße stark variiert, auch wenn man die meisten Roten ohne weiteres als »trocken« bezeichnen kann.

Süßegrade des Rotweins

Sehr trocken

Die Rotweine von der Loire, wie zum Beispiel Bourgueil, Chinon und Saumur rouge; typischer Médoc und Pessac-Léognan; Hermitage; die großen Rotweine Italiens wie Barolo, Barbaresco, Brunello di Montalcino und Chianti Classico.

Trocken

Ungefähr 85 % aller Rotweine.

Halbtrocken

Die meisten reinsortigen Merlot und Pinot noir; einige kalifornische Cabernet Sauvignon und das Gros der Zinfandel; Châteauneuf-du-Pape; Lambrusco; Freisa; die meisten deutschen Roten; australischer Shiraz; Südafrikas fleischigere Rote.

Lieblich

Sangria; Shiraz-Schaumwein; Recioto della Valpolicella; die meisten Brachetto-Weine; kalifornische Zinfandel-Spätlese.

Säure – der zündende Funke

Süße (oder deren Mangel) mag für den Laien die auffälligste der vier Grundgeschmacksrichtungen sein, doch der Säuregehalt ist für einen Wein noch weit wichtiger.

Unter Azidität versteht man den Gehalt an Säure, die beispielsweise in Zitronensaft und Essig reichlich vorhanden ist, in Mehl und Wasser jedoch so gut wie gar nicht. Die hinteren Zungenränder sind für Säure am empfindlichsten.

Eine zu hohe Azidität macht Speisen und Getränke sauer; im richtigen Maß jedoch bereichert ihr herber Charakter sie mit belebendem Prickeln. Süße und Azidität stehen in einer engen Wechselbeziehung. Eine reifende Frucht wird immer süßer und verliert dabei an Azidität. Überreife Birnen zum Beispiel schmecken relativ langweilig und fad, weil es ihnen an erfrischender Säure fehlt.

Für die Qualität des Weins ist es von entscheidender Bedeutung, dass Süße und Azidität der Traube im rechten Verhältnis zueinander stehen. Winzer legen Wert auf möglichst reife Trauben, und dies aus zwei Gründen. Erstens entwickeln sie während ihrer Reifezeit am Stock ein immer reicheres Aroma, und zweitens gilt: Je süßer die Traube, desto süßer und/oder schwerer wird auch der Wein, wobei Letzteres gerade in den sonnenärmeren Anbaugebieten fernab des Äquators nicht immer problemlos zu erreichen ist. Auf der anderen Seite darf die Lese aber auch nicht zu lange hinausgeschoben werden, sonst verliert die Traube an Azidität und damit an Geschmack (oder fällt herbstlichem Regen, Hagel und Frost zum Opfer). Und bei Weißweinen, die für die Alterung bestimmt sind, wirkt Säure wie ein Konservierungsmittel.

Wein enthält viele verschiedene Säuren, hauptsächlich jedoch Weinsäure. Tatsächlich besteht handelsüblicher Weinstein in erster Linie aus Ablagerungen vom Innern alter Weinfässer. Die Neulinge unter den Weinverkostern sollten sich keine Gedanken machen, wenn Glukon- und Glykolsäure für sie böhmische Dörfer sind; es kommt lediglich darauf an, dass Sie ein Gespür für den allgemeinen Säuregehalt entwickeln.

Dieser kann aus mehreren Gründen recht hoch sein: Der Wein stammt von Trauben, die von der Sonne nicht gerade verwöhnt wurden (entweder weil ihr Anbaugebiet weit entfernt vom Äquator oder in großer Höhe liegt); die Trauben wurden vor ihrer Vollreife gelesen; es war ein sonnenarmes Jahr; oder dem Wein bzw. Most (dem gärenden Traubensaft) wurde nachträglich Säure zugesetzt. Dies ist in wärmeren Regionen nicht unüblich und kann, wenn es mit Bedacht geschieht, die Weinqualität durchaus verbessern.

Reine Säure

Schnuppern Sie an etwas stark Säurehaltigem. Essig eignet sich dafür sehr, Zitronensaft aufgrund seiner geringen Volatilität hingegen weniger. Achten Sie auf die Reaktion Ihrer hinteren Zungenränder in Erwartung eines sauren Geschmackserlebnisses. Azidität ist infolge ihrer starken Wirkung auf die Zunge diejenige der vier primären Geschmacksrichtungen, die man sich am leichtesten vorstellen kann, ohne überhaupt mit ihr in Kontakt zu kommen. Doch ob Sie die Säure nun schmecken, riechen oder sich nur vorstellen, achten Sie darauf, welcher Teil der Zunge am stärksten auf sie anspricht.

Säure und Süße

Riechen Sie an allem, was Sie trinken, ob es Alkohol enthält oder nicht. Sie werden feststellen, dass die meisten Getränke tatsächlich einen erfrischenden Säuregehalt aufweisen. Reines Wasser ist ph-neutral und lässt die Zunge unbeeindruckt. Aber Fruchtsäfte, kohlensäurehaltige Getränke, Milch und sogar Tee und Kaffee haben allesamt eine gewisse Reizwirkung auf die Zunge. Säure ist auch ein wichtiger Bestandteil von Obst. Zitronen, Pampelmusen, Stachelbeeren und Schwarze Johannisbeeren sind bekannte Beispiele für Früchte mit derart hohem Säuregehalt, dass sie die meisten von uns nicht essen mögen, ohne sie nachzusüßen. Probieren Sie schnell reifende Früchte wie Birnen und Tomaten von unterschiedlichem Reifegrad und beobachten Sie, wie mit dem Verlust an Säure auch der Geschmack abnimmt. Achten Sie von nun an beim Weintrinken auf den Säuregehalt.

Lösen Sie Weinstein in Wasser auf und setzen Sie unterschiedliche Mengen dieses Gemischs einem einfachen, relativ geschmacksarmen Tafelwein zu (wobei die Betonung auf »einfach« liegt; tun Sie dies niemals einem guten Wein an!). Es ist durchaus möglich, dass Ihr Billigwein dadurch an Geschmack gewinnt.

Säuretest

Um einen, wenn auch sehr vagen Eindruck vom Geschmack der verschiedenen Säuren des Weins zu erhalten, probieren Sie diese:

Weinsäure – gelöster Weinstein
Apfelsäure – Apfelsaft
Zitronensäure – Zitronen-, Pampelmusen- oder Orangensaft
Milchsäure – Milch oder Joghurt
Essigsäure – Essig
Kohlensäure – alle entsprechenden Getränke

Das Gleichgewicht von Süße und Säure

Das so empfindliche Gleichgewicht zwischen Süße und Azidität der reifen Trauben spiegelt sich im Wein wider. Je süßer er ist, desto mehr Säure wird benötigt, um einen klebrig süßen Geschmack zu vermeiden. Der auffälligste Unterschied zwischen einem minderwertigen und einem hervorragenden Sauternes ist das richtige Maß an Azidität, um den hohen Zuckergehalt auszugleichen.

Ein sehr trockener Wein wiederum benötigt nur wenig Säure, um frisch und lebhaft zu schmecken. Besäße er ebenso viel Säure wie ein Sauternes, würde es einem den Mund zusammenziehen. Als Norm gelten zwischen drei und neun Gramm Weinsäure pro Liter.

Die richtige Ausgewogenheit zwischen Zucker und Säure spielt eine wichtige Rolle bei der Weinbereitung. Weine, die von Anfang an einen zu hohen Säuregehalt haben, werden als »grün« bezeichnet. Dieser Begriff hat keine weinbautechnische und auch sonst keine tiefere Bedeutung, sondern ist lediglich die gängige Bezeichnung für übersäuerte Weine. Man sagt auch »scharf«, doch wird dieses Adjektiv eher auf Weiß- als auf Rotweine angewendet. Eine spürbare, wenn auch nicht vorschmeckende Säure ist ein durchaus wünschenswertes Qualitätsmerkmal von Weißweinen, denn sie sollen uns erfrischen, wohingegen von den meisten Rotweinen mehr Tiefe und Fülle erwartet wird. Weißweine mit markanter, aber nicht unangenehmer Azidität bezeichnet man gern als »lebhaft« bzw. »frisch«. Weiß- und Rotweine mit zu wenig Säure nennt man dagegen »flach« oder »flau«. Solche Weine sind einfach nur nichtssagend und fad, weil es ihnen an belebender Azidität mangelt. Ähnliches gilt für klebrig süßen Wein, dem die notwendige Säure fehlt, um die Süße auszugleichen.

Oft wird »säurehaltig« mit »trocken« verwechselt. Wir meinen manchmal, einen sehr trockenen Wein zu trinken, weil er uns fast beißend durch die Kehle rinnt, dabei liegt es in Wirklichkeit an seiner hohen Azidität. Da ein wenig Süße so manchen Fehler in der Weinbereitung zu vertuschen hilft, greifen Verschneider gern in die Trickkiste und verwandeln einen lieblichen Weißwein durch einen kräftigen Schuss Säure in einen trockenen. Umgekehrt wird Weinen, vor allem in Regionen, wo sie eine hohe natürliche Azidität aufweisen, gern unvergorener Traubensaft zugesetzt, um die Säure auszugleichen.

**HABEN SIE KEINE ANGST
VOR LIEBLICHEM WEIN!**

Im richtigen Gleichgewicht

Gönnen Sie sich einen guten Sauternes, worunter im Allgemeinen ein Cru-classé-Gewächs zu verstehen ist. Sein hoher Zuckergehalt bildet mit der ebenfalls hohen Azidität ein perfektes Gleichgewicht, weshalb er keineswegs übersüß erscheint. Man kann ihn »pur« genießen, aber auch zu Käse oder einem nicht zu süßen Dessert. Vergleichen Sie ihn mit einem sehr preisgünstigen lieblichen weißen Bordeaux oder einem Monbazillac. Sie werden feststellen, dass der billigere Wein viel fader und lebloser ist, da es ihm an Säure fehlt.

Probieren Sie außerdem einen Loire-Weißwein des Typs »sec« (trocken). Er wird recht sauer auf Sie wirken, da seine hohe natürliche Azidität durch keinerlei nennenswerte Süße ausgeglichen wird.

Als nächster Testkandidat käme ein einfacher Vin de Pays des Côtes de Gascogne in Frage, dessen Säuregehalt zwar sofort hervorsticht, der zugleich jedoch genügend Süße entfaltet, um diesen zu kompensieren.

Versuchen Sie beim Weintrinken die verschiedenen Säuregrade herauszuschmecken. Nachfolgend finden Sie Beispiele für das gesamte Spektrum von sauer bis süß.

Säuregrade

Grün oder scharf

Gros Plant du Pays Nantais von der Loire; Coteaux Champenois (die Stillweine der Champagne – sie beweisen schlagend, warum Champagner perlen sollte!); zahlreiche englische Weine; luxemburgische Tropfen; viele Burgunder des Jahrgangs 1996 (sowohl weiß als auch rot); portugiesischer Vinho verde.

Lebhaft

Die meisten neuseeländischen Weine; fast alle Loire-Gewächse unabhängig von ihrem Süßegrad; Weine von der Mosel; Chablis und etliche weitere weiße Burgunder; viele andere gut bereitete Weiße aus etwas wärmeren Anbaugebieten.

Flau oder flach

In dieser Kategorie sind allgemein gültige Aussagen weit schwerer zu machen, da viel vom Können des einzelnen Winzers abhängt, jedoch neigen Weine von der südlichen Rhône, aus Nordafrika und anderen küstennahen Mittelmeerregionen zur Flachheit (einschließlich der nach altem Stil bereiteten spanischen Gewächse wie zum Beispiel Monastrell). Diese Weine sind im Gesamtbild recht farblos und es fehlt ihnen an der erfrischenden Note, die ihnen ein wenig Säure verliehen hätte.

Klebrig süß

Billige, sehr süße Weine aller Art, entweder lieblicher weißer Bordeaux, wie minderwertiger Sauternes oder Barsac, oder die lieblichsten Versionen vieler Markenweine. Probieren Sie einmal einen so genannten trockenen Weißwein dieser Kategorie, etwa den Hauswein Ihrer Eckkneipe, und versuchen Sie, dessen Süße und Säure zu unterscheiden, indem Sie genau auf die Reaktionen Ihrer Zunge achten.

AUS BURGUND KOMMEN
FAST AUSSCHLIESSLICH
TROCKENE WEISSWEINE.

Die anderen Geschmacksempfindungen

Salzig

Salz ist ein wichtiger Grundgeschmack von Speisen, spielt beim Weinverkosten jedoch keine große Rolle. Trockener Sherry kann schwach salzig schmecken, und manchmal auch chilenische Rote, ebenso die Weißweine Neuseelands sowie viele Syrah-Weine von der nördlichen Rhône, wie Hermitage und Crozes-Hermitage.

Lösen Sie Salz in Wasser auf und nehmen Sie einen Schluck davon in den Mund, um zu testen, welcher Teil der Zunge darauf besonders anspricht. Bei mir ist es die Zone zwischen den säureempfindlichen hinteren Zungenrändern und ebenso ein Teil der vorderen Randzonen. Wenn Sie den Geschmack pikanter Speisen beurteilen wollen, achten Sie darauf, dass diese Zungenregionen mit ihnen in Berührung kommen.

Beim nächsten Glas Sherry Fino oder Manzanilla – von der sehr trockenen, leichten Art, beispielsweise Tío Pepe oder La Ina –, beobachten Sie die Reaktion der salzempfindlichen Zonen Ihrer Zunge.

ALLE SHERRY-ARTEN REIFEN IN ALTEN EICHENFÄSSERN, SO GENANNTEN BUTTS.

Bitter

Bitterkeit ist das letzte der vier Grundelemente des Geschmacks, die von der Zunge erkannt werden, und zwar vom hinteren flachen Zungenteil. Ähnlich wie Salzgeschmack spielt auch Bitterkeit beim Weinverkosten kaum eine Rolle, obgleich es tatsächlich eine Reihe von italienischen Rotweinen gibt, die einen bitteren Nachgeschmack am Zungengrund hinterlassen. (Oft wird Bitterkeit mit dem Geschmack von Gerbsäure verwechselt, die jedoch auf eine ganz andere Mundregion wirkt.)

Geben Sie etwas Magenbitter, beispielsweise Fernet Branca, Underberg, Angostura oder Suze, in ein Glas Wasser und bespülen Sie mit einem Schluck davon die ganze Mundhöhle. Sie werden sofort ein deutliches Ziehen in der hinteren Zungenregion verspüren. Campari ist ebenfalls sehr bitter, aber gleichzeitig auch sehr süß – schon für sich genommen eine interessante Geschmacksübung. Sie werden jedoch feststellen, dass er sich erst durch Zugabe von Säure in Form von Sodawasser (Kohlensäure) und/oder einer Zitronenscheibe in ein erfrischendes Getränk verwandeln lässt. Die Italiener sind geradezu vernarrt in ihre »Amari«; versuchen Sie bei italienischen Rotweinen einmal die Bitterkeit herauszuschmecken – eine Reihe von Chianti-Weinen und einige

der renommiertesten Brunello-di-Montalcino-, Vino-Nobile-di-Montepulciano-, Barolo- und Barbaresco-Gewächse sind eine Spur bitter, wie übrigens auch so mancher Valpolicella. Ein gewisses Maß an Bitterstoffen muss kein Nachteil sein; die Medizin schreibt ihnen sogar eine verdauungsfördernde und Alkohol abbauende Wirkung zu.

DAS SIEGEL DES CHIANTI CLASSICO CONSORZIO.

Nun ist Ihre Zunge gut genug geschult, um bei jedem Wein (und, noch wichtiger, bei jedem Gericht), mit dem sie in Berührung kommt, ihr Bestes zu geben. Sie sollten imstande sein, die Süße und Säure jeder Substanz einzuschätzen – ebenso wie ihren Salzgehalt und ihre Bitterkeit, falls nötig. Es wird Sie freuen, zu erfahren, dass Sie nun eine wissenschaftliche Entschuldigung dafür haben, Ihren Wein in richtig großen Schlucken zu genießen: Ihre gesamte Zunge soll mit der Flüssigkeit in Berührung kommen.

Sie werden nicht immer jeden Grundgeschmack genau identifizieren können. Wein »beeindruckt« Ihre Sinne auf vielfältige Weise, aber Süße und Säure sind in diesem Gesamteindruck entscheidend.

Ein eigenartiges Gefühl
im Mund

*Neben den Geschmacksempfindungen süß, sauer, salzig und bitter
löst Wein auch noch andere sensorische Reize im Mund aus.*

Ein stark vorschmeckender und manchmal geradezu unangenehmer
Bestandteil des Weins ist Gerbsäure oder Tannin. Hinter diesem Begriff verbergen sich eine ganze Reihe von Tanninen oder Polyphenolen, die entweder den Traubenkernen, -schalen und -stielen entstammen oder dem Fassholz entzogen wurden.

Tannin

Unter den alltäglichen Speisen und Getränken findet sich Tannin
hauptsächlich in Tee, besonders wenn er lang gezogen hat und aus den
Teeblättern große Mengen dieses Gerbstoffs gelöst wurden, der übrigens auch in der dünnen Haut des Walnusskerns enthalten ist. Tannin
schmeckt wahrscheinlich strenger als alle bisher erwähnten Stoffe.
Mundschleimhaut und Gaumen scheinen sich zusammenzuziehen,
wenn sie mit entsprechend viel Tannin in Kontakt kommen; sie werden, ähnlich dem Leder, buchstäblich gegerbt. Daher kann das Verkosten eines jungen, noch nicht ausgereiften Rotweins ein »einschneidendes« Erlebnis sein.

Reifen durch Lagerung

Tannin im Wein ist eine Investition in die Zukunft: Erst nach längerer
Lagerung kann sich ein Wohlgeschmack entwickeln. Ähnlich wie für
die Alterung vorgesehene Weißweine in ihrer Jugend Säure benötigen,
brauchen große Rotweine Tannin, das wie ein Konservierungsmittel
wirkt und ihre Lebensdauer verlängert. Ein junger Wein kann eine
ganze Anzahl von Geschmacksstoffen enthalten, die sich aber erst nach
langer Zeit chemisch so arrangieren, dass ein edler, reifer Tropfen entsteht. Während dieses Reifeprozesses zerfallen die Tannine und verbinden sich mit anderen Stoffen. Es gehört zur großen Kunst des Kellermeisters, zu erkennen, wie viel Tannin anfangs benötigt wird, um
andere, meist aus der Traube stammende Geschmacksstoffe auszugleichen, während sich der Wein entwickelt. Roter Bordeaux und weitere auf Cabernet Sauvignon beruhende Weine liefern hierfür die besten
Beispiele. Viele ihrer Jahrgänge reifen zu würdigem Alter und unver-

DIE KLEINEN CABERNET-SAUVIGNON-
TRAUBEN HABEN EINEN HOHEN
SCHALENANTEIL IM VERHÄLTNIS ZUM
FRUCHTFLEISCH UND LIEFERN SOMIT
VIEL TANNIN.

gleichlichem Geschmack heran, der
umso großzügiger ausfällt, je höher
der Tanningehalt am Anfang ist.

Das Verkosten eines jungen, weniger als drei Jahre alten Bordeaux ist
etwas für Hartgesottene. Er enthält so
viel Tannin, dass es einem sofort den Mund zusammenzieht und man
nur mit Mühe etwas von der Frucht erschmecken kann. Nur wenige
Verkoster sind erfahren und masochistisch genug, um solche Weine
zu beurteilen, die man auch als »hart« bezeichnet.

In der modernen Rotweinerzeugung wird viel Mühe darauf verwendet, Weine mit reiferer, weniger aggressiver Tanninstruktur zu produzieren, sei es durch spätere Traubenlese oder sanftere Behandlung
beim Ausbau. Die Kalifornier sind wahre Meister dieser Kunst.

Was Tannine bewirken

Mit der Reifung des Weins treten die Tannine in den Hintergrund, und
der Geschmack wirkt viel weicher. Die fruchtigen Aromen bilden sich
heraus und beginnen allmählich ihre komplexe Gestalt zu entwickeln.
Im Idealfall sind die Tannine nicht mehr wahrnehmbar, wenn der
Wein seine volle Reife erreicht hat (ein Zeitpunkt, den man leider erst
dann genau bestimmen kann, wenn er bereits vorüber ist). Auch das
Element des Unberechenbaren trägt zur Faszination des Weins bei. Ein
anfänglich viel versprechender Jahrgang, dessen hoher Tanningehalt
ihm eine lange Reifezeit und prächtige Zukunft zu garantieren scheint,
kann völlig hinter die Erwartungen zurückfallen und alle Frucht verlieren, noch bevor sich die Tannine eingefügt haben.

Wenn ein Rotwein, ob beabsichtigt oder nicht, wenig Tannin
enthält, kann er trotzdem wohlschmeckend sein – jedenfalls wohl-
schmeckender als ein allzu tanninreicher Wein. Allein, es hätte mehr
daraus werden können. Ein junger Wein mit vielen fruchtigen Ge-
schmacksanteilen ist der reine Genuss, doch hätten sich all diese wunderbaren Aromen zu etwas noch Edlerem verbinden können, hätte ihnen ein höherer Tanningehalt mehr Entwicklungszeit gegönnt.

Tee und Tannin

Lassen Sie Teeblätter einige Zeit kochen und probieren Sie einen Schluck von diesem Sud. Sie werden Säure herausschmecken, auch eine Spur Bitterkeit; doch findet sich neben diesen noch ein anderer, grundverschiedener Geschmackston, der so streng ist, dass Sie das Gesicht verziehen: Das ist Tannin. Ich empfinde den Reiz am stärksten zwischen dem Zahnfleisch und den Innenseiten der Wangen. Wo Sie am meisten spüren, hängt auch von der Art ab, wie Sie trinken. Manche haben am Gaumen die intensivste Geschmacksempfindung.

Kalifornischer Wein

Wenn Sie das nächste Mal Gäste haben, nutzen Sie die Gelegenheit zu einer etwas kostspieligeren Weinprobe und servieren Sie einen jungen roten Bordeaux aus dem Médoc, zum Beispiel einen St-Estèphe, Pauillac, St-Julien oder Margaux, neben einem anspruchsvollen kalifornischen oder chilenischen Cabernet Sauvignon desselben Jahrgangs. Beachten Sie, wie viel weicher und lieblicher der amerikanische Wein erscheint und wie viel weniger er die Mundschleimhäute reizt als das Beispiel aus Frankreich.

Tannin in edlen Weinen

Beurteilen Sie von nun an jeden Rotwein in Hinblick auf die Wirkung des Tannins auf Ihren Mund. Ironischerweise sind gerade die meisten stark tanninhaltigen Weine recht teuer, da es sich dabei zwar um noch junge, aber edle Weine handelt, die viele Jahre im Keller lagern und dabei immer wertvoller werden sollen. Ein Paradebeispiel für einen guten (und deshalb nicht ganz billigen), aber noch nicht ausgereiften Wein wäre ein 1996er Médoc (möglichst eine der bereits genannten Appellationen); vergleichen Sie ihn mit einer Flasche des milderen, tanninärmeren Jahrgangs 1997 möglichst desselben Weinguts. Eine Flasche von einem wesentlich älteren guten Jahrgang – 1990, 1989, 1985 oder 1982 – würde zeigen, zu welcher Klasse ein Wein heranreifen kann, wenn die Tannine sich mit den Frucht- und Eichenholzaromen zu den feinsten mannigfaltigen Geschmacksnuancen vereinigen konnten.

Weniger tannin-haltige Weine

In einem Beaujolais oder typischen Rioja ist Tannin kaum zu finden. Auch die Weine Nordostitaliens, darunter Merlot und Cabernet, sind sanft, und es gibt sogar einige preiswerte tanninarme Bordeaux-Weine, die auf der gewöhnlich recht tanninhaltigen Cabernet-Sauvignon-Traube beruhen. Die meisten Pinot-noir-Weine aus der Neuen Welt enthalten ebenfalls wenig Tannin, und generell lässt sich sagen, dass in einem Merlot weniger Tannin zu schmecken ist als in einem Cabernet Sauvignon.

Weißwein und Tannin

Tannin ist vor allem ein wichtiger Bestandteil des Rotweins, denn bei der Weißweinbereitung spielen Traubenschalen, Kerne und Stiele, die Träger der Tannine, keine große Rolle (Näheres zur Weißweinbereitung siehe Kapitel 3). Zudem werden die Pigmente der roten Schalen gebraucht, um sich in einem chemischen Prozess mit den Tanninen zu verbinden und diese abzumildern. Einige Weißweine schmecken jedoch ähnlich adstringierend wie tanninreiche Rote, da ihre Trauben mit sehr hohem Druck gepresst wurden und Tannin aus Schalen und Stielen austreten konnte.

Weißweine haben von Haus aus jene zusammenziehende Wirkung, doch anders als beim Rotwein spricht man hier nicht von »tanninreich«, sondern von »adstringierend«, auch wenn die Wirkung auf die Mundschleimhaut dieselbe ist. Wenn Sie das nächste Mal einen billigen italienischen Weißwein probieren, achten Sie darauf, welche Mundbereiche am stärksten stimuliert werden.

Dickschalige Trauben

Unterschiedliche rote Rebsorten ergeben Weine mit unterschiedlichen Tanninanteilen. Je kleiner die Trauben und je dicker ihre Schalen, desto höher der Tanningehalt des Mosts. Cabernet-Sauvignon-, Syrah- und Nebbiolo-Trauben sind daher besonders reich an Tannin. Auch regenarme Jahre, die Trauben mit wenig Fruchtfleisch und einem proportional hohen Stiel- und Schalenanteil hervorbringen, sind von tanninreichen Weinen geprägt; man kann die Dürre förmlich schmecken.

Bei der Weinbereitung kann der Kellermeister versuchen, möglichst viel Tannin aus den Trauben zu gewinnen. Wenn er beispielsweise die Gärzeit ausdehnt und anschließend die ausgepressten Schalen im Wein belässt (was in Frankreich *cuvaison* genannt wird), kann viel Tannin austreten und in den Wein gelangen.

Wein, der mit Holz in Berührung kommt, hat die Tendenz, die darin enthaltenen Tannine zu extrahieren. Je neuer ein Eichenfass ist und je weniger stark es angeröstet wurde, desto mehr Tannine sind darin enthalten. Daher füllt man wirklich edle Weine, deren Reifezeit auf bis zu fünf Jahrzehnte veranschlagt wird, oft in neue Fässer. Sie sind erheblich teurer als gebrauchte, garantieren dem darin reifenden Wein jedoch eine lange Lebensdauer.

Je länger ein Wein im Holzfass belassen wird, desto mehr verliert er seine natürliche Fruchtigkeit. Einige nach alter Tradition bereitete Barolo-Gewächse sind gute Beispiele für Weine, die so viel Zeit im Fass verbracht haben, dass das Tannin überhand genommen und alle anderen Aromen in den Hintergrund gedrängt hat. Im Piemont wie auch in anderen Regionen hat jedoch inzwischen ein Trend zu sanfteren, gefälligeren Weinen eingesetzt.

Wenn Sie einmal Gelegenheit haben sollten, einen der weniger hochwertigen Barolo- oder Barbaresco-Jahrgänge zu verkosten, einen 1992er oder 1993er zum Beispiel, versuchen Sie sein hervorstechendes Merkmal zu bestimmen. Wahrscheinlich wird er Ihnen so trocken vorkommen, dass Sie ihn ohne begleitende Speisen gar nicht trinken mögen. Ein solcher traditionell bereiteter Wein kann tatsächlich staubtrocken sein.

Leichte und schwere Weine

Ähnlich wie Menschen haben auch Weine ihren eigenen Körper, doch brauchen sie sich ihrer Fülle nicht zu schämen.

Unter dem Körper eines Weins versteht man seine vor allem auf Alkohol- und Extraktgehalt beruhende Charakteristik. Körperreiche Exemplare enthalten mindestens 13 % Alkohol, leichte dagegen meist weniger als 10 %. Den Körper eines Weins zu ermitteln erscheint komplizierter, als es in Wirklichkeit ist. Schon das Aussehen des Weins gibt Aufschlüsse (siehe Seite 45, »Visuelle Anhaltspunkte«), und sein Duft wird Ihnen, mit zunehmender Übung, noch viel mehr verraten.

Doch erst im Mund selbst erfährt man, wie schwer der Wein tatsächlich ist: Man kann sein physikalisches Gewicht buchstäblich spüren. Empfinden Sie eine überwältigende Fülle in Ihrem Mund oder fühlt sich die Flüssigkeit eher wässrig an? (Immerhin besteht Wein zu 80 % aus Wasser). Ein besonders alkoholhaltiger Wein hinterlässt ein heißes, brennendes Gefühl in der Kehle.

Gespritete Weine sind allesamt körperreich, da man ihnen Alkohol zugesetzt hat. Die schwersten nicht gespriteten Weine sind Rote, wie beispielsweise der Amarone aus Italien, Hermitage und Châteauneuf-du-Pape von der Rhône, spät gelesener kalifornischer Zinfandel,

theorie : übung

theorie

viele spanische und argentinische Rotweine und typische Cabernet-Sauvignon-Weine aus Kalifornien, Australien und Südafrika. Doch auch edler weißer Burgunder, Sauternes und ganz besonders kalifornischer Chardonnay kann recht schwer ausfallen. Alkohol in höherer Konzentration ergibt sogar einen süßlichen Geschmack, weshalb so viele kalifornische Chardonnay-Weine scheinbar mehr Restsüße enthalten, als dies tatsächlich der Fall ist.

Deutsche Weine sind meist sehr leicht; manche enthalten gerade einmal 8 % Alkohol. Gleiches gilt für weißen Vinho verde und seine außerhalb Portugals relativ selten anzutreffende rote Version. Beaujolais und eine große Anzahl französischer Rotweine, wie zum Beispiel die meisten Vins de Pays, sind ebenfalls recht leicht.

Schwere Weine müssen nicht unbedingt einen hohen Gehalt an Restsüße haben. Einige ausgezeichnete italienische Kreszenzen wie Brunello und Barolo können trocken und trotzdem schwer sein, wohingegen der schäumende Asti zwar lieblich, aber leicht ist. Wenn Sie auf Ihr Gewicht achten, sollten Sie sich auf leichte und gleichzeitig trockene Weine beschränken, wie sie speziell in Frankreich unter den Namen Muscadet, Sancerre, Chablis und Beaujolais bereitet werden.

Alkoholgehalt und »Gewicht«

Vergleichen Sie den auf dem Flaschenetikett angegebenen Alkoholgehalt mit dem im Mund gespürten »Gewicht« des Weins. Bei einem Châteauneuf kann er derart hoch sein, dass Sie offenes Feuer tunlichst meiden sollten! Achten Sie einmal auf die alkoholische Schärfe Ihres Atems nach einem Schluck Portwein.

Leichter deutscher Wein

Vergleichen Sie ein Glas deutschen Riesling, am besten von der Mosel, mit einem Wein aus dem Elsass, aus Österreich oder Australien.

Sie fühlen sofort die Leichtigkeit des deutschen Weins auf der Zunge, obwohl er ein genauso intensives Aroma hat.

Trocken und schwer, lieblich und leicht

Probieren Sie einen Hermitage, Barolo oder Barbaresco – sie sind trocken und gleichzeitig körperreich. Wenn Sie das nächste Mal einen Asti trinken, besser noch einen Moscato d'Asti (der in der Regel hochwertiger ist und oft frischer und traubiger schmeckt), achten Sie darauf, wie leicht er ist und wie seine Süße gleichzeitig die Zungenspitze umschmeichelt.

Den ganzen
Geschmack einfangen

Wenn sich alles, was uns ein Wein vermittelt, darauf beschränkte, dass er lebhaft, halbtrocken, einigermaßen leicht und etwas adstringierend ist, gäbe es keinen Grund, dieses Buch zu schreiben, und auch wenig Freude am Weintrinken.

Die große Besonderheit von Wein, die ihn von allen anderen Getränken unterscheidet, liegt darin, dass er eine erstaunliche Bandbreite an Geruchs- und Geschmacksnoten enthalten kann, vor allem wenn man bedenkt, dass er nur aus einem einzigen Grundstoff hergestellt wird: Traubensaft. Wie wir bereits gesehen haben, können unsere Geschmackspapillen nicht annähernd die Aromenfülle erfassen, die ein Wein entfalten kann. Der eigentliche Charakter des Weins ist in den volatilen Substanzen enthalten, die beim Atmen über die Nasenlöcher und beim Schmecken via Nasen-Rachen-Raum das äußerst sensible olfaktorische Sinneszentrum erreichen. Winzige, hocharomatische Moleküle, die in den vom Wein verströmten flüchtigen Substanzen enthalten sind, machen einen kleinen, aber sehr wichtigen Teil seiner Gesamtkomposition aus. Sie bilden das Bukett, das wir natürlich nur dann in seiner vollen Komplexität genießen können, wenn wir durch bewusstes Riechen oder Schnuppern am Glas die aufsteigenden Düfte dem olfaktorischen Zentrum zuführen.

Weinansprache

Doch mit welchen Worten soll man den Geschmack eines Weins beschreiben? »Hmmm, hervorragend« oder »Puuuh« ist völlig ausreichend, vorausgesetzt, Sie haben nicht vor, sich mit Gleichgesinnten auszutauschen, und legen auch keinen Wert darauf, sich die Qualitäten eines bestimmten Weins einzuprägen – oder Sie verschmähen das Vergnügen des Vergleichens von Weinen. Doch vermutlich haben Sie zu diesem Buch gegriffen, weil Sie lernen möchten, wie man Wein fachmännisch degustiert und beurteilt. Vielleicht möchten Sie sich auch in der Kunst des Blindverkostens üben. Sie werden allerdings bald feststellen, wie frustrierend es ist, einen komplexen Geschmackseindruck beschreiben zu wollen, wenn einem die Worte fehlen.

Musikliebhaber wissen sehr genau, was ein eingestrichenes C ist oder was »fortissimo« bedeutet. Für Weinliebhaber gibt es jedoch weder festgelegte Termini noch ein objektives Bewertungssystem, um etwa den unverwechselbaren Geschmack der Gamay-Traube zu beschreiben, geschweige denn die vielfältigen anderen Faktoren wie die Bodenbeschaffenheit des Weinbergs, das Wetter vor der Traubenernte, die Art der Weinbereitung und Lagerung, die gemeinsam das geschmackliche Mosaik gestalten.

Vergleiche finden

Ein allgemein gültiges Vokabular für Weinverkoster wäre zweifellos ein erstrebenswertes Ziel, und man versucht bereits seit einiger Zeit, einen Konsens zu finden. Doch jede Nation hat für geschmackliches Empfinden ihre eigenen Worte, die sich nicht ohne weiteres verallgemeinern lassen, da jeder mit diesen Begriffen andere Vorstellungen verbindet.

Jean Lenoir aus Burgund hat zur Lösung dieses Problems einen wertvollen Beitrag geleistet, indem er einen Katalog eindeutig definierter Essenzen aufstellte, von denen jede einen unverwechselbaren Geruch repräsentiert. Er bot unter dem Markennamen »Le Nez du Vin« sogar eine Sammlung kleiner Riechfläschchen an, die beim Weinverkosten zum Vergleich herangezogen werden können, um zu überprüfen, ob ein Weinaroma beispielsweise eher als »holzig« oder als »Veilchen« einzustufen ist.

Doch es gibt interessante Eigentümlichkeiten unter den Begriffen, die einzelne Nationen auf die im Wein zu findenden Aromen anwenden. In Südafrika zum Beispiel ist »Guajave« eine gängige Geschmacksnote, in Kalifornien hingegen trifft man auf »Paprikaschote«. Die traditionsbewussten französischen Weinverkoster wählen aus langen Duftlisten Begriffe wie »Akazie«, »Röstbrot«, »Honig« und »Schokolade«, während man in Australien den Wein eher chemisch »zerlegt« und Aldehyde oder Sulfide entdeckt.

Wie die meisten dieser Beispiele zeigen, wird versucht, Weintypisches durch Vergleiche mit Weinfremdem, aber Vertrautem zu beschreiben. Zu Anfang dieses Kurses haben wir Begriffe benutzt wie »halbtrocken«, »körperreich« oder »weich« – allgemein anerkannte Termini zur Beschreibung der auffälligeren Dimensionen eines Weins, jene, die eher mit dem Mund als mit der Nase aufgenommen werden. Für das viel subtilere Bukett hingegen reichen sie nicht mehr aus. Es ist ähnlich wie bei der Beschreibung einer Person: die körperlichen Merkmale sind schnell genannt (Größe, Statur usw.), beim Charakter wird es schwieriger. Weinverkoster sind ständig auf der Suche nach vergleichbaren Aromen, solchen, die sie kennen oder sich wenigstens vorstellen können.

Bei manchen etablierten Degustationsbegriffen ist jedoch kaum nachzuvollziehen, was sie mit dem beschriebenen Aroma gemeinsam haben. Der charakteristische Duft der Gewürztraminer-Traube wird anerkanntermaßen als »würzig« bezeichnet, obwohl er mit dem irgendeines bekannten Gewürzes nun wirklich nicht vergleichbar ist.

Ihr individuelles Vokabular

Sie können natürlich auch Ihre eigenen Degustationsbegriffe entwickeln. Wenn ein Wein für Sie nach frischen Leintüchern riecht oder nach Tennisbällen, dann bleiben Sie bei diesen »olfaktorischen Eselsbrücken«. Sie können Ihnen später helfen, Weine und Aromen wiederzuerkennen. Alles, was zählt, ist die begriffliche Verbindung zwischen dem, was Sie riechen, und dem Wein selbst. Im Verlauf dieses Kurses werde ich mir erlauben, eigene Vorschläge ins Spiel zu bringen, und hoffe, dass sie Ihnen helfen, Ihr eigenes Vokabular zu entwickeln. Wenn sich Ihre eigenen Begriffe mit den allgemein gebräuchlichen decken, wäre das hilfreich, aber nicht unbedingt notwendig. Wer jedoch beruflich mit Wein zu tun hat, sollte sich an die bestehenden Übereinkünfte halten.

Am Ende dieses Buchs finden Sie ein Glossar der gängigsten Degustationsbegriffe, mit denen man die meisten Eigenschaften eines Weins beschreiben kann. Lassen Sie mich an dieser Stelle kurz den Unterschied zwischen »Aroma« und »Bukett« erläutern: Während man den relativ einfachen Geruch eines jungen Weins als »Aroma« bezeichnet, nennt man das viel komplexere Duftgemisch, das sich mit der Flaschenalterung entfaltet, »Bukett«.

»WÜRZIGES« AUS DEM ELSASS:
DER GEWÜRZTRAMINER.

Drei Qualitätsmerkmale

Mit Süße, Säure, Tanningehalt und Körper sind die Dimensionen eines Weins dargestellt. Über das Bukett erhalten wir Zugang zu seinem Charakter. Doch wenn Sie die guten Weine herauspicken und die schlechten umgehen wollen, sollten Sie drei weitere Merkmale kennen, die mit Nase und Mund beurteilt werden können und die unmittelbar auf Qualität oder deren Mangel hinweisen.

Sauberkeit

Ein Wein wird als sauber bezeichnet, wenn er keine merklichen Fehler hat. Der beste Maßstab hierfür ist Ihre Nase. Als ich 1975 über Wein zu schreiben begann, roch die Hälfte aller Weine unsauber oder war sonstwie fehlerhaft. Nachdem die technische Revolution nun endlich auch in den Weinkellern Einzug gehalten hat, haben nur noch knapp 1 % der international angebotenen Flaschen einen wie immer gearteten Weinfehler. Der häufigste davon, Korkengeschmack, ist zudem nicht der Weinbereitung selbst anzulasten, sondern das Resultat eines mangelhaften Korkens. Nachfolgend finden Sie eine Beschreibung der am häufigsten anzutreffenden Geruchsfehler bei Weinen.

TCA

TCA ist die Abkürzung für eine besonders übel riechende Chemikalie: Trichloranisol. Sie bildet sich in Flaschen, die mit einem fehlerhaften Korken verschlossen wurden. Der Wein riecht muffig und schimmlig. Aus irgendwelchen Gründen ist der Kork bei der Ernte oder Weiterverarbeitung schlecht geworden. Er muss selbst nicht einmal unangenehm riechen, doch hat er den Wein bereits verdorben. TCA kann jeden Korken befallen, egal von welcher Qualität, doch behaupten Weinproduzenten natürlich, dass ihr Korkenlieferant ganz besonders sorgfältig auf die Qualität seiner Ware achtet. Die TCA-Rate war gegen Ende der 1990er-Jahre so hoch, dass viele Erzeuger zu Plastikkorken übergingen, die zwar andere Nachteile haben mögen, aber TCA-frei sind. Der modrige Geruch, den man mit dem Begriff »Korkeln« verbindet, kann nach dem Öffnen der Flasche sogar noch zunehmen, und obwohl nicht alle Verkoster gleich empfindlich dafür sind, büßt ein korkelnder Wein doch erheblich an Wohlgeschmack ein.

TCA findet sich ebenfalls in Weinen, die in der Nähe von chemisch behandelten Holzflächen (Balken, Paletten) bereitet oder gelagert wurden. Dieses Problem trat Ende der 1980er-, Anfang der

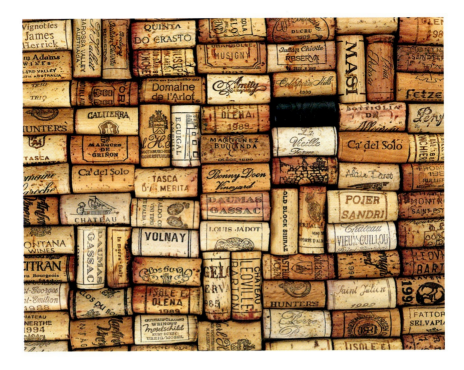

**SCHÄTZUNGSWEISE ZWEI BIS FÜNF PROZENT
ALLER KORKEN SIND FEHLERHAFT.**

1990er-Jahre vermehrt bei einigen französischen Weinen auf (beispielsweise Château Ducru-Beaucaillou in St-Julien und Château Canon in St-Émilion), wurde jedoch inzwischen völlig behoben (was manchmal die komplette Renovierung eines Weinkellers bedeutete).

Schwefeldioxid

Ein Geruch ähnlich dem eines aufflammenden Streichholzes hängt manchmal über Weinen, die irgendwann mit zu viel Schwefel behandelt wurden. Schwefel ist bei der Weinbereitung das Desinfektionsmittel schlechthin und wird in gewissem Maß allen Weinen beigefügt. Süße und liebliche Weine mit hohem Restzuckergehalt müssen oft mit einer größeren Dosis an Schwefeldioxid behandelt werden, um die Nachgärung zu verhindern. Daher ist dieser Geruch in billigen lieblichen und auch in manchen deutschen Weinen allgegenwärtig. Er verschwindet mit der Zeit von selbst (deutsche Spitzenerzeuger gehen davon aus, dass ihre Weine viele Jahre gelagert werden) oder verfliegt durch Schwenken des Glases. Bei Asthmatikern kann es jedoch zu heftigen Reaktionen kommen. Ich habe festgestellt, dass heute bei der Weinbereitung immer weniger Schwefel verwendet wird – nach manchem deutschen Wein hatte ich noch am nächsten Morgen eine raue Kehle …

Faule Eier

Dieser Geruch, für den ein Gas namens Schwefelwasserstoff (H_2S) verantwortlich ist, findet sich manchmal in Rotwein, der in heißen Klimazonen unter Sauerstoffmangel bereitet wurde. Wird dieser Zustand nicht behoben, kann er zu dem gefürchteten, auch »Böckser« genannten Weinfehler führen, ein durch die Bildung von Mercaptanen verursachter stark fauliger Geruch. Ein leichter Schwefelwasserstoffstich kann jedoch durch kräftiges Schwenken und damit Belüften des Weins beseitigt werden oder indem man eine Kupfermünze ins Glas legt. Da Böckser in Rotweinen der wärmeren Anbaugebiete Australiens häufig zu finden war, scheinen australische Nasen für diesen Weinfehler besonders empfindlich zu sein.

Brettanomyces

Der als »Mäuseln« bezeichnete Weinfehler, der häufig bei kalifornischen Weinen auftritt, wird am Gaumen besonders intensiv wahrgenommen. Verantwortlich dafür sind Bakterien, die altem Fassholz anhaften und sich in nicht ganz hygienischen Weinkellern einnisten können. Einige amerikanische Weinbaubetriebe fördern sogar ein leichtes Mäuseln, da es, wie sie glauben, dem französischen Weinstil nahe kommt und die Komplexität edler Rotweine steigert.

Oxidation

Um diesen Weinfehler zu erkennen, braucht man etwas Übung. Obwohl Oxidation beim normalen Weinausbau unerwünscht ist, werden Sherry und Madeira bewusst oxidiert, das heißt mit Sauerstoff behandelt. Speziell bei leichten Weinen können sich ein flacher, schaler Geruch und Geschmack bilden. Wie die Schnittfläche einer Apfelscheibe werden oxidierte Weine braun: Man sagt auch »maderisiert«, doch wird dieser Begriff hauptsächlich auf Weißweine angewendet.

Essigstich/essigsauer

Bei fortschreitender Oxidation bildet sich im Wein Essigsäure, die einen scharf-sauren Geruch (und Geschmack) hervorruft.

Korkengeschmack

Es wäre Geldverschwendung, Wein zu kaufen, nur um typische Fehler kennen zu lernen. Versuchen Sie stattdessen einen freundlichen Gastwirt oder Weinhändler zu finden, der Ihnen eine Flasche überlässt, die wegen Korkengeschmacks reklamiert wurde – wer je TCA im Wein »genossen« hat, wird den charakteristischen Geruch nie vergessen. Für einen korkelnden Wein muss sich kein Winzer schämen, meist hatte er einfach nur Pech oder einen nachlässigen Korkenlieferanten.

Schwefel

Schwefel ist für zwei unterschiedliche üble Gerüche im Wein verantwortlich, die Sie vielleicht schon kennen: Der erste begegnet Ihnen, wenn Sie hart gekochte Eier ein paar Tage ungekühlt aufbewahren (H_2S), der zweite, wenn Sie ein Streichholz entzünden (SO_2). Sollten Ihnen tatsächlich einmal ein nach Schwefelwasserstoff riechender Wein vorgesetzt werden (vielleicht ein billiger Roter aus Nordafrika), probieren Sie den Trick mit der Kupfermünze.

Oxidierter Wein

Lassen Sie ein Glas einfachen Wein für ein paar Tage offen stehen; am besten dort, wo Sie sich regelmäßig aufhalten, zum Beispiel in der Küche. Schnuppern Sie immer wieder daran und verfolgen Sie, wie er sich verändert: Zuerst verliert er allmählich sein frisches, fruchtiges Aroma, dann wird er schal und am Ende ist er völlig flach und ungenießbar. Der Wein ist oxidiert. Er wird sich sukzessive in Essig verwandeln und riecht entsprechend; doch falls Sie mit der Riechprobe nicht so lange warten wollen, können Sie auch gleich an einer Essigflasche schnuppern.

Dieser Umwandlungsprozess kann unterschiedlich lang dauern. Gespritete Weine wie Sherry und Madeira oxidieren äußerst langsam. Als Faustregel gilt: Je körperreicher ein Wein, desto länger bleibt er stabil. Manche sehr gehaltvolle, robuste junge Weine – wie einige Australier oder Kalifornier und speziell Barolo und Barbaresco – können durch den Kontakt mit der Luft sogar noch gewinnen, doch nach einigen Tagen beginnen auch sie, wie alle anderen Weine, schlecht zu werden. Generell verderben Pinot-noir- und Grenache-Weine schneller als solche, die auf der Cabernet-Sauvignon-Traube basieren (mehr zum Thema Luft, Belüften und Dekantieren von Wein siehe Seite 69–71).

Flüchtige Säuren

Berauschen Sie sich an dem intensiven, schweren Duft, den manche Portweine (jedoch nicht Tawny), einige der alkoholstärksten australischen Shiraz-Gewächse und so mancher rustikale Rotwein aus besonders heißen Klimazonen verströmen. Sie alle haben einen hohen Anteil an flüchtigen Säuren, ohne dass dies ein Fehler wäre.

Flüchtige Säuren

Wenn man sich unter Verkostern manchmal ein viel sagendes »flüchtige Säuren« zuraunt, ist von einem instabilen oder instabil werdenden Wein die Rede. Der Duft eines jeden Weins besteht zu gewissen Anteilen aus (in die Nase aufsteigenden) flüchtigen Säuren, andernfalls könnten wir ihn gar nicht riechen. Sehr alte oder sehr alkoholstarke Rotweine jedoch entladen sich manchmal geradezu explosionsartig in Ihre Nase, sodass im Glas kaum noch etwas zurückbleibt. Der intensive Duft von Port zum Beispiel ist aber im positiven Sinn auf flüchtige Säuren zurückzuführen.

Kohlendioxid

Bläschenbildung, ein unangenehmer Beigeschmack und Schleier oder Trübungen deuten auf eine unerwünschte Zweitgärung in der Flasche hin. Vielen jungen Weiß- und Roséweinen, speziell aus wärmeren Regionen, wird jedoch bei der Abfüllung absichtlich Kohlendioxid zugesetzt, um ihnen einen erfrischenden Geschmack zu verleihen. Solche Weine sind allerdings kristallklar.

Pappe

Dieser papierartige Geruch entsteht, wenn bei der Weinbereitung Filterelemente nicht rechtzeitig gewechselt werden. Ein Weinfehler, der glücklicherweise nur noch selten vorkommt.

Geranienton

Ein Geruch, der an Geranienblätter erinnert. Er entsteht, wenn Wein übermäßig mit Sorbinsäure behandelt wurde.

Erliegen Sie jedoch nicht der Weinfehler-Paranoia, indem Sie versuchen, in jeder Flasche einen der oben beschriebenen Gerüche zu entdecken. Ein echter Geruchsfehler wird deutlich genug zutage treten.

Ausgewogenheit

Ein Wein wird als ausgewogen bezeichnet, wenn sich all seine Komponenten harmonisch zusammenfügen und keine hervorsticht. Ein Ungleichgewicht könnte durch einen zu hohen Anteil an Süße, Säure, Tannin oder Alkohol hervorgerufen werden. Um die Ausgewogenheit eines Weins erkennen zu können, müssen Sie also das Zusammenspiel all seiner Bestandteile auf sich wirken lassen. Ein guter Wein sollte bei Trinkreife sein Gleichgewicht gefunden haben.

Überprüfen Sie ab jetzt jeden Wein, den Sie im Glas haben, auf Ausgewogenheit. Weine, deren Bestandteile perfekt aufeinander abgestimmt sind, nennt man auch »harmonisch«. Balance hat nichts mit Preis oder Status zu tun. Auch einfache Weine können ausgewogen sein, und vielen noblen Gewächsen fehlt es in ihrer Jugend deutlich an Gleichgewicht, weil sich die Tannine noch zu deutlich bemerkbar machen.

Nachhaltigkeit

Ein weiteres Qualitätsmerkmal für Wein ist seine Nachhaltigkeit, von Verkostern auch »langer Abgang« genannt. Wenn nach dem Schlucken (oder Ausspucken) eines Weins sein Geschmack und Bukett in Mund und Nase verweilen – im besten Sinne natürlich –, muss es sich um einen guten Tropfen handeln. Ein wahrhaft edler Wein kann noch für Minuten, wenn nicht gar Stunden nachwirken. Allein dieser anhaltende Genuss vieler großer Weine rechtfertigt ihren hohen Preis, im Gegensatz zu den weniger erlesenen Tropfen, deren Eindruck schnell verfliegt, sobald sie getrunken sind.

Konzentrieren Sie sich auf das Gefühl, das Sie nach einem Schluck Wein haben. Ein langer Abgang kann Ihren Genuss mindestens verdoppeln. Da uns Weine mit geringer Nachhaltigkeit dieses Vergnügen vorenthalten, neigen wir dazu, zu viel davon zu trinken.

MIT ALLEN SINNEN GENIESSEN ...

JEDER WEIN IST EINEN BLICK WERT.

Die Rolle der Augen

Normalerweise wird in der Weinliteratur schon gleich am Anfang herausgestellt, dass am Weinverkosten drei Sinnesorgane beteiligt sind: Augen, Nase und Mund, und zwar in dieser Reihenfolge. Dann wird üblicherweise detailliert ausgeführt, was uns die Augen über einen Wein verraten können.

Ausgiebiges Betrachten des Weins ist das Erste, was professionelle Weinverkoster tun. Speziell beim Blindverkosten können sie daraus wertvolle Schlüsse ziehen. Doch in diesem Buch geht es ums Schmecken und Genießen, und so reizvoll das satte Rot eines vollendeten Bordeaux und das sanfte Gelb eines reifen weißen Burgunders für das Auge auch sein mögen, so stehen sie doch weit hinter dem zurück, was der (wissens-) durstige Weinliebhaber mit Nase und Mund erfahren kann. Aus diesem Grund rangiert das Thema Augen hier hinter den Themen Geruch und Geschmack.

Die Zeichen erkennen

Die wichtigste Funktion der Augen beim Verkosten ist das rechtzeitige Erkennen eventueller Weinfehler. Bei einer Trübung ist bereits Vorsicht geboten: Irgendetwas stimmt nicht mit dem Wein, und wahrscheinlich ist auch sein Geschmack beeinträchtigt. Hat ein Wein, egal ob rot oder weiß, einen deutlichen Braunton, so ist er wahrscheinlich oxidiert. Gasbildung in einem körperreichen Wein deutet auf unerwünschte Zweitgärung hin, die ebenfalls dem Geschmack abträglich ist (dagegen ist das erfrischende Prickeln so mancher leichter Weiß- und Rotweine durchaus beabsichtigt).

Weine, bei denen erfrischendes Prickeln erwünscht ist

Weiß

Alle Weine mit der Bezeichnung »pétillant«, »perlant« oder »frizzante«; Vinho verde; einige verwegene, trockene italienische Weißweine, die jung getrunken werden sollten; viele junge, einfachere Australier, Neuseeländer, Südafrikaner und Kalifornier – besonders Rhine Riesling, Chenin blanc sowie fast alle anderen Weine mit geringer Restsüße, die durch ihren Kohlendioxidanteil eine erfrischende Note erhalten.

Rot

Perlende Rotweine sind wesentlich seltener als weiße, doch bei Lambrusco, rotem Vinho verde (selten exportiert) und dem einen oder anderen Chianti finden sich die prickelnden Bläschen ebenfalls.

Harmlose Ablagerungen

Die meisten im Wein sichtbaren Partikel sind entweder Schwebeteilchen (wenn sie leichter als die Flüssigkeit sind) oder Ausfällungen am Flaschenboden (wenn sie schwerer sind). Sie sind optisch zwar störend, aber ebenso harmlos wie kleine Korkstücke, die in Ihr Glas geraten können, wenn die Flasche nicht fachgerecht geöffnet und serviert wurde. Ebenfalls unschädlich sind Kristallbildungen im Weißwein und ein schwärzlicher Niederschlag im Rotwein, die chemisch eng miteinander verwandt sind, auch wenn sie völlig verschieden aussehen: Es sind kristalline Weinsäureablagerungen, die bei der Reifung des Weins entstehen, so genannter Weinstein. Die Pigmente des Rotweins färben ihn dunkelrot, im Weißwein jedoch ist er farblos und wird von misstrauischen Zeitgenossen gern mit Zucker (oder gar Glassplittern) verwechselt. Da solche ansonsten fehlerfreien Flaschen immer wieder beanstandet werden, ist die Weinindustrie inzwischen dazu übergegangen, Weine (u.a. durch Kühlung und Kaltfiltration) zu klären oder zu »schönen«. Uns Weinliebhabern sind natürliche Ablagerungen jedoch willkommen, beweisen sie doch, dass der Wein nicht übermäßig nachbehandelt wurde.

Wenn Sie sich von der Harmlosigkeit der Weinsteinkristalle überzeugen wollen, essen Sie einfach ein paar, wenn Sie sie wieder einmal im Weißwein entdecken. Sie schmecken, ihrem zuckerähnlichen Aussehen zum Trotz, ziemlich sauer, und tatsächlich bestehen sie aus Säure, eben Weinsäure. Die dunkle Variante des Rotweins schmeckt sehr ähnlich, ist jedoch noch etwas härter.

WEINSTEIN – EIN ZEICHEN FÜR NATÜRLICHE WEINBEREITUNG.

Visuelle Anhaltspunkte

Für ehrgeizige Blindverkoster kann der Blick ins Weinglas so wichtig sein, wie es für Sherlock Holmes der Blick durch die Lupe war.

Auf den ersten Blick

Wenn die Farbe des Weins eintönig und homogen ist – wenn also zwischen Rand und Glasmitte kaum Farbunterschiede zu erkennen sind –, haben wir es wahrscheinlich mit einem recht einfachen Tropfen zu tun. Die meisten edlen Weine dagegen sind auch optisch sehr interessant: Sie weisen einen Farbverlauf auf, der von einem relativ dunklen, leuchtenden Ton in der Mitte bis zu einem fast klaren Strahlen am Glasrand reicht. Dies gilt besonders für reife Rotweine. Je älter der Wein, desto größer der Unterschied zwischen dem kräftigen Ton in der Mitte und der fast wasserklaren Randzone. Wenn er zusätzlich leicht moussiert, so handelt es sich wahrscheinlich um einen der auf Seite 43 aufgelisteten Gewächse.

Zum Begutachten der Weinfarbe neigen Sie das Glas im 45-Grad-Winkel von sich weg und halten Sie es möglichst vor einen gleichmäßig hellen Hintergrund, zum Beispiel eine weiße Tischdecke oder einen weißen Teller. In der Regel ist der Wohnzimmer- oder Küchentisch nicht unbedingt dafür geeignet. Bei Kerzenlicht am gemütlichen Holztisch sind feine Farbnuancen nur schwer zu erkennen; doch wer würde in einem solchen Ambiente auch schon auf die Idee kommen, eine Blindverkostung durchzuführen? Wenn Sie also ernsthaft vorhaben,

Weine zu erraten, sollten Sie (oder die Person, die Ihre Kenntnisse testen will) für ausreichend Licht und einen weißen Hintergrund sorgen. Mehr dazu auf Seite 58.

EIN HELLER HINTERGRUND IST UNENTBEHRLICH.

DER DUNKLERE, MEHR PURPURFARBENE WEIN LINKS IST WESENTLICH JÜNGER ALS DER INS ORANGE SPIELENDE RECHTS.

Der zweite Blick

»Roter« Wein hat in der Jugend einen ausgeprägten Purpurton, der sich über Karmesinrot bis hin zu einem deutlichen Ziegelrot im Alter entwickelt. Weißwein hingegen kann nahezu wasserhell sein, wenn er jung ist, wird später gelblicher und in der Reife bräunlich. Den besten Aufschluss über die Farbe eines Weins erhält man von der klareren Randzone. Dies gilt besonders für sehr dunkle Rotweine, die in der Glasmitte fast schwarz und nur ganz am Rand etwas heller sind. Der Farbton ist bei Rotweinen ein zuverlässiger Altersindikator. Alles, was auch nur leicht bläulich ist, ist relativ jung. Jeder Gelb- oder Orangeton weist dagegen auf Alterung hin. Je nuancierter sein Farbverlauf am Glasrand, desto älter ist der Wein. Bei Weißwein lässt die Farbe weit weniger Rückschlüsse auf Identität und Reifegrad zu. Die meisten liegen farblich innerhalb eines schmalen Spektrums blasser Gelbtöne, die mit dem Alter dunkler werden.

Bestimmte Farben lassen auf bestimmte Anbaugebiete oder Rebsorten schließen:

Rotwein

Purpurrot – Die meisten alterungsfähigen jungen Qualitätsweine.

Kirschrot – Viele leichte Rote von den Rebsorten Pinot noir, Gamay, Grenache, Merlot; Beaujolais, Chinon, Bourgueil, Valpolicella und einige Neuseeländer.

Karmesinrot – Typische Farbe des Rotweins, daher wenig aufschlussreich.

Dunkles Purpur – Aus dickschaligen Trauben wie Nebbiolo oder Syrah bereitet (siehe Seite 48), oder es handelt sich um Cabernet Sauvignon aus heißem Klima.

Rötlich braun – Wahrscheinlich ein sehr reifer Wein. Ein Orangeton ist charakteristisch für Weine aus der Nebbiolo-Traube wie Barolo, Barbaresco und Brunello di Montalcino. Ein schwärzlicher Ton deutet auf einen Wein aus Südafrika oder Australien hin und lässt auf einen reifen, aber nicht unbedingt alten Wein schließen.

Weißwein

Nahezu wasserklar – Colombard, Chenin blanc, Soave, Muscadet, sehr junge Chablis- oder billige Verschnittweine.

Grünlicher Schimmer – Ist der Wein zudem auch noch blass, stammt er wahrscheinlich aus Deutschland; grünlich golden deutet auf Australien hin.

Blassgelb – Die typische Farbe der meisten jungen, trockenen Weine.

Goldgelb – Deutet bei europäischen Weinen auf viel Sonne, hohes Alter oder eventuellen Restzucker hin. Aber auch sehr junge Chardonnay-Weine aus Kalifornien oder Australien neigen zu diesem Farbton, und die Rebsorten Gewürztraminer, Pinot gris, Sémillon und Viognier erbringen ebenfalls kräftig getönte Weine.

Tiefgolden – Große Süßweine können im Alter sogar eine braune Farbe annehmen.

Rosé

Roséweine können in Farbton und -intensität stark variieren. Eine leicht violette Färbung deutet auf ultramoderne Weinbereitung hin, ein Orangeton auf eine mögliche Oxidation. Doch ist Rosé ein Wein zum Trinken, nicht zum Analysieren.

Beim dritten Hinschauen

Nicht nur die Farbe selbst, auch ihre Intensität offenbart so manches. Rotweine werden mit der Zeit immer heller. Ein satter Farbton kann bei Rotweinen Verschiedenes bedeuten: dass er noch recht jung ist, dass er aus dickschaligen Trauben bereitet wurde und daher wahrscheinlich aus einem äquatornahen oder zumindest sonnenreichen Anbaugebiet stammt, dass bei der Weinbereitung viel Farbe aus den Schalen gewonnen wurde, oder dass er aus ausgereiften Trauben von Sorten wie Nebbiolo, Syrah oder Cabernet Sauvignon erzeugt wurde. Blass kann ein Rotwein sein, wenn er alt ist, aus kälteren Anbaugebieten stammt oder die Trauben vor der Ernte starken Regenfällen ausgesetzt waren.

Anders liegt der Fall bei Weißwein: Hier deutet ein kräftiger Farbton meist auf ein hohes Alter hin. Es kann sich aber auch um einen besonders lieblichen Tropfen handeln, oder beim Ausbau wurde Eichenholz verwendet, möglicherweise sogar Eichenspäne (siehe Seite 99).

Die Farbtiefe lässt sich am besten beurteilen, wenn man das Weinglas auf einen weißen Untergrund stellt und direkt von oben hineinschaut. Sie werden erstaunliche Unterschiede bemerken, wenn Sie identische Mengen verschiedener Weine vergleichen: Cabernet-Sauvignon- und Syrah/Shiraz-Weine sind viel dunkler als ein Pinot noir, Gamay oder Grenache. Generell gilt: Je reifer die Traube, desto dunkler der Wein, und je weiter entfernt vom Äquator das Anbaugebiet, desto heller ist er.

Der vierte Dreh

Der letzte Trick ist einfach, aber umso beeindruckender, wenn man ihn in geselliger Runde vorführt und fachkundig kommentiert. Man schwenkt das Glas und beobachtet, wie schnell der Wein anschließend an der Innenseite herabrinnt, beziehungsweise wie stark er daran anhaftet. Auch was diese Viskosität (Zähflüssigkeit) genannte Eigenschaft betrifft, können Weine sehr unterschiedlich sein. Sehr zähflüssiger Wein hinterlässt Spuren, die an Gin oder farblosen Nagellack erinnern und langsam an der Innenseite des Glases hinablaufen. Die Viskosität eines Weins ist ein Indikator für seinen Körper und damit für seinen Gehalt an Alkohol und Extrakt; auch eine Gärung bei niedriger Temperatur kann sie erhöhen. Körperreiche Weine zeigen sehr ausgeprägte »Tränen« oder »Beine« (wobei letztere Bezeichnung aufgrund der nahe liegenden Assoziation mit Frauenbeinen berechtigterweise zu Spötteleien Anlass gibt).

Das Schwenken des Weins lässt sich viel einfacher bewerkstelligen, wenn das Glas einen Stiel zum Anfassen hat (weshalb solche Gläser beim Verkosten auch vorgezogen werden). Umfassen Sie den Stiel mit dem Daumen und so vielen Fingern, wie es Ihnen angenehm ist (siehe unten).

Durch sanftes Schwenken des senkrecht gehaltenen Glases wird seine Innenfläche benetzt (siehe oben). Stellen Sie das Glas anschließend ab und beobachten Sie, wie der Wein daran herabrinnt. Erkennen Sie dickflüssige Tränen oder nur etwas Feuchtigkeit? Im ersten Fall ist der Alkoholgehalt recht hoch.

Das Verkosten – eine Zusammenfassung

Schauen Sie hin

Sehen Sie sich den Wein im Glas gut an. Wenn Sie ihn nur genießen wollen, genügt es völlig zu prüfen, ob er klar ist und keine Bläschen aufsteigen (sofern es sich um einen Stillwein handelt). Durch Neigen des Glases im 45-Grad-Winkel vor einer weißen Fläche lässt sich weiterhin der Farbton begutachten, und die Farbintensität erkennt man, wie bereits erwähnt, wenn man direkt von oben ins Glas schaut. Beim Blindverkosten oder bei der Qualitätsprüfung sind diese beiden Maßnahmen unverzichtbar. Obwohl Fachleute durchaus stundenlang über Farbtöne und -schattierungen diskutieren können, ist dieser optische Teil des Verkostens meist in wenigen Augenblicken erledigt.

Es darf geschnuppert werden

Nun zum so überaus wichtigen »Schnuppern«: Sie können natürlich einfach Ihr Glas heben und daran riechen. Ein viel intensiverer Geruch entfaltet sich jedoch, wenn Sie, ähnlich wie bei der Viskositätsprüfung bereits beschrieben (siehe Seite 48), den Wein vor der Probe im Glas schwenken. Durch das Schwenken wird ein möglichst großer Teil des Weins mit der Luft in Kontakt gebracht, sodass die flüchtigen Bestandteile aufsteigen und sich dicht über der Oberfläche sammeln können. Natürlich könnte man denselben Effekt auch durch einfaches Hin- und Herruckeln erzielen, doch würde der Wein dabei kaum im Glas bleiben, weshalb es sich empfiehlt, dieses rhythmisch, aber sanft rotieren zu lassen. Dabei ist es einerlei, ob dies freihändig geschieht oder das Glas in Kontakt mit dem Tisch bleibt; die freihändige Variante hat jedoch den Vorteil, dass die Nase schneller zu erreichen ist.

Weinverkoster der alten Schule fassen ihr Glas am Fuß, wofür ich allerdings keinen einleuchtenden Grund entdecken kann.

Zuerst die Nase

Halten Sie nun Ihre Nase über das Glas, das im 45-Grad-Winkel geneigt sein sollte, um die Oberfläche des Weins zu vergrößern und sein Aroma zu verstärken. Sie werden all die Duftmoleküle aufnehmen können, die sich über dem Wein angesammelt haben. Im Lauf der Zeit werden Sie feststellen, dass es am effektivsten ist, sich einen Moment auf den Wein zu konzentrieren und dann einmal kurz die Luft einzuziehen – und wenn es vielleicht auch etwas töricht aussieht: Das Schließen der Augen hilft enorm.

Nur ganz unterschwellig sollten Sie dabei die Sauberkeit des Weins prüfen. Sollte er tatsächlich einen Fehler haben, wird Sie dieser ohnehin »anspringen«, also verschwenden Sie nicht zu viel Zeit darauf und konzentrieren Sie sich auf das, was Ihr eigentliches Anliegen ist: das Bukett zu genießen. Wie wir bereits gesehen haben, sitzt das olfaktorische Sinneszentrum, unser persönlicher Geruchsmanager, oben in der Nasenhöhle, von wo es seine Informationen an das Gehirn weiterleitet. Alle, die gern blindverkosten und verschiedene Weine miteinander vergleichen, können sich glücklich schätzen, dass die Geruchssignale dort an einer Stelle ankommen, die, um es metaphorisch

BEIM VERKOSTEN IST EIN INTELLIGENTER GESICHTSAUSDRUCK NICHT IMMER LEICHT.

EIN KRÄFTIGER
SCHLUCK IST
DAS A UND O.

auszudrücken, ein direkter Nachbar des Gedächtnisses ist. Es ist immer wieder erstaunlich, in welchem Maß Gerüche die Türen zur Vergangenheit öffnen; auch dies ist ein Grund, warum das Weinverkosten so viel Freude machen kann. Trainieren Sie Ihre Fähigkeit, Düfte und Aromen zu erkennen, sie qualitativ einzuordnen und so in Erinnerung zu behalten, dass Sie sie jederzeit abrufen und mit anderen vergleichen können. Lassen Sie sich nicht beirren, wenn Sie die einzelnen Aromen jetzt noch nicht beschreiben können. Im zweiten Teil dieses Buchs finden Sie detaillierte »Steckbriefe« einzelner Weine, die Ihnen dabei weiterhelfen werden.

Der erste Schluck

Jetzt endlich dürfen Sie den ersten Schluck nehmen. Achten Sie auf den komplexen Geschmackseindruck, den Süße, Säure, Tannin und Alkoholstärke auf Zunge und Mundschleimhaut hinterlassen, während die zur Nase aufsteigenden Düfte den Gesamteindruck ergänzen. Um sicherzustellen, dass alle für diese vier Geschmacksdimensionen empfindlichen Mundbereiche umspült werden, sollten Sie einen kräftigen Schluck nehmen. Behalten Sie den Wein auch eine Weile im Mund, bevor Sie ihn schlucken oder ausspucken (auf Seite 79 erfahren Sie mehr über dieses vermeintliche Sakrileg). Versuchen Sie nun bei leicht geöffneten Lippen etwas Luft einzuziehen, während sich der Wein noch in Ihrem Mund befindet. Dadurch werden noch mehr flüchtige Bestandteile freigesetzt, die über den Nasen-Rachen-Raum das Riechzentrum in der oberen Nasenhöhle erreichen und so ein Maximum an sensorischer Stimulation bewirken. Genau diese Technik steckt hinter den gewöhnungsbedürftigen Schmatz- und Gurgelgeräuschen, die aus so manchem Degustationssaal dringen. Beim Essen sollte man sie tunlichst vermeiden.

Der Gesamteindruck

Während sich der Wein in Ihrem Mund befand, hatten Sie ausreichend Gelegenheit, seine einzelnen Komponenten zu erkennen und ihre Ausgewogenheit zu bewerten, doch fast ebenso wichtig ist die Nachhaltigkeit bzw. der Abgang des Weins, also der Geschmack, der nach dem Schlucken oder Ausspucken im Mund zurückbleibt.

All dies zu erklären brauchte eine gewisse Zeit – getan hingegen ist es schnell. Es geht lediglich darum, mit der richtigen Technik all die kleinen Rezeptoren darauf einzustimmen, jedes noch so schwache Signal zu empfangen, das ein Wein aussendet. Beim anfänglichen Schnuppern haben Sie Gelegenheit, die subtilen Nuancen des Buketts zu studieren und zu genießen, ohne dass Flüssigkeit im Mund Sie ablenken könnte; und wenn Sie dann einen Schluck nehmen, sind Sie gewappnet für das Gröbere und Lautere, das der Geschmackssinn vermittelt.

Schmecken und Verkosten ist eine äußerst subjektive Angelegenheit – das sollte man nie vergessen. Nicht nur psychologisch gesehen und in der Bedeutung, dass jeder einen anderen Wein bevorzugt und andere Worte benutzt, um seinen Geschmack zu beschreiben, sondern durchaus auch im physiologischen Sinn, da die Rezeptionsfähigkeit für die einzelnen Bestandteile von Person zu Person enorm schwanken kann. Manche Menschen haben zum Beispiel große Probleme, Süßegrade zu erkennen. Ich selbst bin Schwefel gegenüber recht unempfindlich (obwohl meine Kehle auf hochschweflige deutsche Weine noch am nächsten Morgen reagiert). Erklärungen hierfür gibt es viele. Physiologen behaupten beispielsweise, dass der Grund, warum manche Menschen Unmengen von Zucker in ihren Tee oder Kaffee schütten, darin zu suchen sei, dass ihre Zungenspitzen nie wirklich mit dem Getränk in Kontakt kommen. Vielleicht müssen sie nur »richtig« trinken lernen, um ihren Zuckerkonsum drastisch zu reduzieren.

2. Praktische Fragen

Weinverkostung in der Praxis

*Sie haben nun gelernt, wie man Wein verkostet, und wissen, wie
bereichernd diese neue Herausforderung im Vergleich zum einfachen
Trinken sein kann. Nehmen Sie daher jede Gelegenheit wahr, sich
in dieser Kunst zu üben.*

Weinproben können an den unterschiedlichsten Orten stattfinden: in
hell erleuchteten Räumen mit fast steriler Atmosphäre (wo professionelle Qualitätsprüfer am Werk sind), in verschiedenen Zimmern Ihrer
Wohnung, selbst bei einem Picknick unter freiem Himmel. In diesem
Kapitel lernen Sie die idealen Bedingungen für eine Weinprobe kennen: Umgebung, Ausrüstung und Techniken. Natürlich können Sie bei
Ihren eigenen Verkostungen nicht immer optimale Bedingungen schaf-
fen, im Gegenteil: Sie würden sich bei Freunden und Verwandten ziemlich unbeliebt machen, wenn Sie beim Probieren am Tisch auf absolute
Stille bestünden oder beim Picknick auf makellose Weingläser. Hier
sind Flexibilität und Kompromissbereitschaft gefragt. Auch wenn Pu-
risten dies anders sehen mögen, Ihre persönliche Weinprobe wird nicht
daran scheitern, dass die Rahmenbedingungen nicht ganz so perfekt
sind. Wenn Sie es für nötig halten, können Sie ja im Hinblick auf künf-
tige Weinverkostungen kleine Anpassungen Ihres Lebensstils vorneh-
men, doch wäre es nicht im Sinne dieses Buchs, wenn andere unter
Ihrer neuen Liebhaberei leiden müssten.

Morgens sind unsere Sinne am schärfsten, vielleicht nicht gerade
kurz nach dem Aufwachen, aber am späteren Vormittag. Deshalb finden professionelle Weinverkostungen meistens um diese Tageszeit statt.
Doch lässt es unser Lebensrhythmus in der Regel nicht zu, dass wir etwas so Entspannendes wie eine Weinprobe auf die erste Tageshälfte
verlegen. In der Praxis werden Sie Wein hauptsächlich vor oder während der Mahlzeiten trinken, und um ihn stimmungsvoll zu genießen,
dürfte der Abend die geeignetste Zeit sein. Wenn Sie einmal eine fach-
männische Weinprobe durchführen möchten, so würde ich den Sonn-
tagvormittag als besten Zeitpunkt empfehlen. An den übrigen Wochen-
tagen, die tagsüber wenig Gelegenheit für Weinproben bieten, ist der
frühe Abend dem späteren vorzuziehen. Wein regt den Appetit an, wie
Ihnen Ärzte bestätigen werden (es gab Zeiten, da wurde er sogar me-
dizinisch verordnet). Eine Weinprobe bietet sich daher als Auftakt zu
einer Mahlzeit an; nach dem Essen sind die Sinne, die beim Verkosten
so immens wichtig sind, schon leicht getrübt.

Die richtige Zeit

Wenn Sie das nächste Mal einen freien Tag haben – etwa am Wochenende oder besser noch im Urlaub –, probieren Sie denselben Wein zu verschiedenen Tageszeiten. Schreiben Sie jedes Mal Ihre Eindrücke auf, ohne nachzulesen, was Sie vorher notiert haben, und versuchen Sie anhand Ihrer Aufzeichnungen festzustellen, wann Ihre Sinne am schärfsten waren (mehr zum Thema Degustationsnotizen auf den Seiten 76 bis 78). Wahrscheinlich werden Sie Ihre Höchstform am späten Vormittag erreicht haben, kurz vor dem Mittagessen. Aus Erfahrung würde ich sagen, dass der erste Wein des Tages gewöhnlich am besten schmeckt, doch wurde ich einmal eines Besseren belehrt, als man mir in einem spanischen Weingut zum Frühstück einen kräftigen Roten servierte. Wenn man sich das erste Glas genehmigt, sollte man wirklich wach sein! Umgekehrt muss ich gestehen, dass ich viele gute Weine am späten Abend getrunken habe, als ich nicht mehr imstande war, jede Nuance ihres Buketts ausreichend zu würdigen.

Die Umgebung

Um Klarheit und Farbe eines Weins zu prüfen, ist sehr helles Licht erforderlich und eine weiße Fläche als Hintergrund, vor die Sie das Glas halten. Helles Tageslicht wäre dafür am besten geeignet, ist jedoch meistens nicht vorhanden, da professionelle Weinproben aus gutem Grund nicht unter freiem Himmel stattfinden. Nicht nur, dass jedes Bukett »vom Winde verweht« würde, es leiden auch Wein und Verkoster unter zu starker Sonnenwärme.

Die einen werden beim Verkosten lieber sitzen, die anderen stehen. Mir selbst ist das ziemlich gleichgültig, da sich Mund und Nase offenbar wenig darum kümmern, was meine Beine gerade tun. Das Ausspucken ist im Stehen allerdings leichter zu bewerkstelligen als im Sitzen, auch befindet sich der Spucknapf samt Inhalt dann nicht direkt vor Ihrer Nase.

Esszimmer sind, was viele überraschen mag, nicht unbedingt die idealen Räumlichkeiten für eine Weinprobe, auch wenn uns die Werbung unbedingt weismachen möchte, dass Kerzenlicht ein unverzichtbares Accessoire des Weintrinkens sei. Vielleicht liegt es auch daran, dass man früher beim Dekantieren depotreicher Weine den Flaschenhals immer vor eine Kerze hielt, um den Bodensatz nicht mit auszu-

WEIN SOLLTE MAN GEMEINSAM GENIESSEN.

gießen, und dass Wein allgemein mit einer romantischen Atmosphäre in Verbindung gebracht wird. Doch benötigt man schon eine größere Anzahl Kerzen, die zudem auch noch recht hoch über dem Tisch platziert sein müssen, damit das Licht für eine Weinprobe ausreicht. Ein weißes Tischtuch bringt noch die größte Lichtausbeute, oder Sie benutzen weiße Teller, die ebenfalls als Hintergrund für die optische Weinprüfung dienen können. Notfalls können Sie Ihr Glas aber auch immer direkt vor die Lichtquelle halten (so wie man es manchmal auf alten Darstellungen von Weinverkostern sieht), wenngleich dies keinen so exakten und detaillierten Eindruck vermittelt.

Für eine Weinprobe gut geeignet ist Ihre Küche. Bestimmt findet sich dort eine weiße Arbeitsfläche, die mit einem Wisch von allen Weinflecken gereinigt werden kann, und der Ausguss ist auch immer in der Nähe, um als »Spucknapf« zu dienen (vorausgesetzt, Sie können eine solche »Entweihung« ertragen).

Vorbereitungen
für eine Weinprobe

Achten Sie bei der Auswahl des Raums auf ausreichendes, weiches Licht (keine grellen Spots oder Neonröhren, die die Farben verfälschen) und kümmern Sie sich rechtzeitig um die so wichtige weiße Fläche. Ideal wäre ein weiß gedeckter Tisch, an dem Sie während der Probe Platz nehmen, oder besser noch, um den Sie herumgehen können. Wenn Sie das nächste Mal Geschirr, Platzdeckchen und Tischtücher kaufen, denken Sie daran, wie wichtig ein rein weiß gedeckter Tisch für die Weinverkostung ist. Echtes Leinen wäre natürlich sehr schön, aber ein altes Betttuch oder ein Papiertischtuch erfüllen ebenfalls ihren Zweck. Vergessen Sie nicht, einige Lagen Zeitungspapier unter das Tischtuch zu legen, um die Tischplatte vor verschüttetem Wein zu schützen. Wenn Sie Ihre Weine jedoch lieber im gemütlichen Sessel probieren möchten (als Alternative zur abendlichen Zeitungslektüre zum Beispiel) und einige Probiergläschen neben Ihnen auf einem Beistelltisch stehen, so gibt es einen einfachen Ersatz für die fehlende weiße Fläche: Legen Sie ein Stück weiße Pappe auf Ihren Schoß, vor die Sie Ihr Glas halten können. Auch ein Briefumschlag wäre geeignet, doch wenn Sie Ihre Eindrücke festhalten wollen, können Sie sich auf dem Karton gleich Notizen machen.

Beleuchtung

Prüfen Sie kritisch die Lichtverhältnisse oberhalb und in der Umgebung Ihres Tischs. Vielleicht lassen sie sich ohne allzu großen Aufwand verbessern, zum Beispiel durch einfaches Umstellen einer Stehlampe.

WEINVERKOSTERINNEN SOLLTEN KEIN PARFÜM TRAGEN.

Gerüche, Düfte
und Parfüms

*Da unsere Nase beim Weintrinken so wichtig ist, sollte man sie so
wenig wie möglich ablenken.*

Auch wenn es sehr praktisch ist, Wein in der Küche zu verkosten, können dort häufig störende Gerüche auftreten. Das Vergleichen zweier
Weine wird noch schwieriger, wenn die Luft nach Essen oder Putzmit-
teln riecht. Bei Weinproben hat man daher die Regel aufgestellt, dass
die Teilnehmer »geruchsneutral« zu erscheinen haben, also frei von Af-
tershave oder ähnlichen Düften. Darüber hinaus wird auch auf stark
duftende Blumen verzichtet, das Rauchen ist in der Regel untersagt,
und das Essen wird möglichst in einem Nebenraum serviert. Sie sollten einmal das schockierte Raunen erleben, das sich erhebt, wenn ein
Parfümhauch durch den Degustationssaal weht. Man mag mich der
Ketzerei bezichtigen, aber ich halte dieses krampfhafte Bemühen um
ein »olfaktorisches Vakuum« doch für ein wenig übertrieben. Jeder
hat einen speziellen Körpergeruch, und bei manchen kann er sehr ausgeprägt sein. Doch unseren eigenen Geruch bemerken wir kaum noch,
da wir ja täglich mit ihm leben müssen. Er ist ein Teil von uns, und wir
haben uns daran gewöhnt. Das trifft sogar auf starke Raucher zu, die
ständig von einer penetranten Tabakwolke umgeben sind. Doch wird
deren Fähigkeit, Geschmacksnuancen im Wein zu erkennen, dadurch
nicht im Geringsten beeinträchtigt; sie schmecken einfach durch ihren
eigenen Geruch hindurch. Hat ein starker Raucher jedoch eine Weile
ein Glas in der Hand gehalten, das er Ihnen dann mit einem aufmun-
ternden »Probier den mal« reicht, so werden Sie zunächst nur seine
»Geruchsaura« wahrnehmen, ehe Sie den Wein selbst riechen.

Aber auch ein Glas Wein, das von jemandem gehalten wurde,
der sich die Hände mit einer stark parfümierten Seife gewaschen hat,
wird anfangs nach der Seife riechen und erst dann nach dem Wein.
Was immer man auch anstellt, um einen Degustationsraum geruchsneutral zu halten – jede einzelne Person wird ihre eigene kleine »Note« einbringen, die sich mit denen der anderen und jenen der offenen
Weine zu einem Geruchspotpourri vermischt, an dem sich nur die
empfindlichsten Nasen stören werden. Daher sollte man sich über ein
wenig Zigarettenrauch oder Deoduft nicht allzu sehr aufregen; solche
Gerüche verteilen sich schnell im Raum und mischen sich mit der all-

gemeinen Atmosphäre, an die sich unser Geruchssinn ohnehin ständig anpasst. Wenn wir das Glas des Kettenrauchers oder der Person mit den parfümierten Händen nur lange genug in der Hand halten, wird unsere Nase schließlich den Wein durch den fremden Geruch hindurch wahrnehmen.

Essensgerüche zu verbannen ist nur dann sinnvoll, wenn es sich um eine professionelle Weinprobe handelt. Bei fast allen anderen Gelegenheiten sind Speisen ein so wichtiger Bestandteil des Weingenusses, dass man auch beim Degustieren lernen sollte, sich mit ihrem Duft zu arrangieren. Letzten Endes wird ein Wein ja doch meistens an der Speisetafel serviert, wo er sich gegen die mannigfaltigen Essensgerüche behaupten muss – und das sind potentere Konkurrenten als die staubtrockenen Kekse, die bei manchen Amateurverkostern so beliebt sind. Wenn schon Gebäck, dann werden Sie vielleicht einfache Salzcracker vorziehen.

NICHTS REGT SO SEHR
DEN APPETIT AN WIE WEIN.

Die persönliche »Geruchsaura«

Beim nächsten Weingenuss im Freundeskreis tauschen Sie doch mal mit jemandem das Glas und achten Sie darauf, ob ihm die persönliche Duftnote des anderen anhaftet – die bisweilen recht ausgeprägt sein kann.

Wenn Sie Raucher sind, versuchen Sie auf den Tabakgenuss zu verzichten, solange Ihre Mitstreiter sich auf das Verkosten konzentrieren. Und glauben Sie nicht, Ihre Geschmacksempfindungen seien denen von Nichtrauchern unterlegen. Wenn Sie schon lange rauchen, machen Sie doch einmal zusammen mit einem Nichtraucher den Augenbindentest von Seite 12. Sie werden vermutlich genauso gut abschneiden wie er.

Ablenkung

Wenn Sie das nächste Mal Wein trinken oder irgendwelche anderen Aromen intensiv aufnehmen, während Sie starken Umgebungsgerüchen ausgesetzt sind, achten Sie einmal darauf, wie der zuerst so dominante Fremdgeruch mit der Zeit zu verschwinden scheint. Ich habe Wein schon in allen möglichen Situationen verkostet, angefangen vom südeuropäischen Degustationssaal mit dem kettenrauchenden Gastgeber bis hin zu einem Raum, in dem gerade die Maler am Werk waren. Zuerst dachte ich, der Wein werde sich gegen eine solche Konkurrenz nie behaupten können, doch bald hatte ich die ablenkenden Gerüche vergessen, denn meine Nase hatte sich angepasst.

Wenn Sie Wein zum Essen genießen wollen, speziell wenn es sich dabei um scharfe oder stark aromatische Speisen handelt, deren Duft die Luft schwängert, sollten Sie Ihre eigene Methode entwickeln, sich trotzdem auf den Wein zu konzentrieren. Wenden Sie beispielsweise den Kopf vom Essen ab, wenn Sie am Glas schnuppern. Oder Sie versuchen den Wein zu prüfen, bevor das Essen serviert wird – so können sie ihn am besten würdigen.

Einige Grundregeln des Weinverkostens

- Um die Farbe zu erkennen, benötigen Sie einen weißen Hintergrund.
- Bei offiziellen Weinproben sollten Sie tunlichst auf Zigaretten und Parfüm verzichten.
- Ganz gleich, wo Sie sich befinden, das Verkosten fällt ohne die Ablenkung durch Fremdgerüche leichter. Aber bei geselligen Anlässen möchten Sie vielleicht doch lieber Ihr Lieblingsparfüm auflegen oder sich dem vertrauten Tabakgenuss hingeben, statt dem flüchtigen Aroma eines Pinot grigio hinterherzujagen.

Klare Verhältnisse
in Kopf und Mund

*Bevor Sie mit einem Rauchverbot andere in ihrem Lebensstil ein-
schränken, sollten Sie dafür sorgen, dass Sie selbst optimal für Ihre
Weinprobe gerüstet sind. Viel wichtiger als das, was sich in der ver-
sammelten Degustationsrunde abspielt, ist nämlich, was in Ihrem
Mund geschieht.*

Rekapitulieren Sie vor einer Degustation, was Sie zuletzt im Mund
hatten. Es wäre beispielsweise eine Sünde, weniger als eine Stunde
nach dem Zähneputzen mit einer mentholhaltigen Zahncreme einen
guten Wein zu trinken, denn Zahnpasta lässt alles Säurereiche scheußlich schmecken. Starker Hustensaft kann ebenfalls das Verkosten beeinträchtigen, genauso Pfefferminz und Kaugummi. Auch der Genuss
von Speisen oder Getränken mit einem hohen Anteil eines jener Ge-
schmackselemente, die auch im Wein vorkommen – Süße, Säure oder
Tannin –, erschweren seine anschließende Beurteilung erheblich.
Schokolade, scharfe Salatsaucen und sogar die »harmlose« Tasse Tee
hinterlassen im Mund eine deutliche Nachwirkung.

Ein solch nachhaltiger Geschmack lässt sich am besten neutralisieren, indem man etwas Geschmacksneutrales, Mildes wie beispielsweise Brot kaut oder den Mund mit Wasser ausspült (obwohl dies bei
mir weniger gut wirkt). Ich nahm einmal an einer Weinprobe teil, die
morgens um acht stattfand. Wir alle bekamen die Folgen des Zähne-
putzens natürlich sofort zu spüren, sodass ich mir von da an vor Weinproben die Zähne nur noch mit Wasser putzte.

Was für den Mund gilt, gilt ebenso für den Kopf: Auch geistig
sollten Sie sich auf das Weinverkosten eingestellt haben. Es ist erstaunlich, wie sehr unsere Geschmackswahrnehmung von unserer momen-
tanen Stimmungslage abhängt. Ich weiß aus Erfahrung, wie unterschiedlich meine Konzentrationsfähigkeit bei Weinproben sein kann,
abhängig vom Wetter, von meinem körperlichen Wohlbefinden usw.
Wie bereits erwähnt, glaube ich, dass ein leichter Anflug von Hunger
unsere Sinne schärfen kann, und man sollte darüber hinaus wach, aber
entspannt sein, um sich auf das Glas Wein konzentrieren zu können
und die übrige Welt einen Moment lang völlig auszublenden.

Doch aus welchen Gründen auch immer Sie gerade Wein trinken – um ihn zu identifizieren, zu bewerten oder einfach nur zu ge-

MIT WEIN SCHMECKT JEDES ESSEN BESSER.

nießen –, was Sie in Ihrem Urteil am meisten beeinflusst, sind andere Menschen. Das Degustieren ist eine extrem subjektive Angelegenheit, und selbst die erfahrensten Weinverkoster sind sich ihrer Sache nicht immer ganz sicher, sodass die eine oder andere voreilig (und im Brustton der Überzeugung) in den Raum geworfene Bemerkung alle aus dem Konzept bringen kann. Egal, welchen Wein Sie probieren, der erste Eindruck ist mit Abstand der wichtigste. Konzentrieren Sie sich intensiv auf den Moment, in dem Sie das erste Mal das Bukett in sich aufnehmen, und achten Sie auf Ihre Reaktion. Wenn Sie denken, es ist ein Bordeaux, und jemand tönt: »Eindeutig Burgunder, was meint ihr?«, lassen Sie sich nicht dazu verleiten, beim zweiten Test auch »Burgunder« zu riechen. Wie erfahren andere auch immer sein mögen, es gibt nicht den leisesten Grund, warum deren Urteil zutreffender sein sollte als Ihr eigenes.

Ich habe immer wieder erlebt, dass Anfänger beim Blindverkosten erstaunlich gut abschneiden. Alte Hasen lassen sich oft durch zu viele, scheinbar widersprüchliche Signale in die Irre führen. Neulinge hingegen sind in ihrem Geschmacksempfinden noch unverbildet und beschreiben ihre Eindrücke mit lebensnaher, aussagekräftiger Sprache, unbeeinflusst von Konventionen und überkommenem Vokabular.

Alltagsgeschmäcke

Probieren Sie die folgenden Substanzen unmittelbar bevor Sie einen Schluck Wein nehmen:

Zahnpasta (danach schmecken auch Fruchtsäfte scheußlich)

Hustensaft, Eukalyptusbonbons oder **Halspastillen**

scharfe Pfefferminzdrops

Kaugummi

Schokoriegel

Essig

Tee

Jede dieser Substanzen stimmt den Mund auf den Empfang eines einzigen starken Geschmackssignals ein und macht ihn damit für die kompetente Bewertung eines Weins vorübergehend unbrauchbar – vom Genießen ganz zu schweigen. (Allerdings lässt Essig einen sauren Wein weniger sauer erscheinen, da die für Säure zuständigen Geschmacksrezeptoren übermäßig beansprucht wurden – mehr zu diesem Thema in Kapitel 6.)

Die Vorbereitung des Mundes

Entwickeln Sie Ihre eigene Methode, um Ihren Geschmacksapparat kurzfristig zu neutralisieren. So müssen Sie nicht auf bestimmte Speisen und Medikamente verzichten und sind jederzeit für ein spontanes Glas Wein gewappnet.

Geistige Vorbereitung

Wenn Sie glauben, Ihr Geschmacksempfinden könne durch schlechtes Wetter oder unbezahlte Telefonrechnungen nicht getrübt werden, dann probieren Sie doch mal Folgendes aus:

Ist es gerade Winter, erinnern Sie sich an einen Wein, den Sie im Sommer genossen haben – einen wunderbar erfrischenden, leichten Rosé zum Beispiel oder einen trockenen Sauvignon blanc, der angenehme Erinnerungen an strahlendes Wetter wachruft. Probieren Sie nun denselben Wein an einem richtig frostigen Tag. Erscheint er jetzt nicht um einiges dünner? Fehlt es ihm nicht an Fülle?

Wenn allerdings gerade Hochsommer ist, probieren Sie einen jener gehaltvollen Roten, die Ihnen im letzten Winter so viel Freude bereitet haben. Ist Ihnen der edle Shiraz oder der Zinfandel bei sommerlicher Hitze nicht auf einmal zu herb, zu schwer?

Widmen Sie ab jetzt jedem Wein, den Sie zum ersten Mal probieren, 30 Sekunden Aufmerksamkeit. In dieser kurzen Zeit sollten Sie, bildlich gesprochen, Ihre Ohren verschließen und sich durch nichts ablenken lassen – am allerwenigsten davon, was andere zu diesem Wein zu sagen haben.

Die richtige Temperatur

Diese Faustregel dürfte Ihnen bekannt sein: Weißwein und Rosé werden kühl serviert, Rotwein hingegen etwas wärmer, etwa bei Zimmertemperatur. Bedenken Sie jedoch, dass es sich dabei lediglich um eine Konvention handelt und dass es durchaus möglich ist, Ihren Weingenuss zu steigern, wenn Sie sich nicht allzu strikt daran halten.

Generell lässt sich sagen: Je wärmer ein Wein (oder irgendein anderer Stoff), desto mehr flüchtige Bestandteile gibt er ab und desto mehr Aromen entwickelt er. Dabei gibt es jedoch eine Obergrenze, wie mancher Wirt beweist, der nach dem Grundsatz zu handeln scheint: Wenn ein wenig Wärme den Wein ein wenig besser macht, dann macht ihn viel Wärme viel besser. Ein Rotwein, der zu warm serviert wird, sagen wir mit 24 °C, wird recht bald einen Essigstich entwickeln und ungenießbar werden. Damit ein Wein sein ganzes Bukett entfalten kann – einerlei ob rot, weiß oder rosé –, sollte er bei einer Temperatur von 15 bis 18 °C getrunken werden.

Und noch etwas gilt es zu bedenken: Wir alle schätzen Wein auch deshalb, weil er uns erfrischt und uns sein einzigartiger Geschmack anspricht. Ebenso wie von Softdrinks erwarten wir auch von erfrischenden Aperitifweinen (wobei es sich meist um Weiße oder Rosés handelt), dass sie gut gekühlt serviert werden. Dieser Brauch hat sich aus unerfindlichen Gründen auf alle Weißweine ausgedehnt.

Tatsächlich entscheidet jedoch nicht die Farbe darüber, ob ein Wein gekühlt werden sollte oder nicht, sondern sein Körper. Je schwerer ein Wein ist, desto höher muss die Temperatur sein, damit sich die in ihm enthaltenen ätherischen Verbindungen verflüchtigen, und je leichter ein Wein ist, desto niedriger die Temperatur, bei der er beginnt, volatile Bestandteile freizusetzen. Da Weißwein im Allgemeinen leichter ist als Rotwein, ist es durchaus sinnvoll, ihn der Regel entsprechend zu kühlen – doch es gibt Ausnahmen. Körperreichen Weißen, darunter fast alle Chardonnay-, Viognier- und Sémillon-Weine, edle weiße Burgunder, Weißweine von der Rhône und eine ganze Anzahl kräftiger Weißer aus warmen Klimazonen würden Sie mit zu kühlen Temperaturen nichts Gutes tun. Dagegen können leichte Rote, zum Beispiel einfache Pinot-noir-, Beaujolais- und rote Loire-Weine, sowie früh trinkreife rote Burgunder und norditalienische Rotweine durchaus an Attraktivität und Frische gewinnen, wenn sie leicht gekühlt serviert werden.

Temperatur und Aroma

Nehmen Sie je einen einfachen Weiß- und Rotwein und schenken Sie davon je zwei halbe Gläser voll, die Sie dann alle vier mit Frischhaltefolie luftdicht abdecken, sodass das Aroma nicht verfliegen kann. Stellen Sie von beiden Weinen je ein Glas für eine halbe Stunde in den Kühlschrank; die beiden anderen bleiben bei Zimmertemperatur draußen. Anschließend vergleichen Sie die unterschiedlich temperierten Weine, erst die beiden weißen, dann die roten. Bereits beim Entfernen der Folie werden Sie bemerken, dass die wärmeren einen viel stärkeren Duft (und auch weniger Säure und Tannin) haben.

Wann soll man kühlen?

Wenn Sie das nächste Mal zum Essen einen gekühlten Wein trinken, versuchen Sie herauszufinden, was Ihnen die niedrige Temperatur an Genuss bringt. Im Mund erwärmt sich die Mischung aus Essen und Wein schnell – von 7 auf 24 °C in zehn Sekunden. Genießen Sie also tatsächlich die erfrischende Temperatur des Weins oder haben Sie ihn nur aus Gewohnheit gekühlt? Wenn Weiß- und Rotweine schon geschmacklich kaum zu unterscheiden sind (siehe Übung Seite 12), warum sollten sie dann mit unterschiedlicher Temperatur serviert werden?

Experimentieren Sie mit verschiedenen Weinen bei unterschiedlichen Temperaturen und finden Sie heraus, was Ihnen und den Weinen am besten bekommt. Geht es Ihnen vor allem um die Erfrischung, werden Sie den Wein sicher etwas kühler trinken. Höhere Temperaturen sind angebracht, wenn Sie körperreiche Weine ausschenken. Gute Weine profitieren davon, und bei mittelmäßigen treten die Schwachpunkte umso deutlicher zutage.

Probieren Sie auch, einen leichten oder tanninarmen Roten dezent gekühlt zu trinken (wie man einen Beaujolais serviert.) Sie werden entdecken, dass er sich in einen preiswerten, erfrischenden roten Aperitif verwandelt.

Praktische Tipps

Die unterschiedlichen Serviertemperaturen mögen auch mit der Tatsache zusammenhängen, dass Wärme unsere Empfindlichkeit für Tannin und Säure senkt (und ebenso für Schwefel). Daher unterstreicht Kühle die strenge Note tanninreicher Rotweine, während sie die Süße sehr lieblicher Weine abmildert. Der berühmte Baron Philippe de Rothschild hatte die seltsame Angewohnheit, zum Dessert seinen Château d'Yquem so kalt zu servieren, dass sich bereits Eis darin gebildet hatte, wodurch er ihn genauso seines wundervollen Buketts beraubte wie die übereifrigen Weinkellner, die ihre Weißweine ständig unter 4 °C halten und ihre Gäste damit um einen Großteil dessen bringen, was der Wein zu bieten hat.

Sollten Sie jedoch einmal einen richtig üblen Weißwein erwischt haben, können Sie seine schlimmsten Mängel abmildern, indem Sie ihn eiskalt servieren. Die beste Temperatur, um einen Wein mit all seinen positiven wie negativen Eigenschaften kennen zu lernen ist eine mittlere, die so genannte Kellertemperatur. Sie beträgt zwischen 10 und 13 °C. Rotweine vertragen eher höhere Temperaturen, aber Sie können das Glas jederzeit rasch in der Hand aufwärmen. Steht der Wein auf dem Tisch, steigt seine Temperatur für gewöhnlich mit einer Rate von einem Grad alle drei Minuten, bis er sich schließlich der Umgebungstemperatur angepasst hat. Ist er schließlich ausgeschenkt, umströmt ihn alsbald die heiße Luft, die wir Weinverkoster so gern produzieren. Machen Sie sich also keine Sorgen, wenn Sie glauben, Sie hätten einen Wein zu kalt serviert. Alles, was er braucht, ist ein wenig Zeit, um sich zu erwärmen und sein ganzes Bukett zur Entfaltung zu bringen.

Weiterhin sollte erwähnt werden, dass Wein auch im Mund unweigerlich an Temperatur gewinnt. Experimente haben gezeigt, dass sich selbst stark gekühlter Wein schnell im Mund erwärmt, doch kann er dann sein volles Bukett nicht mehr entwickeln.

WASSER MIT EISSTÜCKEN DARIN IST BEIM WEINKÜHLEN VIEL EFFEKTIVER ALS EISWÜRFEL ALLEIN, DIE NUR AN WENIGEN STELLEN DIE FLASCHE WIRKLICH BERÜHREN.

Lagern und servieren

Natürlich sollen Sie über Serviertemperatur und Lagerung Ihrer Weine letztlich selbst entscheiden, doch möchte ich Ihnen einige nützliche Grundregeln ans Herz legen.

Lagern Sie Ihren Wein in einem unbeheizten Raum, in dem die Temperaturen über den Tag (und das Jahr) hinweg relativ konstant bleiben. Die ideale »Kellertemperatur« liegt bei 10 °C, doch haben Experimente gezeigt, dass es weniger auf die Temperatur selbst als auf die Vermeidung von Temperaturschwankungen ankommt.

Beim Verkosten ist die Kellertemperatur für die meisten Weine gut geeignet. Für Weißwein ist sie geradezu ideal, während Rotwein nach dem Ausschenken schnell noch im Glas mit der Hand angewärmt werden kann.

Wenn es Ihnen mehr um die Erfrischung geht als um den Geschmack, können Sie manche Weine, Champagner und andere Schaumweine auch zusätzlich kühlen. Stellen Sie dazu die Flasche ungefähr eine Stunde in den Kühlschrank, je nach eingestellter Temperatur. Unter Zeitdruck können Sie sie auch für

20 Minuten ins Eisfach oder sogar in die Gefriertruhe legen. Manche behaupten, ein solcher Kälteschock würde dem Wein nicht gut tun, doch ich finde nicht, dass er dadurch mehr leidet als durch die gängige Kühlung in einem mit Wasser und Eiswürfeln gefüllten Weinkühler oder anderen Behältern. Diese Mischung wirkt übrigens viel besser als Eiswürfel allein, da die gesamte Oberfläche der Weinflasche mit dem kühlenden Nass in Kontakt kommt. Wenn die Ästhetik keine entscheidende Rolle spielt, eignen sich Kühlmanschetten, die ständig im Eisfach gelagert werden, ebenso gut, da sie die Flasche perfekt umschließen.

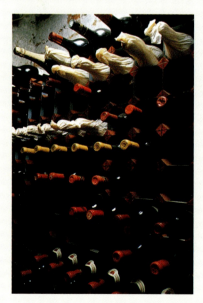

WEIN SOLLTE BEI DER LAGERUNG KEINEN TEMPERATURSCHWAN-KUNGEN AUSGESETZT WERDEN.

Dekantieren –
ein Relikt der Vergangenheit?

Über die Serviertemperaturen des Weins wird allgemein erstaunlich wenig diskutiert; meist hält man sich an die geltenden Regeln. Die Debatte über das Dekantieren ist allerdings nach wie vor in vollem Gang.

Die Tradition des Dekantierens stammt aus einer Zeit, in der man den Wein im Keller noch direkt vom Fass in einen Krug abfüllte, und sie hatte auch später noch ihre Berechtigung, als Flaschenweine einen Bodensatz hatten (auch Depot genannt), den es vom Wein zu trennen galt. Dabei goss man den Wein vorsichtig in ein Dekantiergefäß, sodass nur das Depot in der Flasche zurückblieb. Auch heute noch empfiehlt sich das Dekantieren bei den wenigen Weinen, die starke Ablagerungen gebildet haben, vorausgesetzt, sie sind widerstandsfähig genug, diese Prozedur unbeschadet zu überstehen. Einige sehr alte ebenso wie einige äußerst schwachduftige Weine würden tatsächlich ihr Bukett verlieren, wenn man ihnen die Grobheit antäte, sie zweimal auszugießen. Was wir bereits über das Weintrinken unter freiem Himmel gesagt haben, gilt auch hier: Wein und ein Übermaß an Luft vertragen sich nicht.

Die Diskussion dreht sich nun um die Frage, wie viel Luft an den Wein gelangen darf. Lange Zeit ging man davon aus, dass der Alterungsprozess des Weins einfach eine allmähliche Oxidation sei, dass kleine Mengen von Luft, die sich entweder von Anfang an in der Flasche befanden oder allmählich durch den Korken drangen, nach und nach mit dem Wein reagierten und ihm dabei zu mehr Komplexität verhalfen. Daraus schloss man, dass Wein durch Umfüllen in ein anderes Behältnis, zum Beispiel ein Dekantiergefäß, in kurzer Zeit einer Menge Luft ausgesetzt würde, sodass sich der Reifeprozess entsprechend beschleunigte. Damit würde das Bukett quasi per Sauerstoffschock zum Leben erweckt.

Diese Überzeugung hält sich hartnäckig. Doch vergleichende Studien mit Proben desselben Weins, der vor dem Verkosten unterschiedlich oft dekantiert wurde, verliefen relativ ergebnislos. Auch gibt es gewichtige Stimmen, die behaupten, dass Lüften dem Wein nur schaden könne, da es sein empfindliches Bukett verfliegen lasse, und dass die geschmacksrelevanten chemischen Reaktionen zwischen Sauerstoff und Wein viel zu komplex seien, um sich künstlich stimulieren

**DURCH VORSICHTIGES AUSGIESSEN
BLEIBEN ABLAGERUNGEN IN DER FLASCHE.
DABEI HILFT EINE STARKE LICHTQUELLE.**

zu lassen. Alles, was dadurch erreicht werde, sei ein beschleunigter Oxidationsvorgang, der den Wein nur ruinieren könne.

Viele Weintrinker behaupten, dass bestimmte Weine, besonders billige Rote, besser schmecken, wenn man sie nicht dekantiert, sondern einfach nur einige Stunden bei geöffneter Flasche »atmen« lässt. Mit Belüftung hat das aber nichts zu tun. Schließlich handelt es sich nur um die kleine Kreisfläche der Flaschenöffnung, die mit Luft in Berührung kommt, sodass nur eine winzige Menge Wein tatsächlich mit Sauerstoff reagieren könnte. Viel einleuchtender scheint hingegen die Erklärung, dass gerade bei billigen Weinen unangenehme Gerüche unter dem Korken eingeschlossen sein könnten, die nun Gelegenheit haben, sich zu verflüchtigen.

Es gilt gleichfalls zu bedenken, dass der scheinbare Nachteil des Dekantierens beziehungsweise des Offenstehenlassens einer halb vollen Flasche durchaus auch ein Vorteil sein kann. Speziell körperreiche junge Rotweine neigen dazu, viel zu intensive Düfte zu verströmen.

Das Dekantiergefäß jedoch verhindert die volle Entfaltung ihres Buketts und begünstigt das Verfliegen der aggressiven jugendlichen Note und die Entwicklung eines milderen, wenn auch flacheren Geschmacks. Dies gilt besonders für einige gehaltvolle Rotweine aus Kalifornien, Australien, Italien und dem Libanon sowie den einen oder anderen Landwein aus Spanien und von der Rhône.

Dekantieren?

Eine gute Faustregel lautet: Dekantieren Sie kräftige Weine, die nicht älter als 20 Jahre sind, wenn Ablagerungen entfernt werden müssen oder die schöne Dekantierkaraffe bewundert werden soll; und in allen anderen Fällen nehmen Sie die ganze Dekantiererei nicht allzu ernst. Wenn ich selbst Gastgeberin bin, dekantiere ich depotreiche Weine aus praktischen Erwägungen kurz bevor die Gäste kommen, doch wenn es sich um einen sehr alten, empfindlichen Wein handelt, dekantiere ich erst unmittelbar vor dem Servieren. Sollten Sie einmal nach dem Einschenken feststellen, dass der Wein etwas »verschlossen« ist und hätte belüftet werden sollen, schwenken Sie ihn einfach ein wenig im Glas; das ist sogar noch effektiver als jedes Dekantieren.

Gibt es Unterschiede?

Die folgende Übung ist kein Muss und bietet sich deshalb für einen regnerischen Tag an, an dem Sie Lust haben, Ihr Wissen über das Thema Wein und Luft zu vertiefen. Weil Sie dazu eine ganze Reihe von Flaschen öffnen müssen, bietet sich diese Übung an, wenn Sie abends Gäste erwarten. Sie können sie mit drei Flaschen eines einzigen Weins durchführen oder auch mit je drei Flaschen verschiedener Weine, ganz nach Belieben. Es sollten Weine darunter sein, die Sie normalerweise dekantieren würden, also beispielsweise ein billiger und ein nicht ganz so billiger junger Roter. Öffnen Sie drei Stunden vor der Verkostung von jedem Wein eine Flasche und füllen Sie ihn in ein Dekantiergefäß oder in eine saubere, leere Weinflasche um. Öffnen Sie die zweite Flasche eine Stunde vorher und lassen Sie sie einfach »atmen«. Die dritte Flasche schließlich wird unmittelbar vor dem Ausschenken geöffnet. Machen Sie nun eine Blindverkostung, indem Sie sich von einem hilfsbereiten Partner von jeder Flasche eine Probe servieren lassen, und versuchen Sie, Unterschiede zwischen den drei Vorbereitungsweisen festzustellen. Dieser Test lässt sich beliebig erweitern: durch eine größere Weinauswahl, zusätzliche Belüftungsphasen oder Dekantiergefäße mit unterschiedlich großen Öffnungen.

Weinreste

Wie die Existenz von Tütenweinen und solchen in Kartons »mit dem praktischem Zapfhahn« beweist, halten wir uns beim Weintrinken nicht immer an das Maß der Flaschen.

Wenn Wein in einer halb vollen Flasche zurückbleibt, leidet er unter der Luft und wird bald schlecht – je leichter der Wein, desto schneller verdirbt er (dagegen können einige körperreiche Weine, wie bereits erwähnt, durchaus etwas Luft vertragen).

In diesem Buch werden Sie häufig zum Probieren und Vergleichen aufgefordert, da man am meisten über Weine lernen kann, wenn man sie einander gegenüberstellt. Dabei fallen allerdings immer wieder angebrochene Flaschen an – Reste, die Sie natürlich ungern wegschütten. Keine Sorge! Wenn die Flaschen luftdicht verschlossen und kühl gelagert werden, bleibt Wein auch in angebrochenem Zustand eine ganze Zeit lang trinkbar. Erst wenn er Luft und Wärme ausgesetzt wird, verdirbt er schnell.

Legen Sie sich deshalb einen Vorrat an kleineren Flaschen zu, in die Sie Weinreste umfüllen können. Halbe Flaschen (37,5 cl) sind dafür ebenso praktisch wie die Viertelflaschen, die auf Flugreisen serviert werden, und auch die 50-cl-Flaschen, die immer häufiger für Süßweine verwendet werden. Sie sollten bis oben mit Wein gefüllt und gut verschlossen werden.

HOHE TEMPERATUREN BESCHLEUNIGEN DEN VERFALL. KÜHLEN SIE DAHER IHRE WEINRESTE.

Die Wahl des Glases

Wichtiger noch als die richtige Weintemperatur und sicherlich viel wichtiger als das Dekantieren ist die Frage, aus welchem Gefäß der Wein getrunken werden soll.

Metall- und Keramikbecher machen sich gut auf dem Kaminsims, und dort sollten sie auch bleiben, wenn Sie Ihren Wein wirklich genießen wollen. Glas ist ideal für Wein, da es weder einen Eigengeschmack hat noch die Temperatur seines Inhalts beeinflusst. Darüber hinaus lässt sich Wein im Glas problemlos in der Hand erwärmen, und seine optischen Eigenschaften können jederzeit ungehindert begutachtet werden.

Wir haben gesehen, wie wichtig es ist, den Wein im Glas zu schwenken, um seine flüchtigen Inhaltsstoffe freizusetzen. Und hierbei leistet der Stiel gute Dienste. Ein Stielglas kann man bequem rotieren lassen, ohne dabei den Wein zu erwärmen. Damit sich die Duftmoleküle über dem Spiegel des Weins sammeln können, sollte sich das Glas zum Rand hin verengen. Wenn Sie es sich zur Regel machen, das Glas höchstens zur Hälfte zu füllen, besteht auch kaum die Gefahr, dass der wertvolle Inhalt beim Schwenken verschüttet wird, und außerdem bleibt noch genug Raum über dem Flüssigkeitsspiegel, wo sich das Bukett »sammeln« kann. Daher sind die tulpen- oder annähernd kugelförmigen Gläser für das Weintrinken am besten geeignet. Gefärbtes Glas wird nicht gern gesehen, da es die Weinfarbe verfälscht; Ähnliches gilt für Gläser aus geschliffenem Kristallglas, den Stolz des internationalen Glashandwerks, die sich zudem schlecht zum Schwenken eignen. Für das Verkosten ist es auch wichtig, dass die Gläser nicht zu klein sind, da sich sonst nicht genügend »Nase« entwickeln kann.

Denken Sie bitte daran, dass es beim Verkosten nicht auf große Mengen ankommt. Einzig die Größe der Oberfläche ist relevant, da nur von ihr die flüchtigen Bestandteile aufsteigen. Ein Flüssigkeitsspiegel von drei Zentimetern in einem 0,2-cl-Glas ist für eine Verkostung absolut ausreichend. Eine 75-cl-Flasche Wein ergibt durchschnittlich sechs bis acht Trinkportionen, aber bis zu 20 Probiereinheiten.

Sie brauchen kein Arsenal von unterschiedlichen Gläsern, um für jeden Wein das richtige parat zu haben. Wenn Ihre Gläser die oben beschriebenen Bedingungen erfüllen, kann eine einzige Form durchaus für alle Weine genügen. Bei gespriteten Weinen wie Sherry oder Port sollten Sie jedoch eher zu wenig als zu viel ins Glas füllen. Weinprofis sind für ihre rigiden Ansichten bekannt, wenn es um die Wahl der Weingläser geht, doch bei Sekt- und Champagnergläsern scheinen ihre Prinzipien etwas aufzuweichen. Bewährt haben sich Schaumweingläser mit hohem, schlankem Kelch, sodass das Kohlendioxid nur über eine kleine Fläche entweichen kann (anders die so genannten Sektschalen, in denen Schaumwein schnell alles Schäumende einbüßt). Doch auch in einem normalen Weinglas lässt sich Sekt genießen – vor allem, wenn man auf das Prickeln weniger Wert legt als auf den Geschmack.

Ein dünnwandiges, edles Glas ist beim Verkosten nicht notwendig, erhöht jedoch das Trinkvergnügen. Am meisten Genuss bieten jene aus dem dünnsten, luxuriösesten Glas hergestellten Weingläser, die Sie aufs Innigste mit dem Wein in Berührung zu bringen scheinen. Erstaunlicherweise sind wirklich hochwertige Gläser oft weniger zerbrechlich als dickere und billigere.

Muss es immer Glas sein?

Trinken Sie Wein aus den folgenden Gefäßen und achten Sie darauf, wie »falsch« er schmeckt (liegt es vielleicht auch daran, dass man den Wein vor dem Trinken nicht sieht?):

Porzellantasse, Keramikbecher, Zinnkrug, Silberpokal, Plastikbecher, Pappbecher (der noch die beste Wahl sein dürfte, da er den Wein geschmacklich nicht beeinflusst).

Versuchen Sie, Wein in einem Becherglas zu schwenken. Es ist nicht nur viel unhandlicher, man verschüttet ihn auch leichter.

Die richtige Form

Stellen Sie eine Palette unterschiedlichster Gläser zusammen und füllen Sie in jedes die gleiche (geringe) Menge an Wein. Schwenken Sie jedes Glas einmal kurz und riechen Sie sofort konzentriert daran: schwenken, schnuppern, schwenken, schnuppern usw. Sie werden feststellen, wie schwach das Bukett in Gläsern ist, deren Form das Entweichen der flüchtigen Bestandteile fördert, und um wie viel stärker in jenen, die es durch ihre oben zulaufende Form einschließen. Das französische Institut National des Apellations d'Origine (INAO) hat ein offizielles Degustationsglas entworfen, das jedoch in unterschiedlicher Qualität produziert wird. Unter den anerkannten Herstellern benutzerfreundlicher, schnörkelloser, wohlgeformter Gläser aus dünnem Material finden sich Namen wie Riedel aus Österreich (die auch eine Unzahl von Gläsern speziell für jeden Wein produzieren), Schott und Spiegelau.

DIE IDEALEN DEGUSTATIONSGLÄSER FÜR WEIN
UND SCHAUMWEIN (LINKS).

Seien Sie beim Reinigen und Lagern Ihrer Gläser besonders vorsichtig. Spülmittel ist kaum zu vermeiden, doch spülen Sie mit klarem Wasser gut nach. Pril hat im Wein absolut nichts verloren, und schon mikroskopische Spuren von Fairy Ultra im Glas unterdrücken beim Champagner jegliche Schaumbildung. Ich stelle meine Riedel-Gläser in die Spülmaschine, wobei ich festgestellt habe, dass pulverförmige Reinigungsmittel aus irgendeinem Grund offenbar weniger Spuren hinterlassen als flüssige. Zu Testzwecken können Sie ja bei der nächsten Flasche Sekt die Blasenbildung in einem sauberen Glas mit der in einem frisch gewaschenen vergleichen, an dem noch ein dünner Film Spülmittel haftet. Im zweiten Glas werden Sie nur ein müdes Bizzeln feststellen. Bewahren Sie Ihre Gläser mit der Öffnung nach oben in einem sauberen Schrank oder Karton auf, sodass keine Gerüche im Kelch eingeschlossen werden können.

Weinansprache

*Um über Weine reden, sie vergleichen und unsere Erfahrungen
aufzeichnen zu können, benötigen wir eine eigene, weinspezifische
Sprache.*

Ein Vokabular, das sich auf ein entzücktes »Ahhh« oder ein enttäusch-
tes »Na ja« beschränkt, reicht aus, wenn Sie Ihre Eindrücke für sich
behalten wollen, ist in allen anderen Fällen jedoch nicht sehr hilfreich.
Immer mehr Verkoster halten sich an irgendeine Art von Bewertungssystem, meist verbunden mit der Vergabe von Punkten, maximal
20 oder 100; aber es werden auch A- und B-Noten oder eine bestimmte Anzahl von Sternen vergeben.

Manche versuchen auch, die Geschmackswirkung im Mund anhand
einer Kurve darzustellen.

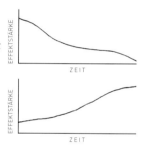

Hier wird ein Wein dargestellt, der imposant
beginnt, aber am Ende abflacht.

Dieser Wein hingegen »verschließt« sich der
Nase und öffnet sich dem Mund.

Beide Methoden können das differenzierteste System, das uns zur
Weinbewertung zur Verfügung steht – das geschriebene (oder gespro-
chene) Wort – zwar unterstützen, aber nicht ersetzen. Am wichtigsten
sind die »Schlüsselbegriffe«, mit deren Hilfe Sie die am häufigsten
anzutreffenden Rebsorten einordnen können. Ich erinnere mich, in
meiner Anfangszeit als Weinverkosterin die Cabernet-Sauvignon-
Traube des Bordeaux als »Schwarze Johannisbeere« und die Pinot-
noir-Traube des roten Burgunders als »Himbeere« bezeichnet zu haben, doch war ich noch auf der Suche nach einem Wort, das die
besondere Note der Syrah-Traube des Hermitage charakterisieren
konnte. Dann schlug jemand »verbranntes Gummi« vor, und dabei ist
es bis heute geblieben (jedoch nur in Verbindung mit Syrah-Weinen
aus relativ kalten Klimazonen). Diese kleine Anekdote soll Sie ermuti-
gen, beharrlich nach eigenen Begriffen für Ihre Geschmacksempfindungen zu suchen, auch wenn sie noch so absurd klingen.

Ein »Weinprotokoll« führen

Gewöhnen Sie sich an, Ihre Geschmackseindrücke möglichst bald aufzuschreiben, am besten gleich beim Verkosten, aber spätestens wenn Sie nach Hause kommen.

Schlüsselwörter

Entwickeln Sie Ihre eigenen Schlüsselwörter, zuerst für die verschiedenen Rebsorten und später auch für die schwerer zu benennenden Aspekte der einzelnen Weine. Im zweiten Teil dieses Kurses finden Sie Beispiele, an denen Sie sich orientieren können. Wenn Ihnen einmal kein treffendes Schlüsselwort einfällt, lesen Sie Ihre alten Aufzeichnungen durch und lassen Sie sich von Ihren Geschmacksbeschreibungen inspirieren.

Degustationsnotizen

Sie lernen am leichtesten, den Geschmack der einzelnen Weine zu erkennen und einzuordnen, wenn Sie Ihre eigenen Erfahrungen beim Verkosten aufschreiben und sich über möglichst viele Weine Notizen machen. Es hilft enorm, sich auf einen Wein zu konzentrieren, wenn Sie wissen, dass Sie ihn beschreiben müssen; außerdem bilden Ihre »Protokolle« einen wertvollen Grundstock für spätere Vergleiche. Es hängt ganz von Ihrem Elan ab, wie eifrig Sie sich Aufzeichnungen machen. Wenn ich bei Freunden zum Abendessen eingeladen bin, verzichte ich allerdings auf Notizen, doch ich kenne einige Profis, die selbst dann noch zum Schreibblock greifen. Sie haben es genauso wenig bereut wie ihre Verleger (was man von Freunden und Ehepartnern allerdings weniger behaupten kann).

Falls Sie Ihre Weinverkostungen sorgfältig planen und diese meist zu Hause oder auch bei gleich gesinnten Freunden stattfinden, so reicht ein einziges Notizbuch für Ihre Aufzeichnungen völlig aus. Wenn Sie bei der Stange bleiben und eine größere Palette an Weinen probieren und Ihre Erfahrungen gewissenhaft dokumentieren, wird Ihnen ein solches Buch einmal wertvolle Dienste leisten. Ordner mit Einlegeblättern sind eher für die Gelegenheitsverkoster unter uns geeignet. Inzwischen gibt es aber auch eine Reihe von Computerprogrammen, mit deren Hilfe Sie Ihre Erfahrungen aufzeichnen und Ihre Einträge nach den verschiedensten Parametern ordnen können: »Mal sehen … wann habe ich denn das letzte Mal einen Cabernet von Mondavi getrunken?«

Klare, strukturierte Aufzeichnungen

Der wichtigste Eintrag in Ihren Verkostungsnotizen ist die vollständige Herkunftsbezeichnung des Weins. Er sollte in jedem Fall Name, Jahrgang und Erzeuger enthalten, wenn man sie denn schließlich festgestellt hat; gerade im Anschluss an eine Blindverkostung sind diese Angaben wichtig, da ungeordnete Kommentare über einen nicht identifizierten Wein völlig unbrauchbar sind. Sollten Sie selbst eine Weinprobe veranstalten, helfen Sie den Teilnehmern enorm, wenn Sie Bewertungsbögen vorbereitet haben.

Lassen Sie auf Ihrer Liste zwischen den Namen der einzelnen Weine genügend Platz für umfangreiche Aufzeichnungen, da die komplette Beschreibung eines Weins samt seiner Wirkung auf die Sinne die Kategorien »Augen«, »Nase«, »Mund« und »Gesamturteil« enthalten sollte. Wenn Sie in der Weinbewertung noch ungeübt sind, sollten Sie nicht mit Worten sparen, um auszudrücken, welche Merkmale Sie mit den einzelnen Weinen und Weinstilen verbinden. Mit zunehmender Erfahrung werden Sie lernen, die ohnehin bekannten allgemeineren Charakteristika zu übergehen und sich nur noch auf die Besonderheiten zu konzentrieren.

Wein ändert sich mit dem Alter. Notieren Sie daher unbedingt auch das Datum Ihrer Aufzeichnungen, und beim abschließenden Kommentar vergessen Sie bitte nicht zu erwähnen, welchen Grad der Trinkreife der Wein Ihrer Ansicht nach besitzt (Tanningehalt im Rotwein und Säure im Weißwein sind hierfür gute Anhaltspunkte) und wie gut er Ihnen schmeckt. Mehr zur Bewertung von Weinen auf den Seiten 86 und 87.

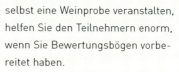

NACH AUSSEN HIN UNLESERLICHES GEKRITZEL, REPRÄSENTIEREN MEINE NOTIZEN DOCH EINEN GROSSEN TEIL MEINER ARBEIT.

Die hohe Schule des Spuckens

Es ist traurig, aber wahr: In der Kehle gibt es keine Geschmackszellen.
Daher müssen Sie Wein auch nicht schlucken, um ihn zu schmecken.

Je weniger Sie tatsächlich hinunterschlucken, desto weniger werden Ihre Sinne vom Alkohol getrübt und desto schärfer bleibt Ihr Geschmackssinn. Vielleicht glauben Sie, dass Sie nur durch Schlucken des Weins seinen Nachgeschmack beurteilen können. Doch was Sie da wahrnehmen, ist nicht sein Abgang, sondern ein »Nachglühen« – die schlichte, nur allzu spürbare Wirkung des Äthylalkohols. Zudem wirkt sich konsequentes Ausspucken auch sehr positiv auf die Lesbarkeit Ihrer Aufzeichnungen aus …

Das soll allerdings nicht heißen, dass Sie von nun an Wein immer ausspucken sollen. Um Sie zu beruhigen: Ich empfinde dieses Verfahren genauso als Verschwendung wie Sie, speziell wenn es sich um guten Wein handelt. Doch bei manchen Gelegenheiten ist es einfach klüger, sich nicht dem Alkohol auszusetzen – zum Beispiel wenn Sie noch Auto fahren müssen. Auch mit steigender Zahl der zu verkostenden Weine und ebenfalls bei jungen Weinen, die ohnehin keine großen geschmacklichen Freuden erwarten lassen, sollte konsequentes Ausspucken ernsthaft in Erwägung gezogen werden.

Als Erstes sollte sich der lernwillige Verkostungsneuling von seinen Hemmungen befreien, in der Öffentlichkeit auszuspucken. Es ist nun mal eine traurige Tatsache, dass unser Lieblingsgetränk auch eine potenziell toxische Substanz enthält: Alkohol. Also spucken Sie mit Stolz, wenn gespuckt werden muss. Zum Schämen gibt es nicht den geringsten Grund – Weinfreunde spucken mit Grazie und Stil! Das sollte Ihr Motto sein. Der stilgerecht lancierte Spuckstrahl beschreibt eine elegante Flugbahn und trifft das anvisierte Spuckgefäß mittig, ohne den Hauch eines Nachtröpfelns.

Jeder alte Krug, sogar eine leere Flasche mit einem Trichter darauf kann zum Spuckbehälter erkoren werden. Gefäße mit weiter Öffnung können mit Küchenpapier oder einer Schicht Sägemehl ausgelegt werden, um übermäßiges Spritzen zu verhindern. Eine hölzerne Weinkiste von der Art, in welcher die besseren Bordeaux-Weine geliefert werden, teilweise mit Sägemehl gefüllt, gehört schon zu den nobleren Varianten. Ideal ist fließendes Wasser, um alles schnell wegzuschwemmen, und ein Spülstein macht das Ausspucken natürlich zum Vergnügen. Generell sollten Spucknäpfe auf Plastikfolie stehen.

Erst schmecken, dann ausspucken

Nehmen Sie einen Mund voll Wein, verkosten Sie ihn wie üblich unter Berücksichtigung aller bisher besprochenen Bewertungsmethoden – und spucken Sie ihn dann wieder aus. Vergleichen Sie den Effekt mit jenem, den Sie erzielen, wenn Sie stattdessen schlucken. Nehmen Sie nun noch einen Mund voll, schlucken ihn hinunter und vergleichen Sie die Wirkung. Können Sie wirklich einen Unterschied feststellen, wenn es nur um den Geschmack geht? Es mag schon stimmen, dass beim Schlucken mehr flüchtige Bestandteile über die Kehle das Riechzentrum erreichen, doch der Unterschied ist marginal. Achten Sie einmal darauf, wie intensiv Sie den Abgang eines Weins wahrnehmen, obwohl Sie ihn ausgespuckt haben.

Spucken mit Stil

Üben Sie das Spucken unter der Dusche. Spucken Sie nicht halbherzig, sondern mit Vehemenz! Spitzen Sie die Lippen und zielen Sie auf ein imaginäres Ziel vor Ihren Füßen. Dass dies geräuschlos zu geschehen habe, steht in keinem Lehrbuch.

HIER SPUCKE ICH MIT STOLZ UND (AUSNAHMSWEISE) AUCH MIT STIL.

Vorsicht! Auch wenn Sie jeden Schluck gewissenhaft ausspucken, werden Sie sich der Wirkung des Alkohols nicht ganz entziehen können. Es ist unvermeidlich, dass Alkoholdämpfe in Mund und Nasen-Rachen-Raum frei werden – und die reichen bereits aus, um Sie »in Stimmung zu bringen«. Sie werden auch kaum verhindern können, dass Spuren von Wein mit dem Speichel in den Magen gelangen (was sich bei mir pro 30 verkosteter Weine zu ungefähr einem Glas summiert). All diese Einflüsse werden bei einem eventuellen Alkoholtest ihre Wirkung nicht verfehlen.

Offizielle Weinproben

Falls Sie jemals Gelegenheit haben, an einer formellen Weinprobe teilzunehmen, oder Ihre eigene Weinprobe spaßeshalber nach den offiziellen Regeln ausrichten wollen, sollten Sie wissen, was auf Sie zukommt. Deshalb folgt hier eine kurze Beschreibung.

Bei einer solchen Veranstaltung können bis zu 100 verschiedene Weine vorgestellt werden; die meisten Verkoster beschränken sich jedoch auf einen Teil davon. Auf langen, weiß gedeckten Tischen steht von jedem Wein eine geöffnete Flasche. Um uneingeschränkte Bewegungsfreiheit zu gewährleisten, hat ein aufmerksamer Veranstalter für genügend Abstand zwischen den Tischreihen gesorgt und auch die Spuckgefäße strategisch günstig aufgestellt. Viel zu oft habe ich mir mit vollem Mund einen Weg durch die Menge bahnen müssen, auf der Suche nach dem einsamen Topf in der hintersten Ecke. Einige Flaschen Wasser, zum Ausspülen des Glases oder des Mundes, fehlen ebenso wenig wie Teller mit einfachem, leicht salzigen Gebäck als Geschmacksneutralisatoren. Auch ist reichlich Weißbrot zur Hand, um den Hunger zu stillen, der sich beim Weinverkosten unweigerlich einstellt. Käsewürfel, so vorhanden, schmeicheln zwar dem Wein, können aber auch die Geschmacksempfindung beeinträchtigen.

Weiß vor rot und jung vor alt?

Nicht nur bei offiziellen Anlässen, sondern auch bei einem festlichen Essen gibt es eine geregelte Abfolge, nach der die verschiedenen Weine serviert werden: weiß vor rot, trocken vor lieblich und jung vor alt. Und dies hat durchaus seinen Sinn. Das Postulat »weiß vor rot« bedeutet nämlich in Wirklichkeit »leicht vor gehaltvoll«. Damit soll verhindert werden, dass ein Wein von seinem Vorgänger »erschlagen« wird. Ebenso will man es trockenen Weinen nicht schon dadurch unnötig schwer machen, dass man vorher Süßes genießt (obwohl die Franzosen offenbar kein Problem haben, das Essen mit einem likörähnlichen Aperitif zu eröffnen). Je älter ein Wein, desto faszinierender ist er, so die landläufige Regel (aber kommen Sie bloß nicht auf die Idee, irgendeinen Billigwein reifen lassen zu wollen). Daher ist es sinnvoll, eine Verkostung so zu gestalten, dass sie einem geschmacklichen Höhepunkt entgegenstrebt.

Die »Jung-vor-alt«-Regel kann man jedoch aus zwei guten Gründen außer Acht lassen. Im ersten Fall, wenn Sie Ihren »Paradewein«

vorführen wollen, solange die trinkfreudige Runde noch halbwegs nüchtern ist, um ihn gebührend zu würdigen. Der zweite Grund hängt mit der modernen Weinbereitung zusammen: Es werden immer alkoholstärkere, konzentriertere Weine erzeugt. Und in einigen der neueren Anbaugebiete nimmt die Qualität mit jedem Jahrgang zu. Das bedeutet, dass Fülle oder Qualität eines jungen Weins einen älteren an die Wand drücken kann, weshalb man sie in umgekehrter Reihenfolge genießen sollte.

Die Auswahl der Weine

Wenn es sich beim Veranstalter der Weinprobe um einen Erzeuger oder Händler handelt, ist die Auswahl natürlich auf jene Weine beschränkt, die man Ihnen verkaufen will. Sind Sie selbst der Veranstalter, haben Sie vielleicht Lust, einige der in diesem Buch vorgestellten Übungen durchzuführen. So sind beispielsweise Weinproben mit einer Rebsorte als Thema immer faszinierend. Cabernet Sauvignon aus allen Ecken der Welt etwa ist relativ leicht zu bekommen, und beim Vergleichen der einzelnen Weine lernen Sie nicht nur die Rebsorte kennen, Sie erhalten auch wertvolle Informationen über die Anbaugebiete. Ebenfalls interessant ist ein Vergleich der Weine eines einzigen Erzeugers, dessen individueller Stil sich in seinen Produkten niederschlägt. Die wohl spannendsten und anspruchsvollsten Verkostungsarten sind die so genannte horizontale und vertikale Weinprobe. »Horizontal« bezieht sich auf das Verkosten einer Vielzahl ähnlicher Gewächse desselben Jahrgangs – alle erhältlichen 1998er Pauillac-Weine zum Beispiel – um zu testen, wie sich der Château Latour neben dem Château Lafite-Rothschild oder dem Château Mouton-Rothschild ausnimmt oder, etwas preisgünstiger, wie sich die letztjährigen Chardonnay-Weine Ihres bevorzugten Anbaugebiets voneinander unterscheiden. Beim vertikalen Verkosten hingegen werden die verschiedenen Jahrgänge eines Weins miteinander verglichen, beispielsweise von 1995 bis 1985.

Das Ausschenken der Weine

Bei einer formellen Weinprobe erhalten Sie normalerweise Ihr Glas und müssen sich dann selbst bedienen, wobei erwartet wird, dass Sie sich jeweils nicht mehr als zwei bis drei Zentimeter Wein einschenken und was davon übrig bleibt in ein bereitgestelltes Gefäß entleeren, bevor Sie zum nächsten Wein übergehen. Manchmal, wenn Wein und Gläser knapp bemessen sind, findet sich nur ein einziges Glas vor jeder Flasche, das dann von allen Verkostern gemeinsam zu benutzen ist. (Keine Angst – Alkohol ist ein starkes Desinfektionsmittel). Bei solchen Weinproben verbietet es sich allerdings von selbst, das Gemeinschaftsglas mit Parfüm- oder Zigarettengeruch zu verpesten.

Wie viele Weine pro Verkostung?

Sie werden wahrscheinlich feststellen, dass die Zahl der Weine, die Sie bei einer Probe mit voller Konzentration testen können, von Mal zu Mal steigt, bis sie irgendwann, im wahrsten Sinne des Wortes, einen Sättigungsgrad erreicht. Ich schlage vor, mit nur zwei Flaschen zu beginnen, indem Sie beispielsweise zwei Chardonnay-Weine unterschiedlicher Herkunft vergleichen (siehe ab Seite 98). Bald werden Sie schon drei Weine gleichzeitig begutachten können, ohne von zu vielen Sinneseindrücken überfordert zu werden.

Je größer die Teilnehmerzahl einer privat organisierten Degustation, desto mehr verschiedene Weine können bewältigt werden, doch dürfte bei zwölf das Maximum erreicht sein. Berufsbedingtes Weinverkosten erfordert es manchmal, 100 und mehr Weine gleichzeitig zu probieren. Meine eigene Obergrenze liegt bei rund 80, ist jedoch auch von meiner Tagesform abhängig und davon, ob es sich um unterschiedliche Weinstile handelt.

Essen beim Verkosten

Kauen Sie trockene Kekse oder Weißbrot zwischen den einzelnen Weinen und achten Sie auf den neutralisierenden Effekt.

Wenn Sie mehrere Weine für ein Essen auswählen, berücksichtigen Sie die eingangs empfohlene Reihenfolge. In Kapitel 6 erfahren Sie mehr zu diesem (wirklich nicht sehr komplizierten) Thema.

Horizontales und vertikales Verkosten

Sie müssen kein Millionär sein, um sich eine Weinprobe nach klassischem Muster leisten zu können. Bordeaux-Weine bieten sich aufgrund ihrer übersichtlichen Klassifizierung der verschiedenen Châteaux für einen solchen Test geradezu an, und Sie müssen ja nicht unbedingt Premier-cru-Gewächse auswählen. Jede Zusammenstellung von Weinen eines bestimmten Jahrgangs eignet sich für horizontales Verkosten, bei dem Sie sicher einiges über das betreffende Weinjahr erfahren werden. Für eine vertikale Verkostung kommen alle Weine mit Jahrgangsangabe in Frage – wenn es auch manchmal sehr schwierig ist, eine ausreichende Anzahl verschiedener Jahrgänge eines bestimmten Weins aufzutreiben, da die meisten Händler nur einen, bestenfalls zwei Jahrgänge pro Wein auf Lager haben.

FÜR »VERDECKTE ERMITTLUNGEN« WERDEN DEN FLASCHEN INTERNATIONAL STANDARDISIERTE UMHÜLLUNGEN ÜBERGEZOGEN.

Die Blindverkostung

Verdeckte Weinproben zu organisieren bedeutet viel Arbeit, aber der Lernerfolg ist es wert.

Man sollte nicht glauben, wie sehr das Etikett den Geschmack beeinflusst. Renommierte Anbaugebiete, Erzeuger oder Jahrgänge können uns so für einen Wein einnehmen, dass wir geneigt sind, ihn überzubewerten. Ich habe in meiner Anfangszeit fünf Jahre und so manche frustrierende Champagner-Blindverkostung gebraucht, um herauszufinden, dass mir der Geschmack von jungem Bollinger überhaupt nicht zusagt, trotz seines hervorragenden Rufs (später habe ich gelernt, dass selbst ein Bollinger ohne Jahrgangsangabe lange in der Flasche reifen muss, um sich voll zu entfalten).

Dessen eingedenk, sollten Sie dafür sorgen, dass die Identität der Weine völlig im Dunkeln bleibt. Zur Not müssen Sie jeden einzelnen Wein in eine neutrale Flasche dekantieren, was bei sehr empfindlichen

Weinen allerdings tunlichst zu unterlassen ist. (Ein mir gut bekannter, besonders hinterlistiger Ausrichter von Blindverkostungen füllt die »großen Unbekannten« unter seinen Rotweinen mit voller Absicht in leere Château-d'Yquem-Flaschen um, die natürlich mit einem lieblichen Weißwein assoziiert werden). Alternativ dazu können Sie eine der unten beschriebenen Verkleidungsmethoden anwenden.

Wenn sich Wein tatsächlich zu Ihrem großen Hobby entwickeln sollte, werden Sie wohl auch Ihre Freunde des Öfteren zum Blindverkosten einladen. Wenn Ihre Gäste genügend Interesse und ein wenig Vorwissen mitbringen, können Sie alle großen Spaß daran haben. Aber geben Sie Ihren Freunden bei Bedarf kleine Hinweise, sonst wird das Ganze schnell langweilig.

Flaschentarnung

Die einfachste Methode des »Flaschenverkleidens« besteht darin, sie entweder zur Gänze mit Alufolie zu umwickeln oder sie nach amerikanischem Vorbild in braune Papiertüten zu stecken. Stellen Sie die Flasche hinein, nachdem Sie die verräterischen Stanniolkapsel restlos entfernt haben, und fixieren Sie den Tütenrand mit Klebeband, Gummiringen oder einfach indem Sie ihn oben fest zudrücken. Jede Flasche erhält nun eine Nummer oder einen Buchstaben, die Sie entweder direkt auf die Tüte schreiben können oder auf wiederverwendbare Schildchen, die Sie den Flaschen umhängen. Falls Sie Alufolie verwenden, ist es einfacher die Flaschen erst nach dem Einwickeln zu entkorken. Wollen Sie sich selbst an der Blindverkostung beteiligen, lautet die Abfolge der Arbeitsschritte also: Kapsel entfernen, einwickeln, öffnen, Flaschen durcheinander mischen, nummerieren, probieren – in Panik geraten.

Weinratespiele

Len Evans, Australiens führende Weinkapaziät, hat eine wesentlich sozialverträglichere Art der Weinidentifizierung entwickelt: Der Gastgeber eröffnet ein Ratespiel – etwa mit der lapidaren Frage: »Ist es ein Bordeaux oder ein Burgunder?« Wer richtig rät, darf weitermachen. Die nächste Frage ist bereits etwas schwieriger: »Ist es Médoc/Graves oder St-Émilion/Pomerol?« Könner steigen gleich auf der nächsten Stufe ein: »Pauillac oder Margaux?« Das kann man dann fortsetzen: »Bis 1989 oder ab 1990?« Dann: »1994, 1995 oder 1996?«, und zum Schluss: »Château Palmer, Issan oder Lascombes?« Bei dieser »Raterei« haben selbst diejenigen, die nichts über Wein wissen, überraschend gute Chancen, das Spiel zu gewinnen.

Qualität erkennen

*Das Blindverkosten mag eine recht abgehobene und kaum alltags-
taugliche Kunst sein, doch ist sie immer dann sehr hilfreich, wenn
es die Qualität eines Weins zu erkennen gilt.*

Beim Wein lässt sich die Qualität nicht immer am Preis ablesen. Wirklich edle Gewächse gibt es natürlich nicht zum Schleuderpreis, doch einige gute lassen sich durchaus finden. Auf der anderen Seite gibt es
aber auch richtig enttäuschende Weine, für die viel Geld verlangt wird,
und zwischen diesen beiden Extremen findet sich eine schier unüber-
sehbare Menge von Weinen unterschiedlicher Qualität und Preislage.
Daher ist es sinnvoll, wenn Sie lernen, Weine anhand nachvollzieh-
barer, sachlicher Kriterien zu beurteilen.

Die beiden wichtigsten Qualitätsmerkmale – Ausgewogenheit
und Nachhaltigkeit – wurden bereits auf den Seiten 40 und 41 erläutert. Schon ein recht einfacher Wein, ein Chardonnay oder Merlot
mittlerer Qualität beispielsweise, kann ein Genuss sein, wenn er gut
bereitet wurde. Achten Sie auf den Abgang und ebenso auf die Komplexität des Geschmacks. Natürlich ist ein guter Meursault oder Pomerol mit seinem vielschichtigen Bukett eindeutig der edlere Tropfen –
doch jeder Wein sollte zu seiner Zeit genossen werden. Es gab Phasen
in meinem Leben, da ich über viele Tage hinweg nur wahrhaft große

LEERE FLASCHEN – DAS RESULTAT EINER JEDEN WEINVERKOSTUNG.

Weine trinken durfte. Nun will ich mich nicht beklagen, aber undankbar, wie ich nun einmal bin, sehnte ich mich gegen Ende einer solchen Zeit nach etwas Normalem, nach einem einfachen, ehrlichen Alltagswein. Wir brauchen Abwechslung beim Weintrinken, wie bei fast allem im Leben. Glauben Sie also nicht, es sei sinnlos, Wein zu Ihrem Hobby zu machen, wenn Ihnen dafür keine Reichtümer zur Verfügung stehen. Es gehört zu den Ironien der modernen Weinwirtschaft, dass gerade jetzt, wo die Preisdifferenz zwischen den teuersten und den billigsten Weinen so groß ist wie noch nie, der Qualitätsunterschied zwischen den beiden Extremen wahrscheinlich kleiner ist als je zuvor.

Die Punktevergabe

Damit Sie sich ein zuverlässiges Urteil über einen Wein bilden können, ist es hilfreich, sich nicht nur die üblichen Notizen zu machen, sondern auch irgendeine Art von Punktesystem anzuwenden. Dies ist besonders dann sinnvoll, wenn Sie eine Palette von ähnlichen Weinen probieren, um eine Rangliste aufzustellen und jene Weine, Erzeuger und Jahrgänge herauszufinden, die Ihnen am meisten zusagen.

Die meisten amerikanischen Verkoster benutzen ein 100-Punkte-System. Da es dabei aber so gut wie nie zu Bewertungen unter 80 kommt, bleiben letzten Endes nur 20 Punkte übrig. Doch auch das andernorts verwendete 20-Punkte-System hat seine Tücken. So erhält jeder technisch fehlerfreie Wein schon mindestens 12 oder 13 Punkte, und es werden auch halbe Punkte vergeben.

Das häufigste Problem bei der Punktevergabe besteht darin, zu entscheiden, ob das Potenzial des betreffenden Weins in die Bewertung einfließen soll. Meine eigenen Degustationsnotizen sind voll von kleinen Pfeilen, die die verschiedenen Reifegrade repräsentieren. Zudem wird auch viel darüber diskutiert, wie man einen ansprechenden, aber (für die Region, Machart, Rebsorte usw.) untypischen Wein bewerten soll.

Auch wer von Wein sonst nichts versteht, scheint doch immerhin zu wissen, was ihm schmeckt und was nicht. Seltsamerweise werden derlei Vorlieben und Abneigungen mit den Erfahrungen und Kenntnissen, die wir sammeln, immer unwichtiger (womit wir dann auch mit Stolz behaupten können, mehr als nur einfache Weintrinker zu sein). Die meisten Weinprofis sind sich ziemlich einig darüber, was einen guten Wein ausmacht – auch wenn Weinverkosten ein höchst subjektiver Zeitvertreib ist. In diesem Sinne: fröhliche Weinprobe!

Kennen Sie die Rebe?

*Nur ein einziger Wein schmeckt wirklich nach Weintrauben;
er wird aus der Muscat-Rebe und den mit ihr verwandten
Rebsorten bereitet.*

Traubensaft schmeckt einfach und fruchtig; man kann ihn seiner feh-
lenden Komplexität wegen auch als eindimensional bezeichnen. Wein
hingegen hat einen weitaus vielfältigeren Geschmack: Er ist zumindest
zwei- wenn nicht gar dreidimensional und lässt neben verschiedenen,
sich überlagernden Geschmacksschichten und -nuancen im Hintergrund auch noch die Grundfruchtigkeit der Traube erkennen.

Es ist die Aufgabe des Kellermeisters, den Grundstoff Traube unter Erhaltung ihrer Fruchtigkeit in den weitaus interessanteren Wein
zu verwandeln. Die Schalen der Trauben schmecken adstringierend,
und die Stiele geben einen bitteren Geschmack ab, wenn sie gepresst
werden. Nur das Fruchtfleisch, das zum größten Teil aus Saft besteht,
ist der geeignete Rohstoff für einen frischen, fruchtigen Weißwein (im
Unterschied zu Rotwein, siehe Seite 27). Der erste Schritt bei der Weißweinbereitung besteht demnach darin, durch vorsichtiges Pressen die
Schalen und Stiele vom Saft zu trennen. Je fester gepresst wird, desto
mehr Tannin gelangt aus den Schalen in den Wein. Edle Weißweine
werden daher aus dem so genannten Vorlaufmost bereitet, dem allein
unter dem Gewicht der Trauben, also ohne zusätzliches Pressen, frei
ablaufenden ersten Saft; einige Erzeuger jedoch verbessern den Geschmack ihres sonst recht neutralen Weißweins, indem sie den Trauben absichtlich etwas »Hautkontakt« verschaffen.

Wein und Trauben

Machen Sie mit den folgenden Weinen eine Riechprobe, und achten Sie
darauf, wie stark sie nach der Mus-
kateller-Traube riechen. Das Wort
»traubig« drängt sich auf: Muscat,
Moscato, Muskateller, Moscatel,
Moscato d'Asti, Muscat d'Alsace.
Besorgen Sie sich Wein und Trauben und vergleichen Sie sie direkt.

Der Geschmack der Traube

Schälen Sie eine Traube und kosten
Sie das Fruchtfleisch. Kauen Sie
dann die Schale und knabbern Sie
am Stiel. Bemerken Sie, wie bitter
streng beides ohne das Fruchtfleisch
schmeckt? Dies ist eine der wenigen
unerfreulichen Geschmacksproben
in diesem Kurs.

Beim Reifen bildet sich in den Trauben Zucker, der bei der Gärung in Alkohol umgewandelt wird. So entsteht aus süßem Traubensaft eine neue, sehr viel trockenere Flüssigkeit, die man Wein nennt. (Aus diesem Grund schmeckt Traubensaft immer süß – die Süße lässt sich nur durch Vergären des Zuckers verringern.)

Durch Hefe wird der Gärprozess in Gang gesetzt. Natürlich vorkommende winzige Hefepilze werden von der Atmosphäre auf die Trauben übertragen und gelangen so auch in den Saft. Um mehr Kontrolle über den Gärprozess zu gewinnen, kann dem Most jedoch auch nachträglich Kulturhefe zugesetzt werden. Haben die Hefen den Zucker umgesetzt, sterben sie allmählich ab, weshalb man Hefegeschmack nur sehr selten im Wein vorfindet. Wie die folgenden Seiten zeigen werden, kann vergorener Traubensaft – der Wein – eine erstaunliche Geschmacksvielfalt aufweisen.

Gewürztraminer – der Unverwechselbare

Gewürztraminer ist keine sehr verbreitete Rebsorte, doch haben die aus ihr gewonnenen sortenreinen Weißweine einen solch charakteristischen, einprägsamen Geschmack, dass wir mit ihm unsere kleine Weißweinkunde beginnen wollen.

Gewürztraminer hat einen schweren, fast parfümierten, an Litschis erinnernden Duft, der auch mit unbekannten tropischen Früchten assoziiert wird. Wegen seiner unverkennbar exotischen Note kann man allerdings nach einer Weile genug von diesem Wein bekommen. Kenner finden sein Bukett nach einiger Zeit allzu opulent, doch für die Entdeckungsreise des Anfängers stellt der Gewürztraminer einen hervorragenden Ausgangspunkt dar.

»Traminer« bezieht sich auf die Stadt Tramin (Termeno) in Südtirol, und noch heute wird an den Hängen des Alto Adige in Nordostitalien Gewürztraminer angebaut, der einen leichten, delikaten Wein ergibt. Der bekannteste Gewürztraminer kommt jedoch aus dem Elsass, einer Region, die für ihre duftigen Weine berühmt ist. Sie riechen süßlich, schmecken jedoch trocken (und liefern damit die Ausnahme für die alte Regel, dass der Mund nur bestätigt, was die Nase bereits vermutet hat). Elsässer Gewürztraminer sollte nicht unterschätzt werden, da die Trauben einen hohen Reifegrad erreichen, ihr Zucker je-

DIE HELLRÖTLICHEN GEWÜRZTRAMINER-
BEEREN ERGEBEN GOLDENE WEINE.

doch meist so weit vergärt, dass trockene oder zumindest fast trockene Weine entstehen, die einen hohen Alkoholgehalt von oft bis zu 13 % aufweisen. Sie haben ein opulentes, »würziges« Aroma, interessanterweise aber einen trockenen Abgang. Sehr ungewöhnlich sind die Trauben, deren Schalen hellrötlich sind, weshalb die Farbe des Gewürztraminers oft ein dunkles Strohgelb ist. Den aus wärmeren Anbaugebieten stammenden Weinen ist ein geringer Säuregehalt gemein, und einige von ihnen werden im Alter recht »ölig«.

Im Elsass gilt Gewürztraminer als edle, aber ziemlich extravagante Rebsorte (Winzer selbst trinken oft lieber Riesling). Sie wird auch auf der deutschen Rheinseite, in den warmen Regionen Pfalz, Rheinhessen und Baden kultiviert (wo man sie oft recht lieblich ausbaut) und ebenfalls in Österreich, wo aus ihr köstliche, tiefgoldene süße Dessertweine bereitet werden. Auch in vielen Weinbauregionen der Neuen Welt wurde mit Gewürztraminer experimentiert (wobei das »ü« in seinem Namen allerdings der Pünktchen verlustig ging). Die größten Erfolge erzielte man dabei in Neuseeland und an der Nordwestküste der USA. In Italien spielt er eine untergeordnete Rolle. Oft wird Gewürztraminer auch einfach als Traminer bezeichnet.

Die einzige Verwechslungsmöglichkeit besteht mit dem traubigen Elsässer Muscat, da beide Weine sehr aromatisch sind und ein süßliches, blumiges Bukett haben.

Geschmacks-bestimmung

Prüfen Sie einen Elsässer Gewürztraminer jüngeren Jahrgangs. Léon Bayer und Rolly Gassmann sind für ihre körperreichen Weine bekannt, Trimbach für seinen sehr frischen Gewürztraminer, aber auch die Weine von Hugel sind von verlässlicher Qualität. Achten Sie auf den eigentümlichen Duft und beschreiben Sie ihn mit Ihren eigenen Worten: Litschi, Mango, Rose? Er verspricht der Nase Süßes, doch im Mund eröffnet sich der trockene, aber sehr volle Geschmack. Machen Sie den Süßetest mit der Zungenspitze. Vergleichen Sie seine kräftige, charakteristische Nase mit der eines trockenen weißen Tafelweins. Fast jeder andere Weißwein verblasst neben der »Orchidee« Gewürztraminer zum Mauerblümchen. Probieren Sie andere Gewürztraminer und versuchen Sie die Gemeinsamkeiten herauszufinden. Selbst die leichten Versionen aus Neuseeland und Italien haben diesen seltsam typischen Duft. Entwickeln Sie Ihr eigenes unverwechselbares »Gaumenbild« dieser Rebsorte.

Ein Weinvergleich

Hier eine Übung für Fortgeschrittene: Vergleichen Sie Gewürztraminer und Alsace Muscat. Im Idealfall sollten Sie vom selben Elsässer Erzeuger stammen und gewisse Gemeinsamkeiten aufweisen, wobei sich jedoch der Gewürztraminer gegenüber dem leichteren Muscat durch größere Fülle, Würze und eine geringere »Traubigkeit« auszeichnen dürfte.

Sauvignon blanc – Sonne oder Säure

Sauvignon blanc ist wahrscheinlich die zweitbeste Wahl, wenn es um die Wiedererkennbarkeit einer Rebsorte geht. Wer frische, trockene, unkomplizierte Weine bevorzugt, weiß sie besonders zu schätzen.

Obwohl seine Heimat die Weinbaugebiete Sancerre und Pouilly-Fumé an der Loire sind, wird Sauvignon blanc in den unterschiedlichsten Regionen der Welt angebaut, weshalb sich die Traube hervorragend dafür eignet, den Einfluss des Klimas auf den Geschmack eines Weins zu demonstrieren.

Geschmacks-bestimmung

Um das Geschmackstypische des Sauvignon blanc kennen zu lernen, beginnen Sie am besten mit dem Wein eines renommierten Erzeugers aus Sancerre oder Pouilly-Fumé. Erstklassige Sancerre-Adressen sind Vacheron und Bourgeois, während Didier Dageneau und Ladoucette in Pouilly-Fumé einen vergleichbaren Ruf genießen.

Finden Sie auch hier wieder Ihre eigenen Schlüsselwörter für die geschmacklichen Besonderheiten der Traube. Grüne Früchte? Kräuterwürzig? Stachelbeeren? Grasig? Feuerstein? Es ist vielleicht hilfreich zu wissen, dass Sauvignon blanc die Sinne sehr direkt stimuliert; wie die Spitze eines Pfeils scheint er Nase und Mund im Zentrum zu treffen, ganz im Gegensatz zu dem breiteren Geschmack des Gewürztraminers oder des auf den folgenden Seiten vorgestellten Chardonnay, der fächerartig auf die Sinne trifft.

Der charakteristische Geruch

Das wichtigste Merkmal eines Sauvignon-blanc-Weins ist sein durchdringendes, erfrischendes Aroma. »Katzenpisse auf einem Stachelbeerstrauch« klingt nicht gerade verführerisch, doch wenn Sie sich mit dem Sauvignon-blanc-Geruch etwas näher befassen, wird Ihnen diese Beschreibung gar nicht mehr so weit hergeholt erscheinen. Etwas »Grünes« schmeckt eindeutig hervor; manche Verkoster beschreiben es als unreife Stachelbeeren und andere als Nesseln, Gras oder Blätter von Schwarzen Johannisbeeren (sehr ähnlich dem Geruch eines noch unreifen Cabernet Sauvignon, der, wie erst kürzlich nachgewiesen wurde, Sauvignon blanc als Elternteil hat). Schon ein erster Hauch seines Dufts stimmt auf den »Säureangriff« ein, unter dem sich Ihre Zungenränder kräuseln werden.

Sauvignon-blanc-Weine, vor allem die französischen, werden manchmal mit dem ebenso vagen wie beziehungsreichen Begriff »Feuerstein« charakterisiert. Ein guter Pouilly-Fumé lässt eine Ahnung von Schießpulver herüberwehen, und als williges Opfer meiner Autosuggestionsversuche habe ich dies tatsächlich so empfunden, auch wenn ich niemals im Leben Schießpulver gerochen habe. (Doch genau darum geht es: Begriffe zu finden, um Aromen aussagekräftig zu beschreiben, auch wenn sie nur Ihrer Fantasie entspringen).

Sauvignon blanc und das Klima

Das Loire-Tal ist das kälteste Anbaugebiet für Sauvignon blanc, und die aus ihm gewonnenen Loire-Weine stammen für gewöhnlich aus den Appellationen Sancerre, Pouilly-Fumé, Quincy, Reuilly, Menetou-Salon oder Touraine. Der Sauvignon de St-Bris aus dem äußersten Norden Burgunds ist ebenfalls beispielhaft für einen Sauvignon blanc aus kühlen Klimazonen: trocken, säurereich und fast stahlig, so rein und herb ist er.

Auch hinter den meisten trockenen weißen Bordeaux-Weinen steckt die Sauvignon-blanc-Traube. Das mildere Klima der Atlantikküste drückt sich in einem weniger säurehaltigen, zugänglicheren Charakter aus. Um ihm mehr Kraft und ein nachhaltigeres Aroma zu verleihen, wird er oft mit dem fetteren Wein der anderen großen weißen Bordeaux-Rebe verschnitten: Sémillon (siehe Seite 108). Reinsortiger Sauvignon blanc hat einen leichten bis mittleren Körper.

Der jugendliche Wein

Sauvignon blanc ist die ideale Rebsorte für unsere schnelllebige Zeit. Ihre Weine sollten jung und frisch getrunken werden. Wählen Sie den jüngsten Jahrgang, den Sie bekommen können, denn die Frucht dieses Weins ist nicht von der opulenten Sorte, die im Alter eine verführerische Komplexität entwickelt. Er wird einfach nur ein wenig schal, kann dann leicht nach Dosenspargel schmecken, und der von Anfang an hohe Säuregehalt nimmt überhand. Die Weine haben normalerweise eine sehr blasse Strohfarbe, mit Ausnahme der seltenen (und teuren) Versionen, die einige Zeit in Holzfässern verbracht und einen goldfarbenen Ton angenommen haben. Azidität ist das hervorstechende Merkmal dieser Weine, die fast alle recht trocken sind. Einen langen Abgang wird man selten finden, der Geschmack ebbt nach eindrucksvollem Start schnell ab.

Die Neue Welt

Eine Weinregion der Neuen Welt gründet ihren Ruhm allein auf ihre Sauvignon-blanc-Weine: Marlborough im Norden der Südinsel Neuseelands. Die Kellerei Cloudy Bay machte den Anfang, und viele neue Erzeuger folgten ihr nach. Die hier bereiteten Sauvignon-blanc-Weine begegnen der Nase mit deutlicherer, schärferer Fruchtigkeit und weisen einen etwas höheren Alkoholgehalt auf. Zudem wird die kristallklare Säure, die den so weit vom Äquator entfernt angebauten neuseeländischen Weinen eigen ist, durch eine Spur Süße ausgeglichen.

**SAUVIGNON-BLANC-REBEN
IN DER KLAREN LUFT NEUSEELANDS.**

Neuseeland und Frankreich

Vergleichen Sie einen neuseeländischen Sauvignon, am besten aus Marlborough, mit einem Sancerre oder Pouilly-Fumé aus Frankreich desselben Jahrgangs (wegen der Jahreszeitenverschiebung ist Ersterer sechs Monate älter). Der Wein aus der Neuen Welt wird vermutlich kräftiger riechen, und Fruchtigkeit und Säure dürften viel eher als separate Charakteristika in Erscheinung treten als beim verhalteneren Franzosen. Vergleichen Sie die Süße: Der französische Wein ist wahrscheinlich trockner und mineralischer und dabei weniger fruchtig. Viele ziehen den neuseeländischen Sauvignon blanc vor, obwohl ein guter französischer nach einem oder zwei Jahren in der Flasche wahrscheinlich noch an Qualität gewinnt, während neuseeländische Weine nach einigen Jahren einen recht schalen Spargelgeschmack entwickeln können.

In der ganzen Welt

Das Land, dessen Sauvignon blanc dem neuseeländischen am nächsten kommt, ist Chile. Im kühlen Casablanca-Tal werden dank sorgfältiger Studien neuseeländischer Weinbaumethoden einige recht elegante Versionen erzeugt.

Auch in Südafrika wird in großem Umfang Sauvignon blanc angebaut. Die delikaten Weine der Kellereien Neil Ellis und Springfield Estate liegen geschmacklich zwischen denen Frankreichs und Neuseelands. In Australien gibt es nur wenige Regionen, die für einen ansprechenden Sauvignon blanc kühl genug sind, doch in den Adelaide Hills finden sich zuverlässige Erzeuger wie Shaw & Smith und Nepenthe.

In warmen Klimazonen kann Sauvignon blanc schnell seine erfrischende Säure und sein lebhaftes Aroma verlieren. An den kalifornischen Weinen, oft in Eiche ausgebaut und Fumé blanc genannt, lässt sich ersehen, was geschieht, wenn man diese Rebsorte in ausgeprägt warmen Regionen kultiviert. Je näher am Äquator ein Anbaugebiet liegt, desto höher ist (unabhängig von der Rebsorte) der Zuckergehalt der Trauben, desto geringer der Säureanteil des Mosts und desto alkoholstärker der Wein, es sei denn, man unternimmt entsprechende Schritte – beispielsweise eine ungewöhnlich frühe Traubenlese –, um diesem natürlichen Phänomen zu begegnen. Ein kalifornischer Sauvignon blanc ist fast immer alkoholreicher und schwerer als seine französischen oder neuseeländischen Pendants. Auch wird man einen deutlichen Eichengeschmack antreffen, ebenso etwas Öligkeit von der Sémillon-Traube, mit der er manchmal verschnitten wird. Zudem hat er nicht annähernd die Sauvignon-typische kräuterwürzige, grüne Note, da viele amerikanische Verkoster alles Grasige, Krautige als Weinfehler ansehen.

Ein Vergleich

Vergleichen Sie eine Flasche kalifornischen Sauvignon blanc – ein Fumé blanc von Mondavi wäre hier das Paradebeispiel – mit einem französischen oder neuseeländischen Wein derselben Rebsorte. Achten Sie auf den kräftigeren Körper und das weniger ausgeprägte Aroma des kalifornischen Sauvignon blanc.

Neben dem Klima beeinflussen natürlich noch andere Faktoren den Geschmack. Die Unterschiede, die Sie zwischen den einzelnen Sauvignon-blanc-Weinen feststellen, können zum Teil auch auf ihrem Alter, dem der Weinstöcke, auf der Art des Ausbaus usw. beruhen. Wir werden auf all diese Faktoren noch zurückkommen, doch im Moment geht es uns nur um den säuremildernden Effekt der Sonneneinstrahlung. Die Wirkung des Sonnenlichts schmeckt man im Wein, egal, ob es sich nun um Sauvignon blanc oder eine andere Rebsorte handelt. Je mehr Säure ein Wein enthält, desto weniger Sonneneinstrahlung haben die Trauben bis zur Reife abbekommen und desto kühler muss das Weinbaugebiet sein, aus dem er stammt.

Chardonnay und der »Kuss der Eiche«

Vor 30 Jahren, als man Weine nicht nach Rebsorten, sondern nach Lagen, wie Chablis oder Chassagne, benannte, war Chardonnay praktisch unbekannt; heute ist er der populärste Wein überhaupt.

Von seiner Heimat Burgund zog er hinaus in die Welt und findet sich heute in fast allen Weinanbaugebieten. Chardonnay ist mittlerweile so bekannt und so weit verbreitet, dass er für viele Konsumenten zum Synonym für Weißwein schlechthin geworden ist. Und doch, wenn man fragen würde, was seinen Geschmack ausmacht, könnten es nur die wenigsten sagen. Denn anders als Sauvignon blanc oder Gewürztraminer hat die Chardonnay-Traube keinen besonders starken Eigengeschmack. Vielleicht macht ja gerade das ihre Beliebtheit aus.

Je nach den gegebenen Umständen kann die Chardonnay-Traube die unterschiedlichsten Weine hervorbringen, doch zunächst ist sie nur das relativ neutrale Rohmaterial, das durch die geographischen und natürlichen Gegebenheiten des Weinbergs (das so genannte Terroir) und/oder die Kunst des Kellermeisters seine individuelle Prägung erhält.

Chardonnay ist in der Lage, ein viel breiteres Spektrum unterschiedlicher Weinstile und -qualitäten zu ergeben als die bisher besprochenen Rebsorten. Die Weine können ebenso schlank und säurereich sein wie extrem gehaltvoll (wirklich süß jedoch höchst selten). Normalerweise ein Stillwein, ist Chardonnay aber einer der klassischen Bestandteile von Champagner und anderen Schaumweinen (siehe Seite 177). Er ist trocken, körperreich und hat einen viel »breiteren« Geschmack als der kantige Sauvignon blanc. Man spürt sofort seine Wucht und weiß, dass man es hier nicht mit einem verführerisch aromatischen Aperitif, sondern mit einem vollen, fast fleischigen Wein zu tun hat, der ernst genommen werden will. Wegen seiner Schwere kommt die Säure des Chardonnay weniger zum Tragen als im nicht so körperreichen Sauvignon blanc. Chardonnay reift relativ früh und erreicht dabei einen Alkoholgehalt, der so hoch sein kann, dass der Wein trügerisch lieblich schmeckt. Sein Geschmack scheint im Unterschied zu den bisher vorgestellten Rebsorten am Gaumen zu wachsen – eine weitere sehr charakteristische Eigenschaft. Ein wirklich gut bereiteter Chardonnay hat einen faszinierend langen Abgang, der das anfängliche Bukett an Intensität sogar noch übertreffen kann.

Geschmacks-bestimmung

Beginnen Sie Ihre Entdeckungs-reise in die Welt des Chardonnay mit einem preisgünstigen, sortenreinen Wein, bei dem also schon auf dem Etikett mehr Wert auf die Rebsorte gelegt wird als auf die Herkunft. Dies könnte beispielsweise ein Vin de Pays d'Oc sein, ein Chardonnay, bei dem als Anbaugebiet lediglich Kalifornien genannt wird, oder ein Wein aus dem riesigen Traubenbot-tich, der auch als Südostaustralien bekannt ist. Es sollte sich auch kei-nerlei Hinweis auf Eiche oder Fass-ausbau auf der Flasche befinden. Achten Sie darauf, wie neutral er im Vergleich zu einem Sauvignon blanc oder Gewürztraminer riecht. Sie werden an diesem Wein weder Kritik-würdiges noch Herausragendes ent-decken. Doch im Mund offenbart er

seinen kräftigen Geschmack und vollen Körper, und nach dem Schlu-cken entfaltet er eine mächtige Wir-kung am Gaumen – weit größer als in der Nase. Vielleicht fällt Ihnen eine leichte Süße auf oder ein leicht brennendes Gefühl am hinteren Gaumen – beides Zeichen für einen hohen Alkoholgehalt (bei solch »hoch-oktanen« Weinen sollten Sie sich vor offenem Feuer hüten).

Um ein eindeutiges Chardon-nay-Gaumenbild zu entwerfen, müs-sen Sie eine größere Anzahl ver-schiedener Weine probieren als bei Gewürztraminer und Sauvignon blanc, wobei Sie am besten mit allen drei oben erwähnten beginnen. Die folgenden Aromen können in Char-donnay-Weinen vorkommen, die nicht in Holzfässern ausgebaut wur-den: Apfel, Melone, Butter, Rauch, Haselnuss und Ananas.

Fässer voll Geschmack

Es gibt in der Welt des Weins wohl kaum eine glücklichere Verbindung als die der Chardonnay-Traube mit dem kleinen Eichenfass. Sie schei-nen wie füreinander geschaffen, da die Aromen des bei Weinerzeugern so beliebten Eichenholzes dem recht schlichten Chardonnay genau das geben können, was ihm fehlt.

Chardonnay ist das beste Beispiel dafür, wie gut sich Weißwein und Holz ergänzen können. Der Einfluss einer ganzen Palette neuer Geschmacksnoten eröffnet dem Wein die Möglichkeit, komplexer und interessanter zu werden – doch diese Liaison braucht Zeit, damit ein ausgewogener Wein entstehen kann. Daher empfiehlt sich der Fass-ausbau vor allem für alterungsfähige Weine. Es hätte beispielsweise wenig Sinn, einen Sancerre ein Jahr lang in teuren neuen kleinen Ei-chenfässern auszubauen, da Sauvignon blanc für eine längere Fassrei-

CHARDONNAY-REBZEILEN IN MEURSAULT, EINER DER
BERÜHMTESTEN WEISSWEINORTE IN BURGUND.

fung ungeeignet ist und deshalb möglichst jung und frisch genossen werden sollte.

Eichenfässer sind sehr teuer, doch bewirken sie viel mehr als nur eine Anreicherung des Weinaromas. Sie machen den Wein auch sanfter und geben ihm ein feineres Gefüge. Außerdem stabilisieren und klären sie ihn auf natürliche Weise. Doch als der Markt mehr und mehr nach Eichenholzgeschmack verlangte, gingen einige Erzeuger dazu über, sich die teuren Fässer zu sparen und den Wein stattdessen mit viel billigeren, leichter erhältlichen Eichenspänen zu behandeln. Diese werden für gewöhnlich während des Gärprozesses in die Edelstahlbehälter gehängt, da der Wein in dieser Phase Aromastoffe am besten absorbieren kann. Wenn auf einem Etikett eines preiswerten Weins von Eichenholz die Rede ist, ohne dass ausdrücklich auf Fassausbau hingewiesen wird, kann man davon ausgehen, dass Späne zum Einsatz kamen. Diese – durchaus ordentlichen – Weine müssen jung getrunken werden, denn das künstliche Eichenholzaroma ist kurzlebig; danach kann der Wein ölig und ungenießbar werden.

Als Nächstes sollten Sie einen Chardonnay probieren, der alle Vorzüge des Ausbaus in neuen kleinen Eichenfässern genossen hat, üblicherweise in so genannten Barriques, deren Fassungsvermögen 225 Liter beträgt. (Je kleiner und neuer ein Fass ist, desto mehr Aromaelemente kann das Holz abgeben. Soll nur das Gefüge, aber nicht der Geschmack des Weins beeinflusst werden, kann man auch ältere Fässer verwenden.) Die klassische Ausbaumethode für guten Chardonnay-Wein in seiner Heimat Burgund besteht darin, ihn in Barriques zu vergären und dann auf einem Teil des Hefesatzes aus dieser ersten alkoholischen Gärung ruhen zu lassen. Zur Anreicherung von Geschmack und Charakter und um die Bildung von Schwefelwasserstoffen (siehe Seite 37 und 39) zu verhindern und dem Wein verschiedene Pigmente und adstringierende Stoffe zu entziehen, wird der Hefesatz ab und zu aufgerührt. Anschließend wird eine weitere Gärungsphase, die so genannte malolaktische Gärung eingeleitet, bei der scharfe Apfelsäure in milde Milchsäure umgewandelt wird. Diese ursprünglich in Burgund entwickelte Technik wird heute von jedem auch nur halbwegs anspruchsvollen Weinerzeuger auf der ganzen Welt angewendet und ist ausschlaggebend für die bemerkenswerte Einheitlichkeit der im Barrique-Stil ausgebauten Chardonnay-Weine aus allen Regionen.

Die Mogelpackung

Besorgen Sie sich einen preisgünstigen Chardonnay, dessen Etikett einen Hinweis auf »Eiche« oder »Holz« enthält. Ein mit Spänen behandelter Wein schmeckt in seiner Jugend typischerweise leicht nach Sägemehl und nach dem zweiten Jahr bereits schwer und ölig. Bulgarische Weine gehören zu den Hauptvertretern dieser Richtung, doch werden Eichenspäne weltweit in fast allen Erzeugerländern, mit Ausnahme Deutschlands, eingesetzt.

Die wahre Freude

Probieren Sie einen echten fassvergorenen Chardonnay aus irgendeinem anderen Anbaugebiet als Burgund. Als gutes Beispiel könnte ein kalifornischer Wein der mittleren oder gehobenen Preisklasse dienen, wo diese Technik seit langem etabliert ist. Achten Sie auf die relativ blasse Farbe – bei der Fassgärung werden dem Wein Farbstoffe entzogen. Achten Sie ebenfalls auf die cremige Struktur – auch adstringierende Bestandteile fällen aus. Versuchen Sie die milchähnliche oder gar buttrige Nase zu entdecken, die für die malolaktische Gärung so charakteristisch ist (in wirklich edlen Weinen aber nicht erkennbar sein sollte). Und was das Eichenholz betrifft: Versuchen Sie festzustellen, ob Sie tatsächlich ein Eichenaroma riechen können und ob Sie einen adstringierenden oder bitter schmeckenden Ton am Gaumen verspüren.

Was gegen Eiche spricht

In der Branche gibt es immer wieder große Diskussionen über Sinn und Unsinn von Eichenholzgeschmack im Wein, speziell im Chardonnay. In den 1980er-Jahren waren die Verbraucher von dieser neuen markanten Geschmacksnote geradezu begeistert, doch die Erzeuger legten im Umgang mit dem neuen Spielzeug höchst unterschiedliche Fähigkeiten an den Tag. So wurden, besonders in den jüngeren Weinbauregionen, die Weine nach der Gärung in Edelstahltanks direkt in neue Eichenfässer umgefüllt, die vor Tanninen und Aromastoffen nur so strotzten, sodass der Wein keine Möglichkeit hatte, seine eigenen adstringierenden Bestandteile und Pigmente abzugeben. Das Ergebnis waren sehr sonderbare, unausgewogene Tropfen, deren Gefüge nichts hinzugewonnen hatte und die nach nur einem oder zwei Jahren in der Flasche bereits braun und rau wurden.

Auf jede Bewegung folgt unweigerlich eine Gegenbewegung – in diesem Fall war es die vehemente Ablehnung jeglichen Eichenholzeinflusses im Wein seitens mancher Fachleute (obwohl die Konsumenten nach wie vor die strukturelle Verbesserung der Weine schätzen). In Australien, wo man die Eichenholzaromatisierung von Weißweinen

LAGERUNG GEBRAUCHTER FÄSSER IM WEINGUT
CHÂTEAU BONNET, ENTRE-DEUX-MERS, BORDEAUX.

CHARDONNAY-TRAUBEN IN CHABLIS,
WO DER WEIN SELTEN NACH EICHE SCHMECKT.

bis zum Extrem getrieben hatte, kehrte sich der Trend sogar um, sodass man selbst bei Chardonnay den eichenholzfreien Ausbau stolz auf dem Etikett vermerkte (was sich dann oft sogar im Preis bemerkbar machte). Ich selbst bin der Meinung, dass es bestimmt kein Fehler ist, wenn bei einem fassvergorenen jungen Chardonnay guter Qualität ein gewisser Eichenholzgeschmack vorhanden ist (so wie ein spürbar erhöhter Tanningehalt zu einem guten jungen Roten gehört), aber die Eichennote sollte wohlschmeckend sein. Sie könnte den warmen toastartigen Vanilleton der amerikanischen Eiche enthalten oder den spitzeren, dichteren, würzigeren Geschmack gut abgelagerter französischer Eiche; doch ist der Ton zu süß, zu angeröstet oder toastartig, kann er lästig werden. Ein zu »grüner«, zu adstringierender Geschmack deutet darauf hin, dass das Fassholz unsachgemäß oder nicht lang genug abgelagert wurde. Doch einem jungen Wein tut der »Kuss der Eiche«, wie Robert Mondavi, der Altmeister des kalifornischen Weinbaus, es formulierte, nur gut und kann sich mit all den anderen Aromaelementen zu etwas viel Komplexerem, Interessanterem verbinden.

Denn anders als Sauvignon blanc oder Gewürztraminer ist Chardonnay der höchsten Qualitätsklasse dazu bestimmt, in der Flasche zu reifen. Allgemein lässt sich sagen: Je reifer die Trauben und je höher der Ertrag, desto kürzer ist die Flaschenhaltbarkeit eines Chardonnay und umgekehrt.

Regionale Unterschiede

Die Heimat der Chardonnay-Rebe ist Ostfrankreich, genauer Burgund (tatsächlich haben genetische Tests ergeben, dass sie von der antiken Pinot-Rebe und einer weitgehend unbekannten und ebenso alten hellschaligen Traube namens Gouais blanc abstammt). Nicht jeder weiße Burgunder ist großartig, aber die meisten großartigen Chardonnay-Weine kommen aus Burgund. Was diese Region so einzigartig macht, ist die Vielfalt der Stile und Geschmacksnuancen der hier erzeugten Weine, abhängig von dem speziellen Anbaugebiet oder der Appellation. Auf den Etiketten findet man denn auch diese vielen verschiedenen Appellationen, nicht die Bezeichnung Chardonnay. Um weißen Burgunder richtig genießen zu können, kommt man daher an ein bisschen Geographieunterricht nicht vorbei.

Der kälteste Teil Burgunds ist Chablis im Norden Frankreichs, wo man nahezu ausschließlich Chardonnay anbaut und Eichenholz seit jeher sparsam eingesetzt wurde. Echter Chablis ist eine außergewöhnlich schlanke, grüne Version des Chardonnay, dessen Trauben jedoch fast jedes Jahr um ihre Reife kämpfen müssen, weshalb der Wein nach jahrelanger Flaschenreifung verlangt und diese auch reichlich belohnt. Ich habe schon 40 Jahre alten Chablis getrunken, der seinen Höhepunkt noch nicht erreicht hatte. Chablis hat ein ganz typisches Reifeschema, das mit keinem anderen Chardonnay zu vergleichen ist, teils wegen seiner anfänglich hohen Azidität, aber auch wegen des einzigartigen Bodens (Kimmeridgium, um genau zu sein). Im jugendlichen Stadium schmeckt er mit seiner anregenden durchdringenden Säure fast wie Sauvignon blanc, obwohl sein Duft eher an kühle, feuchte Steine erinnert (ich weiß, es klingt lächerlich) als an grüne Früchte oder Gras. Im mittleren Alter, mit etwa fünf oder sechs Jahren, kann er eine Phase durchlaufen, in der er ziemlich unangenehm nach nasser Wolle riecht. Hat er sie jedoch überwunden, entwickelt er sich zu voller, edler Reife. Auch dann ist er wegen seines hohen Säureanteils immer noch sehr rassig und stahlig, hat aber ein viel komplexeres, nachhaltigeres Bukett und eine reizvolle, aparte Note, die ich als »grützig« bezeichne, weil sie mich an Haferschleim erinnert. Um einen alterungsfähigen Chablis zu finden, sollten Sie nach der Bezeichnung Premier cru (»erstes Gewächs«) Ausschau halten oder besser noch nach Grand cru (»großes Gewächs«).

Ein ganzes Stück südlich von Chablis, an der Côte d'Or, beginnen die Chardonnay-Preise kräftig anzuziehen. Es ist der schmale »goldene Hang«, das Kernland Burgunds, dessen Weine Grand-cru-Qualität erreichen. Hierzu gehören Corton-Charlemagne, Le Montrachet, Bâtard-Montrachet, Chevalier-Montrachet und einige Meursault-Weine der Premier-cru-Klasse, die alle extrem körperreich, trotzdem subtil und überaus schmackhaft sind. Sie zeigen vielfältige Aromen, darunter Haselnuss, Lakritze und Mineralien.

Die Crème der Côte-d'Or-Erzeuger verwendet für ihre besten Chardonnay-Weine in der Regel eine Kombination aus altem und neuem Eichenholz (abhängig von den Besonderheiten des jeweiligen Jahrgangs), doch darf die Eiche nie hervorschmecken, sondern muss mit den Fruchtaromen harmonisieren. Dieses Ideal streben die Chardonnay-Erzeuger auf der ganzen Welt an, und einige von ihnen, besonders die unten erwähnten kalifornischen Spitzenweingüter, sind kurz davor, die Burgunder auf ihrem ureigensten Terrain zu schlagen.

Die geschmacklichen Grenzen zwischen den einzelnen Weinbauorten für weißen Burgunder können sehr leicht verschwimmen, weil sie von den Bereitungsmethoden der jeweiligen Erzeuger abhängen; ein wenig verallgemeinernd kann man jedoch sagen: Meursault ist buttrig und Puligny-Montrachet stahlig und cremig, während der in direkter Nachbarschaft erzeugte Chassagne-Montrachet etwas nussiger und von kräftigerem Gefüge sein kann. Alle oben aufgeführten weißen Burgunder sind für die Flaschenalterung bestimmt. Es wäre daher eine immense Verschwendung, einen Grand-cru-Burgunder vor seinem fünften oder sechsten und einen Premier cru vor seinem vierten oder fünften Jahr zu öffnen.

Nicht ganz so hervorragende, aber immer noch gute weiße Burgunder verbergen sich hinter den Namen Pernand-Vergelesses, Auxey-Duresses, St-Aubin, Rully, Montagny und Bourgogne blanc, die alle etwas leichter und schlanker sind. Vom südlichen, weniger renommierten Teil Burgunds, der fast auf gleicher Höhe mit dem Beaujolais liegt, stammen Chardonnay-Weine mit den Namen St-Véran, Pouilly (alle außer Pouilly-Fumé), Beaujolais blanc und Mâcon blanc. Diese Weine sollten viel jünger getrunken werden, solange sie noch »mollig« und gefällig sind, an Äpfel oder Melonen erinnern und nur wenig Eichenholzeinfluss erkennen lassen.

Schlanker, grüner Chablis

Vergleichen Sie einen zwei oder drei Jahre alten Chablis (achten Sie darauf, wie viel jugendlicher er schmeckt als ein gleichaltriger Chardonnay aus einer wärmeren Gegend) mit einem viel älteren Jahrgang. Wir wollen hoffen, dass Letzterer die »Nasse-Wolle-Phase« schon hinter sich gelassen hat und in die »grützige« Periode eingetreten ist. Chablis ist eine Randerscheinung in dieser von Eiche dominierten Zeit (und immer mehr Chablis-Erzeuger verwenden nun auch schon Eichenholz), sodass es schwierig sein dürfte, einen reifen Wein außerhalb eines guten Restaurants zu finden. Eventuell müssen Sie für die Flaschenreifung selbst sorgen, doch sollte Sie die Tatsache trösten, dass Chablis der preiswerteste unter den großen weißen Burgundern ist.

Um einen noch unreiferen Chardonnay zu probieren, sollten Sie sich einen Stillwein aus der Champagne besorgen, der unter dem Namen Coteaux Champenois Blanc de Blancs angeboten wird. Seine immense Schlankheit liefert die perfekte Erklärung dafür, warum sich die Champagne auf Schaum- und nicht auf Stillwein spezialisiert hat.

Teurer Burgunder

Versuchen Sie so viele verschiedene weiße Burgunder wie möglich zu probieren. Jeder Vergleich zwischen einem einfacheren Wein (siehe Seite 104 unten) und einem aus den drei großen Weinorten Puligny-Montrachet, Chassagne-Montrachet und Meursault dürfte aufschlussreich sein. Letztere sind viel wuchtiger und in der Jugend verschlossener und zudem langlebiger im Glas oder zumindest in der geöffneten Flasche.

Chardonnay aus der Neuen Welt

In Kalifornien und Australien ist Chardonnay zum Erfolgswein schlechthin aufgestiegen, und auch in Südafrika und Neuseeland ist sein Siegeszug kaum noch aufzuhalten. In Italien ist er mittlerweile ebenfalls ungemein populär, und auf der ganzen Welt entstehen neue Anpflanzungen, von Katalonien bis zum Libanon, von Chile bis zum US-Staat New York.

Australischer Chardonnay ist besonders leicht zu erkennen. Er »schwirrt« mit einer Zitrusnote in die Nase, die am ehesten an Limonen erinnert; seine tiefgoldene Farbe spielt oft ins Grünliche. Seit die Australier ausreichende Mengen an Trauben produzieren, verstehen sie es meisterhaft, preisgünstige Chardonnay-Weine von gleich bleibender Qualität zu erzeugen. Sie waren die Ersten, die Eichenspäne einsetzten, und verfügen heute über die nötige Erfahrung, um diese Technik weit zurückhaltender einzusetzen als etwa die osteuropäischen Weinerzeuger. Jeder Chardonnay, dessen Herkunftsbezeichnung auf Südostaustralien, aber auf keine spezielle Region verweist (wie etwa Adelaide Hills oder Margaret River, wo die erfolgreichsten Chardonnay-Weine produziert werden), ist wahrscheinlich ein Verschnitt von Trauben aus den riesigen, künstlich bewässerten Weinbaugebie-

DAS HERRLICH GELEGENE WEINGUT BRANCOTT DES ERZEUGERS MONTANA IN MARLBOROUGH, NEUSEELAND.

ten im Landesinneren. Solche Weine können sehr preisgünstig sein, doch sollten die meisten von ihnen so früh wie möglich getrunken werden. Erzeuger wie Giaconda, Petaluma Tiers Vineyard und Leeuwin liefern allerdings Beispiele dafür, dass auch Australien Chardonnay-Weine mit Finesse und langer Lebensdauer erzeugen kann.

Auch in Neuseeland ist Chardonnay die meistangebaute Rebsorte, und das Markenzeichen eines typischen neuseeländischen Chardonnay-Weins ist seine klare, grüne Säure. Chardonnay aus Südafrika kann einen angenehm rauchigen Ton annehmen, während seine chilenischen Pendants wie die billigen, manchmal sogar wässrigen Kopien der nordamerikanischen Chardonnay-Weine schmecken, die sie tatsächlich auch sind.

Das Spektrum kalifornischer Chardonnay-Gewächse reicht vom gehaltvollen Qualitätswein bis hinunter zu einer schweren, süßen Flüssigkeit, die neben Alkohol kaum etwas zu bieten hat. Einige der besten kommen aus Carneros, aus Teilen von Sonoma (besonders von den aufblühenden Lagen an der Küste) sowie der Central Coast. Zuverlässig gute Weine versprechen die Namen Marcassin, Kistler, Au Bon Climat, Talley, Flowers und Chardonnay Reserve von Robert Mondavi.

Eichenholz und Klima

Verschaffen Sie sich einen Eindruck von der großen Stilvielfalt der heute angebotenen Chardonnay-Weine, egal, woher sie stammen. Die besonders satte Farbe, der kräftige Körper und die üppige Geschmacksfülle, kurz all das Gute, das Eichenholz dem Weißwein schenkt, werden Ihnen bestimmt auffallen. Auch werden Sie Ihre neu erworbenen Kenntnisse über den Einfluss des Klimas auf den Wein bestätigt finden. Vergleichen Sie Chardonnay aus Australien und Neuseeland: Sie sind fast im selben Stil ausgebaut worden, doch die deutliche klare, grüne Säure des Letzteren ist das Werk der Natur, verursacht durch das kühlere Klima.

Auch in den meisten anderen Weinbaugebieten der Welt wird Chardonnay angebaut, zumeist ohne regionalspezifischen Charakter. Von allen heutigen Weinstilen ist der im Fass ausgebaute Chardonnay der »internationalste«, mit allen Konsequenzen, die der Verlust eines gebietstypischen Charakters mit sich bringt. In seiner schlichtesten Version ist Chardonnay ein recht flaches alkoholisches Getränk, im besten Fall jedoch ein Ausdruck von Terroir, Kraft und Potenzial.

Sémillon –
der Zauber der Edelfäule

Sémillon, außerhalb Frankreichs meist Semillon geschrieben, ist lange nicht so bekannt, wie diese Rebsorte es verdient hätte. Sogar viele Sauternes-Liebhaber wissen oft nichts von der wichtigen Rolle, die diese besondere Traube bei der Erzeugung ihres Lieblingsweins spielt.

Kein ernsthafter Weintrinker würde jemals zugeben, Chardonnay nicht zu kennen oder zu mögen, doch die hier vorgestellte Rebsorte führt ein solches Aschenputteldasein, dass das Wort Sémillon oft nicht einmal auf dem Etikett zu finden ist. Allmählich scheinen aber zumindest die Erzeuger zu entdecken, dass hier ein weiterer Spieler auf einem Feld heranwächst, das normalerweise von Chardonnay und Sauvignon blanc beherrscht wird.

Nicht nur im US-Staat Washington (wo die Rebe vom Erzeuger L'Ecole 41 eingeführt wurde) und in Südafrika (wo Stellenzicht einige der besten Weine auf den Markt gebracht hat) wird Sémillon angebaut, auch in Neuseeland gewinnt er zunehmend an Bedeutung. Dort erzeugt Millton einige ernst zu nehmende, teilweise sogar süße Weine.

Sémillon wird traditionell mit dem viel schlankeren, aromatischeren Sauvignon blanc verschnitten und zwar hauptsächlich in Bordeaux und dem übrigen Südwestfrankreich. (Auch südlich des Äquators ist dies üblich). Tatsächlich kann der Duft eines noch unreifen Sémillon sehr an Sauvignon erinnern (so wie die rote Cabernet-Sauvignon-Traube aus Bordeaux im selben Stadium bisweilen an Cabernet franc). Diese beiden Rebsorten sind wie füreinander geschaffen.

Nur in Australien, besonders im Hunter Valley, wird Semillon (mit gesprochenem l und ohne Akzent) seit langem als sortenreiner Wein ernst genommen; es ist ein trockener, alterungsfähiger Weißer, der seinen Namen stolz auf dem Etikett trägt. Bei jungen australischen Semillon-Weinen hat man deshalb die seltene Gelegenheit, die Traube zu schmecken.

Sémillon hat relativ wenig Säure, ist noch wuchtiger und alkoholstärker als Chardonnay und behält daher selbst dann eine liebliche Note, wenn er trocken ausgebaut wird. Einige Verkoster entdecken in ihm das Aroma von Feigen, andere jenes von Zigarren. Auch Zitrusfrucht ist ihm nicht fremd, und man findet etwas Wachsartiges in seinem Gefüge, das bei sehr reifen Weinen ins Ölige übergeht. Sortentypisch sind die tiefgoldene Farbe, der hohe Alkoholgehalt und der niedrige Säureanteil.

Während der Alterung nimmt Sémillon, ob nun trocken oder lieblich, einen fast orangefarbenen Ton an. Die reifen, trockenen Semillon-Weine aus dem Hunter Valley gehören zu den eigenwilligsten und am meisten unterschätzten Kostbarkeiten der Weinwelt. Sie schmecken, man kann es nicht anders sagen, nach ihrem Land, als hätten sie sich von ihrem Ursprung, der Traube, gelöst. Jeder über zehn Jahre alte Hunter-Valley-Wein entwickelt einen merkwürdig mineralischen Geschmack, den ich als »vulkanischen Stich« bezeichne, der aber auch »verbrannter Toast« genannt wird. Dies gilt für jede dort angebaute Rebsorte und beweist die althergebrachte europäische Überzeugung, dass die Zusammensetzung von Boden und Unterboden den Geschmack eines Weins bestimmt. (Nach modernerer Auffassung ist jedoch eher die Struktur des Bodens ausschlaggebend.) Im Herzstück des Hunter Valley findet sich, ähnlich wie auf Madeira, ein hoher Anteil an vulkanischen Böden, der diesen »Stich« hervorrufen könnte.

DIE VIEL ZU SEL-TENE SEMILLON-TRAUBE IM HUNTER VALLEY IN NEW SOUTH WALES.

Geschmacksbestimmung

Um den reinen Geschmack der Traube kennen zu lernen, besorgen Sie sich einen jungen Semillon aus Australien oder eine andere Version, die nicht mit Sauvignon blanc verschnitten wurde. Achten Sie auf die geringe Säure, die gelbliche Farbe und die ersten Anzeichen von Würzigkeit, die bereits im jungen Wein zu finden sind. »Kauen« Sie einen Mund voll davon, um seinen ganzen Körper wahrzunehmen. Vielleicht entdecken Sie auch eine gewisse Cremigkeit in seinem Gefüge, eine an Lanolin erinnernde Geschmeidigkeit. Wie Chardonnay ist auch Semillon nicht übermäßig aromatisch; statt Ihre Zunge

mit einem spitzen, scharfen Geschmack anzugehen, rollt er viel eher schwer heran.

Der »vulkanische Stich« des Hunter Valley

Besorgen Sie sich einen reifen australischen Semillon, am besten, wenn auch nicht unbedingt erforderlich, aus dem Hunter Valley. Der ganz besondere Geschmack dieses alten Weins wird Ihnen ebenso wenig entgehen wie seine Wucht und seine dunkle Farbe. Und nun kommt mein »vulkanischer Stich«: Ein Geschmack fast wie verbrannte Erde, mit vielen mineralischen Elementen im Vordergrund – ein bisschen wie halb verkohlte Kekse.

Verschnitt und Edelfäule

Man muss sich den Süßweinen aus dem Bordelais widmen, insbesondere aus den Gemeinden Sauternes und Barsac, um den wichtigsten Beitrag der Sémillon-Traube zum Weingenuss würdigen zu können. Wir haben bereits eine Bordeaux-typische Verschnittvariante erwähnt, bei der Sauvignon blanc um die Fülle des Sémillon bereichert wird, sodass körperreichere trockene Weißweine entstehen, beispielsweise in Graves und Pessac-Léognan. Unweit davon, in Sauternes, Barsac und den weniger berühmten Süßweingebieten von Bordeaux, wird Sémillon oft ein wenig Sauvignon blanc beigemischt, um dem daraus entstehenden Verschnittwein zusätzliche Säure zu gönnen, ohne ihm den eigentlichen Charakter des lieblichen Sémillon zu nehmen.

Um einen wirklich edlen Süßwein zu bereiten, werden sehr zuckerhaltige Trauben benötigt, damit eine liebliche Fruchtigkeit erhalten bleibt, nachdem ein Großteil des Zuckers zu Alkohol vergoren ist. Die besten weißen Süßweine der Welt verlassen sich dabei auf einen gemeinsamen Helfer, einen recht unappetitlich anzusehenden Schimmelpilz mit dem Namen *Botrytis cinerea*, auch Edelfäule genannt. Bei

VON BOTRYTIS BEFALLENE CHENIN-BLANC-TRAUBEN IN VOUVRAY
(LINKS) UND RIESLING-TRAUBEN IM RHEINGAU (RECHTS).

günstiger Herbstwitterung (feuchte Morgennebel gefolgt von warmen, sonnigen Nachmittagen) greift er die Trauben an und lässt sie schrumpfen, ohne dass sie dabei aufbrechen und verderben, wobei sich ihr Zuckergehalt stark konzentriert. Botrytis verleiht den überreifen Trauben einen vegetabilen Honiggeschmack und begünstigt die Alterungsfähigkeit des Weins. Edelfäule tritt nur in Jahren auf, die alle Bedingungen dafür erfüllen, und auch nur an bestimmten Orten. Über Jahre hinweg haben kalifornische Winzer versucht, die von Botrytis befallenen Trauben auszusortieren, nicht ahnend, welch wundervolle Wirkung der Pilz auf Riesling-, Gewürztraminer- und Sémillon-Trauben haben kann. Auch in sehr trockenen Jahren können Süßweine entstehen, doch haben sie nicht die besondere Note der Edelfäule, für die Sémillon-Trauben mit ihrer dünnen Schale besonders empfänglich sind.

Der süße Geschmack von Botrytis

Können Sie den Geschmacksunterschied zwischen einem edelfaulen, sorgfältig in Eiche ausgebauten und einem normalen süßen weißen Bordeaux erkennen? Am besten vergleichen Sie einen (sehr teuren) Sauternes Cru classé mit dem billigsten lieblichen weißen Bordeaux, den Sie finden können – zum Beispiel einem Ste-Croix-du-Mont oder einem Loupiac oder gar einem billigen Monbazillac aus der Region Bergerac östlich von Bordeaux. Der Sauternes sollte möglichst aus einem Jahr stammen, in dem ein starker Botrytis-Befall zu verzeichnen war, etwa 1999, 1998, 1997 oder, wenn Sie richtig Geld ausgeben möchten, von 1990, 1989 oder 1988. Achten Sie darauf, wie viel zuckriger, öliger und weniger ansprechend der billigere Wein ist – und wie im Sauternes die intensiven Aromen und die starke Säure den hohen Zuckeranteil ausgleichen, sodass er nichts von der klebrigen Süße des Billigweins hat.

Riesling – der König der weißen Trauben

Keine Traube der Welt wird so unterschätzt wie der arme alte Riesling.

Sein beklagenswert schlechter Ruf ist auf zwei Ursachen zurückzuführen: Erstens wird Riesling unweigerlich mit Deutschland in Verbindung gebracht, dessen skrupelloseste Händler eine Flut höchst enttäuschenden Weins – nein, Zuckerwassers – exportiert haben, sodass selbst das Ansehen der besten deutschen Gewächse, die zumeist von Riesling bereitet werden, darunter gelitten hat.

Zweitens wurde der Name Riesling in verschiedenen Ländern für andere, viel weniger edle Weine missbraucht. In Australien und Südafrika etwa wurde eine sehr mittelmäßige Traube namens Crouchen lange als Clare- bzw. Cape- oder Paarl-Riesling bezeichnet. In ganz Osteuropa findet man eine Rebsorte, die als Italienischer Riesling, Riesling italico, Welschriesling, Laski Rizling, Olasz Rizling und Ähnliches bekannt ist. Den ersten Wein, an den ich mich überhaupt erinnere, bekamen meine Großmutter und ich Ende der 1960er-Jahre bei einem langweiligen Lunch vorgesetzt, und diesen bezeichneten wir als »Lutomer Reisling«. Doch neben der falschen Aussprache irrten wir noch in einem zweiten Punkt: Es war natürlich kein echter Riesling, sondern sein billiger Abklatsch, Laski Rizling. Aus dieser Rebsorte – nennen wir sie im Folgenden Welschriesling – werden teilweise recht gute Weine bereitet, darunter insbesondere Süßweine in Österreich, doch ein großer Teil der aus Osteuropa stammenden Exporte ist eher ungenießbar und hat dem Ruf der großen deutschen Riesling-Weine (die mit ihnen nicht das Geringste zu tun haben) erheblich geschadet.

Das einzige Merkmal, das Welschriesling mit dem edlen deutschen Riesling (außerhalb Deutschlands auch Rhine Riesling, Rheinriesling, Riesling Renano, Rajinskirizling und Johannisberg Riesling genannt) gemein hat, ist die Tendenz zu leicht parfümierten, halbtrockenen Weinen mit einer gewissen Säure.

Die echte Riesling-Rebe ist viel anspruchsvoller. Zu nahe am Äquator angebaut, reift die Traube so schnell, dass der Wein keinerlei interessante Aromen entwickeln kann. Wächst sie so weit im Norden wie in Deutschland (wo sie sich im Übrigen in Bestform zeigt), braucht sie hingegen günstige Lagen, um überhaupt eine Chance zum Reifen zu bekommen – anders als die viel früher reifenden Rebsorten wie etwa

Müller-Thurgau, denen die weniger qualitätsbewussten deutschen Winzer so hohe Erträge abgewinnen. Der weitaus größte Teil (95 %) aller deutschen Spitzenweine stammt von Riesling, der weltweit von Erzeugern angebaut wird, die der Rassigkeit und Noblesse des Originals nacheifern.

Die beiden Qualitätsmerkmale der Riesling-Traube sind einerseits ihre außergewöhnliche Fähigkeit, die charakteristischen Eigenschaften ihres Terroirs zu vermitteln, und andererseits die hervorragende Altersentwicklung ihrer Weine, die jene von hochwertigem Chardonnay noch übertrifft und die weitgehend mit der des ebenfalls sehr langlebigen roten Bordeaux aus dem Médoc vergleichbar ist.

Wie Chardonnay und Sémillon nimmt auch reifer Riesling eine intensive Farbe an, oft ein tiefes Gold, doch in diesem Fall mit einem ins Grünliche spielenden Senfton. Das Bukett entwickelt mit der Zeit eine Vielschichtigkeit, die sich von der einfachen Blumigkeit des jun-

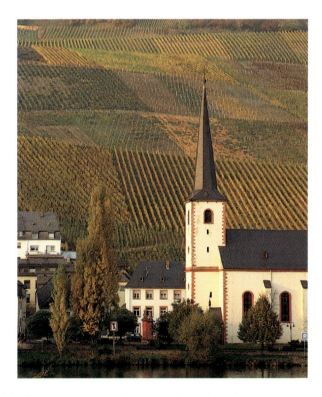

PIESPORT AN DER MOSEL, WO GROSSARTIGER RIESLING ENTSTEHT (DER MIT DEM MINDERWERTIGEN PIESPORTER MICHELSBERG REIN GAR NICHTS ZU TUN HAT).

gen Weins deutlich unterscheidet. Eine unterschwellige Benzinnote macht sich dann bemerkbar. Riesling kann oft stahlig sein, doch sein wichtigstes Erkennungsmerkmal ist seine fruchtige Säure. Sie tritt bei der Alterung immer mehr in den Vordergrund, während die Süße zurückzuweichen scheint. Erst nach vielen Jahren in der Flasche wird der Wein trocken und zu herb.

Geschmacks-bestimmung

Vergleichen Sie einen einfachen, billigen Liebfrauenmilch oder einen Niersteiner Gutes Domtal mit einer Flasche seriösen deutschen Weins, auf deren Etikett »Riesling« steht und die mindestens zweimal, besser noch dreimal so viel kostet wie die Erstgenannten. Achten Sie darauf, wie wässrig die billigen Weine schmecken. Sind Geschmack und Intensität auch nur im Geringsten mit dem Riesling vergleichbar? Welcher Wein ist interessanter?

Versuchen Sie einen mindestens fünf Jahre alten deutschen Riesling zu bekommen, was Ihren Geldbeutel nicht sehr strapazieren dürfte, da er, gemessen an seiner Qualität, unter Wert verkauft wird. Stören Sie sich nicht an sichtbaren Kristallen, sie sind völlig harmlos (siehe Seite 43). Beachten Sie, wie sich die Farbe geändert hat: vom sehr blassen, grünlichen Strohgelb des jungen Weins zu einem tieferen Goldton. Nehmen Sie nun seinen Duft auf. Er dürfte ein sehr ausgeprägtes Bukett haben, was aber natürlich auch von der Qualität abhängt. Ein erstklassiger deutscher Wein weist ein ebenso komplexes Geschmacksgefüge auf wie ein großer roter Bordeaux, nimmt jedoch gegen Ende seiner aktiven Lebensspanne ein Aroma an, das an Benzin oder Petroleum, oft auch mit mineralischen Anklängen, erinnert. Manchen widerstrebt dies, anderen gefällt es. Allgemein gilt: Je wärmer das Klima, desto schneller entwickelt sich die Benzinnote.

Säure und Alkohol

Obwohl sich dies mit zunehmendem Alter ändern kann, kennzeichnen selbst den jungen Riesling eine spritzige Azidität, ein vergleichsweise geringer Alkoholgehalt (8 bis 11 % verglichen mit den 12 bis 14 % des kräftigeren Chardonnay) und ein delikates, blumiges Fruchtaroma mit einer sehr erfrischenden Note. Dank seiner belebenden Säure und des geringen Alkoholgehalts eignet sich der Riesling trotz seiner fruchtigen Süße wesentlich besser als appetitanregender Aperitif als körperreichere Weiße, wie etwa die meisten Chardonnay-Weine, und er ist auch ein hervorragender »Tischgenosse«.

In Deutschland ist ein starker Trend zu trockenen und halbtrockenen Weinen festzustellen, die sogar noch besser zum Essen passen als die weitgehend für den Export bestimmten Tropfen, die sich meist durch eine fruchtige Süße auszeichnen.

Chardonnay und Riesling

Vergleichen Sie einen typischen Chardonnay mit einem typischen Riesling: Obwohl beiden eine gewisse Süße eigen ist (die einerseits vom Alkohol, andererseits vom Traubenzucker herrührt) und der Riesling eine erhebliche Menge an Extrakt enthält (mineralische Stoffe, die den Geschmack bereichern), werden Sie feststellen, dass der Riesling viel leichter und säurereicher ist.

Probieren Sie deutsche Weine, die als »trocken« oder »halbtrocken« bezeichnet werden, und finden Sie heraus, ob Sie Ihren Riesling lieber trocken trinken oder ob Sie eine gewisse Fruchtigkeit vorziehen. Probieren Sie beide Stile auch zum Essen.

Riesling in aller Welt

Auch in der Welt des Weins ersehnt man immer das am meisten, was man am wenigsten hat. So versuchen die Winzer Süditaliens und Kaliforniens verzweifelt, den Säuregehalt ihrer Weine trotz der gnadenlosen, reifefördernden Sonne hoch zu halten. Ihre Kollegen am nördlichen Rand des deutschen Weinbaugebiets beten dafür um jedem Sonnenstrahl, der helfen könnte, ihre Trauben zur Reife zu bringen, weshalb die begehrtesten deutschen Weine jene mit dem höchsten natürlichen Zuckergehalt sind. Nur in den sonnigsten Jahren entsteht hier Süßwein in nennenswerter Menge. Doch zeigen die Riesling-Beerenauslesen und -Trockenbeerenauslesen, die, um auch den letzten Sonnenstrahl noch einzufangen, erst sehr spät im Herbst gelesen werden, dass Riesling unter Ausnutzung der Edelfäule durchaus liebliche, wenn auch teure gute Weine hervorbringen kann.

Die süßen Riesling-Versionen Trockenbeerenauslese und Beerenauslese sind meist unerschwinglich. Interessanterweise findet man jedoch unter den Spätlesen und Auslesen oft preiswerte, gute Jahrgänge, besonders wenn sie nicht mehr ganz jung sind. Solche Weine demonstrieren auf eindrucksvolle Weise, wie gut Riesling altern kann.

**RIESLING-TRAUBEN IM ELSASS,
UNTER HERBSTLICHER SONNE.**

Selbst zwischen den eng benachbarten Weinbaugebieten Deutschlands machen sich die klimatischen Unterschiede deutlich bemerkbar. Deutsche Weine werden entweder in braunen oder grünen Flaschen geliefert. Die grünen stammen von der Mosel und ihren Nebenflüssen Saar und Ruwer, während die braunen die Weine der verschiedenen Rheinregionen wie dem Rheingau, Rheinhessen und der Pfalz enthalten. Da das Klima an den steilen Hängen der Mosel noch kühler ist als in den Weinbaugebieten rechts und links des Rheins, sind die dort erzeugten Weine leichter und frischer. Manche haben einen Alkoholgehalt von nicht mehr als 7 %, wohingegen die Rheinweine um mindestens ein Prozent stärker sind und deutlich kräftiger schmecken. In den südlich des Rheingaus gelegenen Weinregionen Rheinhessen und Pfalz trifft man auf zunehmend körperreiche Weine, die durch die vermehrte Sonneneinstrahlung Intensität und Reife gewonnen haben.

Im Elsass genießt Riesling zusammen mit Gewürztraminer das höchste Ansehen aller dort angebauten Sorten. Es dürfte nicht schwer fallen, einen Elsässer Riesling (der in mancher Hinsicht ein besonders deutliches Aromabild der Riesling-Traube liefert) von den meisten deutschen Weinen zu unterscheiden, da sich im Elsass auch der letzte Rest von Zucker in Alkohol verwandeln darf und Weine entstehen, die trocken, ja geradezu knochentrocken am Gaumen sind, auch wenn der parfümiert-blumige Charakter der Nase erhalten bleibt.

Eine weitere europäische Riesling-Hochburg sind die Regionen Wachau und Kremstal in Österreich, in denen einige der weltweit besten Riesling-Versionen entstehen, die die Trockenheit der Elsässer mit dem Duft und der Transparenz der deutschen Weine vereinen. Die körperreichsten unter ihnen tragen die Bezeichnung Smaragd, und wenn die Trauben, wie 1998, zur vollen Reife gelangen, können die Weine deutlich lieblich und sehr alkoholisch schmecken. Sie mögen schwer zu finden sein, doch sind es zweifellos edle Tropfen.

In Australien, besonders in Südaustralien, wird ebenfalls viel Riesling angebaut (oft Rhine Riesling genannt). Die beiden bekanntesten Riesling-Regionen sind das Eden Valley und das Clare Valley. Da südlich des Äquators die Weinlese im Februar und März stattfindet, sind die Jahrgangsweine aus diesen Regionen immer sechs Monate älter als ihre europäischen Pendants. Zudem reifen australische Riesling-Gewächse schneller als deutsche. Innerhalb von nur drei Jahren können sie einen goldenen Farbton annehmen und benzinähnliche Altersdüfte verströmen. Die billigeren Vertreter führen zuweilen eine unangenehm süßliche Note, doch gilt dies keineswegs für die besseren Weine wie jene von Petaluma, Grosset, Knappstein, Pikes und Mount Langi Ghiran. Sie sind kräftig und vollmundig und passen hervorragend zu scharf gewürzten Speisen. Die Weine aus dem Clare Valley entwickeln Aromen von Limonen und Mineralien, während die aus dem Eden Valley eher als stahlig oder kalkig zu bezeichnen sind.

Riesling im Vergleich

Vergleichen Sie einen Elsässer Riesling mit einem deutschen desselben Jahrgangs. Achten Sie auf den viel geringeren Alkoholgehalt des deutschen Weins (im Elsass wird während der Gärung üblicherweise Zucker zugesetzt) und auf den viel trockeneren, stahligeren Charakter des Elsässers. Was haben die beiden gemeinsam? (Denn genau das ist es, was einen Riesling ausmacht.) Probieren Sie daneben einen australischen Riesling. Schmecken Sie seine Fülle im Vergleich zu der lieblicheren deutschen Version?

Auch Kalifornien hatte in den späten 1970er- und den 1980er-Jahren unerwartete Erfolge mit dieser Rebsorte, die dort Johannisberg Riesling oder kurz JR genannt wird. Sie ergab einige Süßweine, die sich mit Beerenauslesen oder Trockenbeerenauslesen vergleichen lassen und als »Special Late Harvest« oder »Special Select Late Harvest« bezeichnet werden. Sie sind viel körperreicher und alkoholstärker als ihre deutschen Pendants und altern viel, viel schneller, aber umsichtigen Erzeugern gelang es, ihren Säuregrad aufrechtzuerhalten. Doch leider sind Riesling und Süßweine in Kalifornien nachhaltig aus der Mode geraten. Etwas mehr Erfolg hatten jedoch die Bundesstaaten Washington und Oregon mit ihrem schlankeren, rauchigeren Riesling-Stil.

Chenin blanc –
Ertrag und Qualität

Chenin blanc ist eine weitere unterbewertete Rebsorte. Sie wird überall in der Welt angebaut und ist ungewöhnlich vielseitig, weil sie Weine von höchst unterschiedlichem Geschmack erbringt. Die meisten von ihnen sind durchschnittlich, doch ihre erlesensten Vertreter können in der Flasche jahrzehntelang an Qualität gewinnen.

Die Heimat der Chenin-blanc-Rebe ist das Loire-Tal und besonders dessen mittlerer Teil vom Muscadet-Gebiet flussaufwärts bis hin zu den fernen Lagen von Sancerre und Pouilly-Fumé. Sie ist die Haupttraube der Anjou-blanc- und Saumur- (still und schäumend) sowie der Vouvray- und Montlouis-Weine (still und schäumend, lieblich oder trocken). Selbst innerhalb der kleinen Appellation Vouvray zeigt sich ihre Vielseitigkeit. Es entstehen Weine in allen Variationen, was Süßegrad, Kohlensäuregehalt und Potenzial betrifft. Ein einfacher Chenin blanc von der Loire hat einen blumigen Duft mit schwachen Honignoten und durchaus nicht unangenehmen Anklängen an feuchtes Stroh. Wie alle Loire-Weißweine enthält er jede Menge Säure – erinnern Sie sich noch an den Sauvignon blanc (siehe Seite 94)?

Doch gibt es entlang der Loire einige Weinbauenklaven, in denen honigwürzige Weine entstehen, denen eine schier unendliche Lebensdauer beschieden ist. In ihrer Jugend besitzen sie eine so unglaubliche Menge an Säure, dass jegliche Süße darin untergeht. Doch während der Reife entwickeln sie einen wunderbar runden, reichhaltigen Charakter, dem ich »gummiartige« Qualitäten zuspreche. Weine wie den Vouvray oder Montlouis gibt es von *sec* (trocken) über *demi-sec* (halbtrocken) bis zu *moelleux* (süß). Nach einem oder zwei Jahrzehnten nimmt seine Farbe einen herrlichen goldglänzenden Ton an, doch das eigentlich Charakteristische eines jeden Loire-Chenin-blanc, gleich welchen Alters und Süßegrades, ist seine hohe Azidität, gepaart mit etwas Honig und einem Hauch von Sommerblumen.

Chenin blanc wird auch in Kalifornien und vor allem in Südafrika großflächig angebaut (wo er bei weitem die häufigste Rebsorte ist), ebenso in Australien und Südamerika. Bemerkenswert ist, wie wenig die Weine aus diesen Ländern geschmacklich denen von der Loire ähneln. Kalifornischer Chenin blanc ist recht neutral und mild im Geschmack. Die Traube wächst im Central Valley an ertragreichen Rebstöcken und erbringt schlichte, halbtrockene, preisgünstige Weine, die den Winzern ein gutes Ausgangsmaterial für ihre Kunst liefern. Südafrikanischer Chenin blanc präsentiert sich von einer wiederum anderen Seite: Er ist (oft) leicht perlend und hat mehr Säure, aber selten den vollen Charakter der Chenin-blanc-Weine von der Loire.

Geschmacksbestimmung

Um den reinen, unverfälschten Loire-Chenin-blanc zu erleben, sollten Sie einen Anjou, Saumur oder Vouvray probieren. Achten Sie auf seinen fruchtigen, anregenden Charakter. Sie werden viel Säure darin entdecken, einen honig-, sogar leicht pfirsichartigen Geschmack und beachtlich viel Körper und »Breite«. Deutlich besser und trotzdem oft lächerlich billig sind die Weine aus den Anbaugebieten Coteaux du Layon, Quarts de Chaume, Bonnezeaux und die der qualitätsbewussten Erzeuger aus Vouvray wie Gaston Huet, Fouquet, A. Foreau und Marc Brédif. Sie zeichnen sich durch eine starke Honignote aus (besonders wenn die Edelfäule am Werk gewesen ist, wie in manchen Bonnezeaux-, Quarts-de-Chaume- und 1997er Vouvray-Weinen) und durch eine goldene Farbe. Sie sind immer reich an Säure, doch ihre Fülle entwickelt sich erst mit zunehmendem Alter – ich habe noch nie einen getrunken, der seinen Zenit bereits überschritten hatte.

Vergleichen Sie Ihren Chenin blanc von der Loire mit einem aus Südafrika. Man glaubt kaum, dass sie von derselben Rebsorte stammen, so viel weniger Intensität hat der Wein vom Kap. Um aber zu erfahren, was ein hervorragender südafrikanischer Chenin blanc tatsächlich bieten kann, probieren Sie einen, der laut Etikett von Reben in Buschform (»bush vine«) stammt, die ohne Drahtunterstützung erzogen werden und entsprechend weniger Ertrag liefern.

Zum Teil lässt sich diese Vielfalt dadurch erklären, dass in den unterschiedlichen Anbaugebieten verschiedene Chenin-blanc-Klone zum Einsatz kommen; der wesentlichste Faktor ist jedoch zweifellos der stark ertragsorientierte Anbau. Sehr allgemein ausgedrückt: Wenn einer Rebe zu viel Ertrag abverlangt wird, büßen ihre Trauben Geschmack und Charakter ein, im Gegensatz zu einem Weinstock, der unter denselben Bedingungen heranwächst, aber stärker zurückgeschnitten wird. Die durchschnittlichen Chenin-blanc-Erträge in Südafrika und Kalifornien liegen weit über denen an der Loire, was den faden Geschmack so vieler Weine aus der Neuen Welt erklären mag.

Rhône-Weißweine –
immer beliebter

Nachdem die Rotweine aus dem Rhône-Tal im Südosten Frankreichs sehr in Mode gekommen sind, werden auch die dortigen Weißweine immer begehrter.

VIOGNIER-REBEN IN CONDRIEU. WEGEN DER STEILEN
HÄNGE WIRD TERRASSENBAU BETRIEBEN.

Am beliebtesten von allen Sorten ist Viognier, jene stark duftige Traube aus der Appellation Condrieu am rechten Flussufer, etwas südlich von Lyon, die mittlerweile auch in großem Stil im südfranzösischen Languedoc, in Kalifornien und zunehmend auch in Australien und Italien angebaut wird. Sie erbringt meist körperreiche Weine mit einem Duft, der fast so charakteristisch und intensiv ist wie der des Gewürztraminers. Aprikosen, sowohl getrocknet als auch frisch, und Maiblüte sind Wörter, mit denen er oft umschrieben wird.

Die nervigste, eleganteste weiße Rebsorte von der Rhône ist Roussanne, die traditionell mit dem weißen Hermitage-Wein in Verbindung gebracht wird, nun aber in ganz Südfrankreich angebaut wird. Auch sie ist einigermaßen körperreich, zeichnet sich jedoch vor allem durch eine kräftige, an Lindenblüten erinnernde Säure aus. Der klassische Roussanne-Verschnittpartner ist Marsanne, eine Rebsorte, die Fülle beisteuert, der es aber oft an Säure fehlt; überraschende Marzipannoten sind bei ihr auszumachen, besonders wenn sie aus Australien stammt. Auch sie wird in großem Stil in Südfrankreich angebaut.

Geschmacks-
bestimmung

Viognier-Weine sind heutzutage immer leichter aufzutreiben. Condrieu und Château Grillet sind die einzigen Appellationen, die allein diese Rebsorte anbauen, aber halten Sie auch nach sortenreinen Weinen aus der südfranzösischen Region Languedoc, aus Kalifornien und sogar Australien und Südafrika Ausschau. Die südafrikanischen Viognier-Weine des Erzeugers Fairview und die kalifornischen von Fetzer sind Musterbeispiele für einen hervorragenden Wein zu einem viel niedrigeren Preis als jeder Condrieu. Zu den berühmten Condrieu-Produzenten gehören Cuilleron, Gangloff, Niero, Villard, Guigal und Delas.

Roussanne
und Marsanne

Versuchen Sie sortenreine Weine dieser beiden weißen Trauben von der nördlichen Rhône zu finden. Kaliforniens Weinbauregion Central Coast und der Süden Frankreichs bieten sich als Jagdreviere an (mein erster sortenreiner Roussanne war eine in Eiche ausgebaute Sondercuveé von Château de Beaucastel aus Châteauneuf), obwohl es auch im australischen Bundesstaat Victoria große Marsanne-Anbaugebiete gibt. Beachten Sie, wie viel nerviger und frischer der Roussanne-Wein ist, verglichen mit dem wuchtigen Marsanne (der seltsamerweise Marzipan im Duftgepäck mitführt– besonders nach längerer Flaschenalterung).

Andere Rebsorten

Grenache blanc, die hellschalige Variante der roten Grenache von der südlichen Rhône, ist weniger edel als die beiden Letztgenannten – ja, man könnte sie geradezu als aufgeblasen bezeichnen, so körperreich sind manche ihrer Weine. Sie ist als Verschnittpartner beliebt. Man begegnet ihr hauptsächlich im Süden Frankreichs; als Garnacha blanca findet sie Eingang in einige weiße Rioja-Weine.

Rolle bzw. Vermentino erbringt lebendige Weine und wird besonders in Languedoc-Roussillon und Sardinien angebaut.

Die Familie der weißen Pinot-Trauben

Chardonnay hat viele Vettern, und zwei von ihnen tragen den Vornamen der Rebe, von der alle abstammen: Pinot noir.

Pinot blanc, in Nordostitalien als Pinot bianco weit verbreitet und im deutschsprachigen Raum Weißburgunder genannt, schmeckt tatsächlich ein wenig wie ein schüchterner Vetter des pompösen Chardonnay. Er hat den gleichen fülligen Geschmack und das unspezifische Aroma, vielleicht mit einem etwas stärker rauchigen Anklang.

Pinot gris, die populäre Pinot-grigio-Traube Italiens, hat deutlich rötlich gefärbte Schalen, die dem Wein einen tiefen Goldton geben. Er ist kräftig und recht alkoholstark, besonders im Elsass, weniger im Nordosten Italiens. Einen besonderen Ruf genießen die Pinot-gris-Weine aus dem US-Staat Oregon.

Geschmacksbestimmung

Vergleichen Sie einen Pinot blanc mit einem Pinot gris desselben Erzeugers und möglichst auch desselben Jahrgangs, etwa aus dem Elsass oder aus Friaul. Der Pinot gris (Pinot grigio) dürfte eindeutig schwerer sein, eine tiefere Farbe haben (dank der rötlichen Schale) und einen exotischeren Duft. Pinot blanc ähnelt einem blassen Chardonnay.

Ein dritter Chardonnay-Vetter ist die ziemlich neutrale Melon-Traube, von der der fast salzig zu nennende Muscadet an der Loire bereitet wird.

Regionale Rebsorten

Albariño

Die edelste Rebsorte aus der feuchten, grünen Region Galicien im Nordwesten Spaniens gewinnt zunehmend an Popularität. Sie ergibt rassige, zitrusduftige Weine mit kräftigem Rückgrat. Unter dem Namen Alvarinho ist sie weiterhin bekannt als die edelste Traube des Vinho verde aus dem benachbarten Nordportugal.

Grüner Veltliner

Eine Spezialität aus Österreich. Die würzigen, körperreichen Weine riechen bisweilen sonderbar nach Gewürzgurken und Dill, doch wenn die Erträge niedrig gehalten werden, können sie ernsthaft mit dem weißen Burgunder konkurrieren.

Furmint

Die wichtigste Traube in Ungarns bedeutendstem Wein, dem legendären, langlebigen süßen Tokajer. Der Wein ist tief aprikosenfarben und weist unterschiedliche Schattierungen einer Farbe auf, die ich nur als »gelbbrauner Staub« bezeichnen kann, je nachdem, wie traditionell der Ausbau durchgeführt wurde.

WEINGÄRTEN IM UNGARISCHEN TOKAJ-GEBIET.

Die Arbeitstiere unter den Trauben

Colombard

Die in Kalifornien als French Colombard bekannte Traube ist weit verbreitet. Auch aus ihr entstehen säurereiche, eher dünne Weine, die meist als Grundwein für die Branntweinherstellung dienen oder als Verschnittpartner für geschmacksintensivere oder modischere Rebsorten wie zum Beispiel Chardonnay und manchmal Chenin blanc oder Sauvignon blanc.

Trebbiano/Ugni blanc

Eine großflächig angebaute, säurereiche Rebsorte, die besonders in Mittelitalien sehr verbreitet ist. Erwarten Sie von ihr kein großes Geschmackserlebnis.

**TREBBIANO IN ITALIENS
HEISSER ABRUZZEN-REGION.**

TYPISCHE, GEPFLEGTE WEINBERGE DER CHAMPAGNE.
FAST ALLE TRAUBEN WERDEN DORT VERSCHNITTEN.

Übliche Weißweinverschnitte

Bordeaux (oder anderswo)
Sauvignon blanc und Sémillon.

Südfrankreich
Kombinationen von Viognier, Marsanne, Roussanne, Grenache blanc, Rolle,
Ugni blanc.

Australien
Semillon, Chardonnay.

Südafrika
Sauvignon blanc, Chardonnay.

Champagner und andere Qualitätsschaumweine
Chardonnay, Pinot noir, Pinot meunier (siehe Seite 177).

4. Das Rohmaterial: Rote Trauben

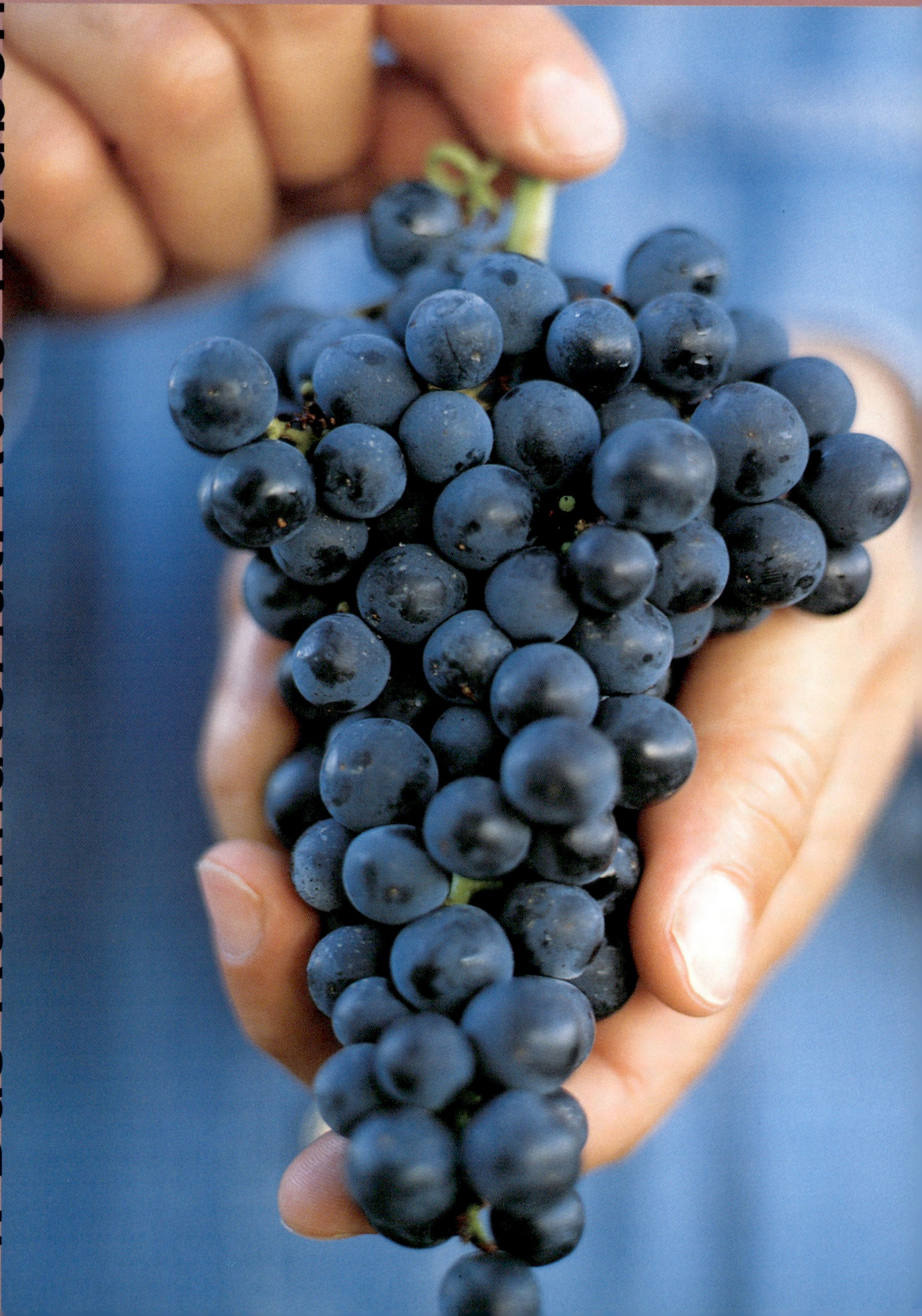

Wie roter Wein entsteht

Wenn wir die Prinzipien der Weißweinbereitung (siehe Seite 89) auf dunkle Trauben anwenden würden, wäre das Ergebnis überraschenderweise ebenfalls ein weißer Wein – oder bestenfalls ein blassrosafarbener. Der Grund dafür ist die Farbe des Fruchtfleischs. Sie ist bei allen, außer einer Hand voll wenig bekannter Rebsorten, wässrig grün. Die Farbstoffe oder Pigmente finden sich (ebenso wie Tannine) in der Traubenschale.

Um Rotwein zu machen, oder besser, um den Wein rot zu machen, ist es daher unerlässlich, dass der Most mit den Schalen in Kontakt bleibt, um ihnen die Farbstoffe zu entziehen und in den Wein übergehen zu lassen. Die bei der alkoholischen Gärung entstehende Wärme beschleunigt die Pigmentextraktion. Ansonsten läuft die Gärung auf die gleiche Weise ab wie bei Weißwein.

Auf den Seiten 46 und 47 haben wir einige Faktoren besprochen, die über die Farbintensität des Weins entscheiden. Wie wir noch sehen werden, besitzen manche Trauben mehr natürliche Pigmente als andere. Grenache ist eine blassrote Traube, ebenso wie einige Pinot-noir-Klone, während Cabernet Sauvignon und Syrah ausgesprochen dickschalig sind und sich deshalb als potenzielle Farbspender bestens eignen. Auch das Wetter beeinflusst die Dicke der Schalen. Heutzutage legen die Erzeuger aber einen derart großen Wert auf farbintensive Rotweine, dass sie die Farbstoffmenge, die bei der Weinbereitung den Schalen entzogen wird, gezielt zu steigern versuchen.

Der Kellermeister kann selbst entscheiden, wie viel Farbe der Wein erhalten soll, je nachdem, wie lange er die Schalen im Most belässt. Dies darf jedoch nicht übertrieben werden, da gleichzeitig auch Tannine austreten. Die Maischdauer, also die Zeit, die der Most »auf den Schalen« verbringt, kann von ein paar Tagen bis zu mehreren Wochen reichen. Nachdem der Wein aus dem Gärbehälter abgelassen oder abgepumpt wurde, können durch Auspressen der Schalen zusätzlich Pigmente und Tannine gewonnen werden. Der so entstandene »Presswein« wird anschließend dem »Vorlaufwein« zugesetzt.

Eine weitere Art der Rotweinbereitung, bei der den Trauben in kurzer Zeit eine große Menge Farbe entzogen wird, ist die so genannte Kohlensäuremaischung. Beaujolais ist das Ergebnis dieser besonderen Vinifikationsmethode, bei der die ganzen, unzerkleinerten Trauben vergoren werden. Innerhalb der Beeren bildet sich Gärungswärme, wobei Kohlendioxid unter Abwesenheit von Sauerstoff eine weitere natürliche Form der alkoholischen Gärung bewirkt. Das Ergebnis sind geschmeidige, fruchtige Weine, die wegen ihres geringen Tanningehalts nicht zur langen Lagerung bestimmt sind, aber eine tiefrote Farbe aufweisen. (Die Trauben am Boden des Behälters brechen unter dem Eigengewicht der Füllung auf und vergären auf normale Art).

Die Dicke der Schalen

Schälen Sie eine rote und eine weiße Traube – ohne ihre Schalen sind sie kaum zu unterscheiden. Als weiterer Beweis dafür, dass man aus dunklen Trauben weißen Wein gewinnen kann, wenn man den Most vor der Gärung vorsichtig von den Schalen trennt, lässt sich Champagner anführen (oder besser trinken). Der größte Teil der Rebsorten, aus denen Champagner bereitet wird, ist dunkelschalig – mehr dazu in Kapitel 5. Jeder Blanc de Noirs genannte Wein ist weiß, wurde aber aus dunklen Trauben gemacht – durch sanftes Pressen und sofortiges Trennen von Most und Schalen.

Zeit für Qualität

Eines der Gütekriterien für einen erstklassigen Bordeaux (mit der Bezeichnung Cru classé auf dem Etikett, was bedeutet, dass er in die berühmte Klassifikationsliste von 1855 für Médoc und Graves aufgenommen wurde) besteht in der recht langen *cuvaison*, der Maischung. Vergleichen Sie die Farbe eines solchen Weins (falls Sie sich einen leisten können) mit einem anderen desselben Jahrgangs, aber von einem weniger berühmten Weingut, einem Petit Château zum Beispiel, das nicht in der genannten Klassifikationsliste aufgeführt ist, oder Sie nehmen einen Wein der einfachen Appellation Contrôlée Bordeaux. Beachten Sie, wie viel mehr Aromen, Tannin und Nachhaltigkeit der teurere Wein besitzt. Dies liegt u. a. daran, dass er länger mit den Schalen in Kontakt war, aber auch am besseren Terroir, dem er entstammt.

Kohlensäuremaischung

Um die reizvolle Frucht und tiefe Farbe eines Weins zu begutachten, der mit Kohlensäuremaischung oder einer ähnlichen Technik bereitet wurde, besorgen Sie sich eine Flasche Beaujolais. Achten Sie darauf, wie der tanninarme, geschmeidige Charakter die Fruchtigkeit betont, die sich bereits wenige Monate nach der Weinlese entfaltet. Siehe auch die Ausführungen zu Gamay auf Seite 148.

Rotwein und Eiche

Die Eichenfassreifung ist bei Rotweinen viel häufiger anzutreffen als bei Weißen. In den Kellern vieler Rotweinerzeuger stehen Reihen kleiner neuer Eichenfässer, die dem darin reifenden Wein mehr Struktur und Geschmack verleihen (siehe Seite 98–100). Dies ist jedoch mit hohen Kosten und zusätzlicher Arbeit verbunden.

In einem Behälter aus porösem Holz verdunstet Wein rasch, weshalb jedes einzelne Fass regelmäßig nachgefüllt werden muss, um zu verhindern, dass es durch den Kontakt mit Luft zu einer Oxidation kommt. Holz fördert auch das Ausfällen der nach der Gärung im Wein vorhandenen Schwebstoffe, was durchaus positiv ist, aber bedeutet, dass der Wein durch Abgießen oder Umpumpen (»Abstich«) von seinem Bodensatz getrennt werden muss, damit er keinen schalen Geschmack annimmt. In einer gut geführten Kellerei wird daher der Wein immer wieder von Fass zu Fass umgefüllt, sodass zahlreiche Fässer zurückbleiben, die sorgfältig gereinigt und wieder hergerichtet werden müssen. Jeder Wein, der in einem neuen Eichenfass reifen durfte, kostet erheblich mehr, als einer, dem dieses Privileg nicht zuteil wurde.

Alternativ zu Holzfässern werden große Behälter aus Edelstahl oder einem anderen chemisch neutralen Material verwendet, die nicht nur verdunstungssicher, sondern auch viel leichter zu reinigen sind. Weine, die nach dem Vergären zur Klärung und Reifung in solchen Tanks gelagert werden, sind im Geschmack viel schlichter und deutlich fruchtiger als jene, die in Eichenfässern ausgebaut wurden.

Wieder ist es der rote Bordeaux, an dem sich der Effekt der Eichenfassreifung hervorragend darstellen lässt. Alle als Cru classé eingestuften Bordeaux-Weingüter (siehe Seite 128) bauen ihre Weine in den traditionellen 225-l-Fässern, den so genannten Barriques aus. Gleiches gilt für viele nichtklassifizierte Châteaux, die ebenfalls ernst zu nehmende Weine von mittlerer bis langer Lebensdauer bereiten. Je höher das Ansehen des Weinguts, desto mehr neue Eichenfässer kann sich

FÄSSER IM ZWEITEN JAHR DER WEINREIFUNG IM CHÂTEAU MARGAUX IN BORDEAUX.

sein Besitzer leisten und desto länger werden wir warten müssen, bis diese Weine ihren »Höhepunkt« erreicht haben. Es gibt jedoch auch rote Bordeaux-Weine, die jung getrunken werden sollen. Sie werden strikt von Holz fern gehalten, sodass ihr frisches, fruchtiges Aroma zur Geltung kommen kann und sie ab etwa dem ersten Jahr trinkreif sind. Vergleichen Sie einen Wein von beiden Typen, um die 18-monatige Bordeaux-Eichenfassreifung würdigen zu können.

Die Wirkung des Holzes

Als Beispiel für einen roten Bordeaux-Wein mit Eichenholzeinfluss können Sie einen Standard-Cabernet-Sauvignon nehmen (siehe Seite 133). Wählen Sie einen jüngeren Médoc- oder Graves-Wein eines speziellen Château und als Kontrast einen einfachen Roten der AC Bordeaux aus dem unteren Preissegment (der also zu billig für eine Eichenfassreifung ist). Beachten Sie, wie leicht und fruchtig der zweite, nicht im Fass gereifte Wein ist und wie wenig Tannin er enthält.

Der erste Wein hingegen ist viel tanninreicher und sollte auch ein wesentlich komplexeres Aroma besitzen. Neben der zedernholzartigen Eichennote ist im Hintergrund immer noch die frische Fruchtigkeit zu erkennen, die auch der einfache Bordeaux hat (doch sind die beiden so unterschiedlich wie Barolo und Beaujolais). Oder vergleichen Sie zwei Cabernet-Sauvignon-Weine aus demselben Anbaugebiet, von denen einer eichenfassgereift ist (was in der Regel auf dem Rückenetikett der Flasche steht).

Verschiedene Eichenhölzer

Wie wir bereits gesehen haben, ist der Geschmack eines Weins auch davon abhängig, wie oft ein Eichenfass schon verwendet wurde. Je neuer ein Fass, desto mehr Aroma und Tannin kann es an den Wein abgeben. Kleinere Weingüter benutzen häufig Fässer, die bereits von den renommierten Bordeaux-Châteaux verwendet wurden, weshalb die Wirkung der Eiche auf den Wein entsprechend geringer ist.

Ebenso wie die Dicke der Dauben und der Anröstungsgrad des Fasses sind auch die Herkunft des Holzes und die Art seiner Ablagerung für den Geschmack des Weins von Bedeutung. Sehr allgemein unterscheidet man zwischen amerikanischer und europäischer Eiche – Letztere meist aus Frankreich, aber gelegentlich auch aus Osteuropa. Französisches Eichenholz tendiert zu einer straffen, würzigen Geschmacksnote, während die amerikanische Variante ein einheitlich süßes Aroma mit einem deutlichen Vanilleton aufweist. Gewissenhaft hergestelltes und abgelagertes Eichenholz aus den USA ist dem französischen mittlerweile durchaus ebenbürtig (und allemal schlecht behandeltem französischen vorzuziehen), allerdings scheint es sich besser für die aromareiche Frucht wärmerer Klimazonen zu eignen.

Rioja, Spaniens klassischer Roter, ist das beste Beispiel für einen Wein, der in amerikanischer Eiche gereift ist (obwohl immer mehr Erzeuger mit französischer Eiche experimentieren). Die meisten Weine mit der Bezeichnung Crianza, Reserva oder Gran Reserva auf dem Etikett haben mindestens zwei Jahre in kleinen Fässern aus amerikanischer Eiche verbracht – lange genug jedenfalls, um den typischen süßen Vanillegeruch dieser Holzart anzunehmen. Roter Rioja ist einer der am leichtesten zu erkennenden Weine, nicht wegen der verwendeten Traube – denn Rioja-Weine sind Verschnitte aus Tempranillo, Garnacha und eventuell lokalen Rebsorten –, sondern eindeutig wegen des amerikanischen Eichenholzes. Einen weiteren Hinweis auf Rioja liefert seine helle Farbe, die umso blasser ausfällt, je öfter der Wein von Fass zu Fass umgefüllt wurde – was in der Region Rioja weit häufiger praktiziert wird als in fast allen anderen Weinbaugebieten.

Eichenqualität

Vergleichen Sie einen roten Cru-classé-Bordeaux mit einem Cru bourgeois, also dem Wein eines Château, das eine Stufe unterhalb der Klassifikation von 1855 rangiert. Sie werden in Ersterem einen reicheren Geschmack vorfinden, dessen intensive Tannine auf seine Lagerung in neuen, unverbrauchten Eichenfässern zurückzuführen ist.

Rioja und Eiche

Probieren Sie einen roten Rioja, den das Etikett (werfen Sie auch einen Blick auf das Rückenetikett) als Crianza, Reserva oder Gran Reserva ausweist. CVNE, López de Heredia, Bodegas Muga und Bodegas La Rioja Alta sind zuverlässige Erzeuger von traditionell ausgebautem Rioja. Achten Sie auf die blassrote Farbe mit dem gelbbraunen Schimmer. Ein Rioja sollte keinen Bodensatz haben, da er ja oft genug abgestochen wurde. Beschnuppern Sie den Wein: Sie werden Wärme, Süße (warme Erdbeeren?) und Vanille entdecken. Beachten Sie, wie sehr sich das opulente Vanillearoma der amerikanischen Eiche vom straffen, zedernholzartigen Duft der französischen Eiche in einem feinen, jungen roten Bordeaux unterscheidet.

Einmal um die Welt – mit Cabernet Sauvignon

Cabernet Sauvignon ist die Rebsorte, vor der sich alle Freunde edler Rotweine verneigen sollten.

Mag Pinot noir ein paar tausend Flaschen edlen roten Burgunders erbringen – von Cabernet Sauvignon jedoch werden weltweit große Mengen von Weinen mit geradezu unvergleichlichem Alterungspotenzial erzeugt. Der Grund dafür sind die kleinen, dickschaligen Beeren, die für einen hohen Schalenanteil im Traubensaft und damit für viel Farbe und Tannin sorgen. Neben der Fähigkeit, ausgezeichnete Weine hervorzubringen, kann sich die Rebe den unterschiedlichsten Klimata und Böden anpassen, ohne ihren eigentlichen Charakter zu verlieren.

Der internationale Touch

Der Cabernet-Sauvignon-Rebe ergeht es ähnlich wie der englischen Sprache: Ausgehend von ihrer angestammten Heimat – in diesem Fall Bordeaux – ist sie nun in allen Teilen der Welt beheimatet, in ähnlicher Form zwar, aber mit unterschiedlichen Akzenten, speziell in Amerika, Südafrika, Australien und Neuseeland. Da in diesen neueren Weinregionen großer Wert auf Sortenbezeichnungen gelegt wird, lassen sich dort mühelos Beispiele für diese großartige Rotweintraube finden. In Bordeaux hingegen ist der Name Cabernet Sauvignon kaum auf einem Etikett zu finden, was vor allem daran liegt, dass roter Bordeaux fast ausschließlich aus mehreren Traubensorten bereitet wird, nämlich Cabernet Sauvignon, Merlot und Cabernet franc. Ein weiterer Grund ist im stark geographisch orientierten französischen System der Appellations Contrôlées zu suchen. Wenn Sie eine der auf Seite 133 genannten Appellationen auf dem Flaschenetikett lesen, ist die vorherrschende Rebsorte – fast sicher – Cabernet Sauvignon.

DAS WEINGUT OPUS ONE IM KALIFORNISCHEN NAPA VALLEY, WO CABERNET SAUVIGNON DIE SZENERIE BEHERRSCHT.

Geschmacks-bestimmung

Um sich einen Eindruck vom Charakter eines Cabernet Sauvignon zu verschaffen, der in seiner Heimat Bordeaux aufgewachsen ist, greifen Sie zum edelsten roten Bordeaux, den Sie sich leisten können. Die normale Bordeaux-Flasche mit geraden Seiten und schmalem Hals ist leicht zu erkennen, und oft findet sich auf dem Etikett auch der Name eines

CHÂTEAU CLERC MILON, EIN CRU CLASSÉ AUS PAULLIAC.

Château. Ein Qualitätshinweis ist die Nennung der Appellation. Die niedrigste Kategorie ist die einfache AC Bordeaux, deren Weine Ihnen wohl eher kein besonders edles Gaumenbild des Cabernet Sauvignon vermitteln werden. Bordeaux Supérieur, auf derselben Qualitätsstufe, bedeutet lediglich, dass der Alkoholgehalt etwas höher liegt. Die meisten wirklich guten Bordeaux-Weine tragen eine genauere Appellationsbezeichnung. Besorgen Sie sich eine Flasche aus einer Appellation, die für die feinsten Cabernet Sauvignon der Welt bekannt ist: St-Estèphe, Pauil-

lac, St-Julien, Margaux, Haut-Médoc, Médoc, Pessac-Léognan oder Graves. Diese Anbaugebiete sind die Heimat des Cabernet Sauvignon im Bordelais, am linken Ufer der Gironde. Weiter entfernt von der Küste und ihrem milden Klima (beispielsweise in St-Émilion und Pomerol) wird es für die Winzer schon schwerer, ihre Trauben zur vollen Reife zu bringen. Zu den besonderen Châteaux, deren Rebflächen mit einem hohen Cabernet-Sauvignon-Anteil bestockt und deren Weine daher gut geeignet sind, die sortentypische Charakteristik dieser Traube zu studieren, gehören Latour, Mouton-Rothschild, d'Issan, du Tertre, Pouget und La Louvière (Sie sollten sich einen solchen Wein durchaus einmal leisten). Achten Sie bei Ihrer Wahl darauf, dass Cabernet Sauvignon die Haupttraube ist.

Schenken Sie der Intensität nahezu aller Merkmale Ihres feinen Bordeaux-Tropfens Aufmerksamkeit: Farbe, Geschmack und Nachhaltigkeit sind bei ihm besonders stark ausgeprägt. Das einzig »Geringe« ist sein Alkoholgehalt. Beschnuppern Sie den Wein, um sein Schwarze-Johannisbeeren-Aroma festzustellen. Bei einem edlen Gewächs kann es allerdings durch Eichengeschmack überlagert sein, dem wir besonders dann Beachtung schenken sollten, wenn der Wein ausdrücklich als »eichenfassgereift« deklariert ist. Das reine Traubenaroma wird Ihnen ein einfacher Bordeaux daher am unverfälschtesten vermitteln.

**BLAUE CABERNET-SAUVIGNON-TRAUBEN MIT
DICKEN SCHALEN UND KRÄFTIGEM REBHOLZ.**

Die Cabernet-Sauvignon-Traube

Entgegen der weit verbreiteten Auffassung ist Cabernet Sauvignon nicht die meistangebaute Traube im Bordelais (siehe Seite 140). Das Gros der Rotweine aus der einfachen AC Bordeaux wird jedoch im Cabernet-Sauvignon-Stil ausgebaut, auch wenn sie einen hohen Prozentsatz anderer Bordeaux-Rebsorten enthalten.

Cabernet-Sauvignon-Beeren sind klein und fast schwarzblau, wachsen in dichten Trauben und geben beim Pressen und Vergären normalerweise viel Farbstoff und Tannin ab. Die Merkmale eines jugendlichen, vollreifen Cabernet-Sauvignon-Weins sind sein sehr tiefer, tintiger Purpurton, ein Aroma von Schwarzen Johannisbeeren und gewöhnlich viel Säure und Tannin. Nicht ausgereifter Cabernet Sauvignon kann zu schlank und säurereich sein und riecht oft grasig, kräuterwürzig oder gar krautig. Anders als einige Cabernet- Sauvignon-Weine aus warmen Ländern hat ein Bordeaux nur einen leichten bis mittleren Körper, aber einen sehr intensiven Geschmack und häufig einen langen Abgang. Gute Exemplare können hervorragend altern, was angesichts ihres hohen Tanningehalts auch nötig ist.

Cabernet Sauvignon in aller Welt

Um sich ein differenzierteres, umfassenderes Bild von Cabernet Sauvignon zu machen, sollten Sie die Weine dieser Traube aus allen Ecken der Welt probieren. In Frankreich wird Cabernet Sauvignon nicht nur in Bordeaux angebaut, sondern auch im Nachbargebiet Bergerac, in der südwestfranzösischen AC Madiran sowie im Languedoc, in der Provence (wo er mit Syrah verschnitten wird) und zunehmend auch im Loire-Gebiet, wo die Traube in manchen Jahren allerdings um ihre Reife zu kämpfen hat und üblicherweise mit Cabernet franc (siehe Seite 138) verschnitten wird. Weine aus osteuropäischen Ländern wie Bulgarien (wo die Eichenbehandlung allerdings oft übertrieben wird), Rumänien und Ungarn sind meist sehr unkompliziert und preisgünstig. Chile ist bekannt für seinen sehr aromatischen Cabernet Sauvignon, der nicht allzu alkohol- und tanninhaltig ist und einen unverwechselbar blumigen Duft besitzt. Etwas konzentrierter präsentieren sich die Cabernet-Sauvignon-Weine Argentiniens, von denen manche jedoch geradezu sirupartig »dick« sind. Versuchen Sie, wann immer sich Ihnen die Gelegenheit bietet, einen dieser Weine zu probieren, um den typischen Cabernet-Sauvignon-Geschmack erkennen zu lernen.

Cabernet Sauvignon und das Klima

Da Cabernet Sauvignon in so vielen unterschiedlichen Gebieten angebaut wird, ist er besonders gut geeignet, um die Wirkung des jeweiligen Klimas auf den Stil der Weine zu illustrieren. Was die Vielfalt der Anbaugebiete angeht, wird er nie an Chardonnay heranreichen, weil er viel später reift und nur in einigermaßen warmen Regionen angebaut werden kann. Sogar Bordeaux mit seinem gemäßigten Atlantikklima hat in manchen Jahren Schwierigkeiten, seine Cabernet-Sauvignon-Trauben zur vollen Reife zu bringen, doch gerade unter solchen klimatischen Bedingungen entfaltet diese Rebsorte ihren typischen Charakter. Ihre Weine entwickeln dann viel subtile Frucht, sind nicht sehr alkoholstark und haben meist eine anregende Tanninherbe und Säure. Es sind moderate, sehr gut verträgliche Weine. Neuseeländischer Cabernet Sauvignon, der in einem generell kühleren Klima entsteht, tendiert zu einem leichteren Körper und deutlicherer Schärfe. Die Weine aus dem US-Staat Washington und einige aus den kühleren Gebieten Nordostitaliens repräsentieren den etwas volleren, fruchti-

JUNGE, AN HOLZPFOSTEN HOCHGEZOGENE WEIN-
STÖCKE IM CLARE VALLEY, EINEM DER KÜHLEREN
WEINBAUGEBIETE SÜDOSTAUSTRALIENS.

geren Stil, was u. a. darauf zurückzuführen ist, dass die Sommerperio-
den heißer ausfallen als in Bordeaux oder Neuseeland.

Die »Schwergewichte« unter den Weinen Kaliforniens zeigen
eindrucksvoll, welche Auswirkungen die volle Sonne auf Rotwein im
Allgemeinen und auf Cabernet Sauvignon im Besonderen haben kann.
Körperreiche, reife Weine mit fast pflaumensüßem Aroma sind hier
leicht zu finden. Tatsächlich erfordert es das ganze Können der kalifornischen Kellermeister, Cabernet Sauvignon zu erzeugen, der kein Übermaß, etwa an Alkohol, aufweist. Betrachten Sie nur die Farbintensität
dieser Weine. Wenn Sie von oben ins Glas schauen, werden Sie kaum
den Boden erkennen können. Auch der Duft ist unvergleichlich stark
und trägt neben Schwarzer Johannisbeere noch fast jedes andere Fruchtaroma in sich. In vielen edlen Exemplaren aus dem Napa Valley findet
sich sogar ein Anflug von Minze und Eukalyptus. Minze ist in der Tat
ein gutes Erkennungsmerkmal kalifornischer Cabernet-Sauvignon-Weine, obwohl einige der besten auch die staubige, mineralische Qualität
mancher erlesener roter Bordeaux haben können.

Weitere Beispiele für Weine aus heißen Klimazonen mit entsprechend viel Farbe und hohem Alkoholgehalt sind der libanesische Château Musar (auch wenn Cabernet Sauvignon hier mit Rhône-Trauben
verschnitten wird) sowie viele australische Tropfen. Gemeinsam ist

beiden Ländern, dass ihre Rotweine oft sehr alkoholisch schmecken und eine schwärzliche Tönung aufweisen. Australischer Cabernet ist oft minzig und dicklich, begleitet sowohl von einer gewissen Süße als auch Säure. Coonawarra ist eines der erfolgreichsten Anbaugebiete.

Südafrikanischer Cabernet Sauvignon tendiert zu einer ausgeprägteren Schwarze-Johannisbeeren-Note und enthält teilweise viel Säure – nicht weil das Klima besonders kühl wäre, sondern weil viele Weinstöcke an einem Virus leiden, das das volle Ausreifen der Trauben verhindert. Einer der bekanntesten Cabernet-Sauvignon-Weine Südafrikas ist Meerlusts Rubicon.

Kühler Bordeaux

Unser erstes Beispiel für einen roten Bordeaux von Seite 133 eignet sich hervorragend, um Cabernet Sauvignon aus einer gemäßigten Klimazone kennen zu lernen. Achten Sie auf seine appetitanregende Wirkung. Ohne Essen allerdings könnte sich der hohe Tanningehalt eines jungen roten Bordeaux als störend erweisen, und wenn der Wein zu kühl serviert wird, tritt die strenge Note sogar noch stärker hervor. Billiger italienischer oder neuseeländischer Cabernet Sauvignon ist oft so leicht und trocken, dass er schon fast krautig wirkt und man den Geschmack suchen muss.

Kalifornischer Cabernet

Wählen Sie Ihren kalifornischen Testwein nach dem auf dem Etikett vermerkten Alkoholgehalt, um die Wirkung des heißen Klimas auf den Wein zu studieren. 14 % sind bei kalifornischem Cabernet keineswegs ungewöhnlich. Neben dem brennenden Abgang und der Viskosität werden Sie auch viel weniger Säure als bei Ihrem Bordeaux feststellen und eine immense Fülle, die fast schon süße Anklänge hat. In einigen der teureren kalifornischen Cabernet-Gewächsen lässt sich eine deutliche Note von Eukalyptus und Minze ausmachen, für die etwa die Weine von Heitz Martha's Vineyard berühmt sind. Es gibt jedoch auch kalifornischen Cabernet Sauvignon, der leicht mit rotem Bordeaux verwechselt werden kann. Ein junger, hochkonzentrierter roter Bordeaux von voll ausgereiften Trauben und mit viel Extrakt aufgrund seiner langen *cuvaison* kann den tiefdunklen, intensiven kalifornischen Weinen sehr ähnlich sein, besonders weil die führenden Erzeuger Kaliforniens exakt den gleichen Fasstyp (oft sogar desselben Lieferanten) verwenden wie ihre Bordelaiser Kollegen. Allein der geringere Alkoholgehalt deutet auf Frankreich hin.

Die andere Cabernet-Traube

Auch wenn das Wort »Verschneiden« für viele einen fast anrüchigen Beiklang hat, ist der berühmteste Wein der Welt, der rote Bordeaux, in erster Linie ein Verschnitt. Selbst bei der Bereitung erlesenster Médoc- und Graves-Weine, die hauptsächlich auf Cabernet Sauvignon beruhen, wird ein gewisser Prozentsatz an Cabernet franc oder Merlot beigemischt. Diese werden in direkter Nachbarschaft der Cabernet-Sauvignon-Reben angepflanzt – das Ergebnis einer umsichtigen Weinbaumethode in einem unberechenbaren Klima: Da Merlot erheblich früher blüht und reift als Cabernet, soll sichergestellt werden, dass nur eine Sorte während der Blüte von schlechtem Wetter betroffen wird und die andere mögliche Einbußen wettmachen kann.

Die häufigste »andere« Traube ist Cabernet franc. Früher wurde sie oft geringschätzig als eine minderwertige Cabernet-Sauvignon-Verwandte abgetan (weniger Tannin, weniger Extrakt), bis man entdeckte, dass sie zusammen mit Sauvignon blanc tatsächlich ein Elternteil des berühmteren und weiter verbreiteten Cabernet Sauvignon ist. Und schließlich besteht ein so erstklassiger Wein wie Château Cheval Blanc – ein Premier grand cru classé von St-Émilion – zu zwei Dritteln aus Cabernet franc. In St-Émilion, dem nahe gelegenen Pomerol und dem gesamten Rest des rechten Gironde-Ufers wird Cabernet franc in weitaus größerem Stil angebaut als Cabernet Sauvignon, der im dortigen kühleren Klima schwer zur Reife gelangt.

Cabernet franc ist Cabernet Sauvignon im Geschmack sehr ähnlich, doch für gewöhnlich noch kräuterwürziger und von leichterem Körper. Seine Trauben ergeben tanninärmere, hellere Weine, die deshalb zugänglicher und früher ausgereift sind. Auch in der mittleren Loire-Region und in Norditalien wird die Rebe viel angebaut, wo sie üppige, fruchtige Weine mit deutlicher Säure und einer gewissen Grasigkeit hervorbringt. Als Verschnitttraube wird Cabernet franc in zunehmendem Maß überall dort kultiviert, wo auch Cabernet Sauvignon wächst, doch trifft man immer häufiger auch auf sortenreine Cabernet-franc-Weine – besonders in den etwas kühleren Weinbaugebieten des US-Staats Washington und Neuseelands.

Wenn Sie das Wort »Cabernet« auf dem Etikett eines italienischen Weins entdecken, können Sie praktisch davon ausgehen, dass Cabernet franc die vorherrschende Traube ist, da sie in Italien viel häufiger angebaut wird als Cabernet Sauvignon. In den weit nordöstlich gelegenen Regionen Friaul und Trentino werden sehr preisgünstige Weine dieses Typs erzeugt.

CHINON – EINER DER KÖSTLICHSTEN VERTRETER VON CABERNET FRANC.

Es gibt viele Ähnlichkeiten zwischen diesen beiden Rebsorten, doch Sie werden einen Cabernet-franc-Wein schon daran erkennen, dass er in Tanningehalt, Farbe und Körper hinter einem Cabernet Sauvignon zurücksteht. Die Cabernet-Sauvignon-Weine eines kühlen Weinbaugebiets (wie zum Beispiel Neuseeland) können jedoch deutlich nach Cabernet franc schmecken.

Geschmacksbestimmung

Probieren Sie einen roten Cabernet franc von der Loire, beispielsweise einen Chinon, Bourgueil oder den etwas intensiveren St-Nicolas-de-Bourgueil. Sie werden eine gewisse Saftigkeit erkennen, wenn auch nicht so ausgeprägt wie bei einem Beaujolais. Mein Schlüsselwort für das besondere Aroma dieser Weine ist »Bleistiftspäne«, und damit meine ich mehr das Holz als das Grafit.

Vergleichen Sie einen Cabernet franc von der Loire oder aus Norditalien mit einem Cabernet Sauvignon, am besten einem roten Bordeaux desselben Jahrgangs aus dem Médoc. Probieren Sie den Cabernet Sauvignon als Zweiten, denn sein hoher Tanningehalt wird Ihnen den Mund gehörig zusammenziehen. Achten Sie auch auf den kräftigeren Körper und die intensivere Farbe des roten Bordeaux – und trockner ist er ja ohnehin, oder?

Merlot – der Früchtekuchen

Was Cabernet Sauvignon für Médoc und Graves, ist Merlot für St-Émilion und Pomerol.

Die Rebsorte, die am rechten Gironde-Ufer vorherrscht, ist eine äußerst reizvolle, geschmeidige Frucht, die, wenn sie richtig ausgebaut wird, volle, würzige Weine mit all den köstlichen Attributen eines gehaltvollen Früchtekuchens hervorbringt. Tatsächlich wird sie derart geschätzt, dass einige der besten Merlot-Weine aus Pomerol, wie Château Pétrus und Le Pin, zu den teuersten Weinen der Welt zählen.

Die Merlot-Traube, die in St-Émilion und Pomerol ihre größten Triumphe feiert, reift früh und ergibt Weine mit einer recht lieblichen Note, die eventuell vorhandene Tannine ausgleicht. Deshalb sind sie viel weicher im Geschmack als ein vergleichbarer Cabernet Sauvignon. Ein guter Merlot hat oft eine volle, samtige Struktur und ein schweres, komplexes Aroma, das von manchen mit den Wörtern »Schießpulver«, »Fasan« und »Wild« beschrieben wird. Meine eigenen Vorstellungen tendieren jedoch eher in Richtung »Gewürzregal«.

In einer etwas weniger charaktervollen Erscheinungsform ist Merlot die am häufigsten angebaute Traube der gesamten Bordeaux-Region, was auch bedeutet, dass sie bei jedem Rotwein der einfachen AC Bordeaux mit an Sicherheit grenzender Wahrscheinlichkeit die vorherrschende Sorte ist. Diese Weine sind meist das Ergebnis eines auf hohen Ertrag ausgelegten Anbaus in gemäßigtem Klima, weshalb sie relativ wenig Farbe, Körper und Geschmack entwickeln. Da sie jedoch im Stil des langlebigen Médoc bereitet werden, enthalten sie neben Tannin auch Säure und haben einen trockenen Abgang.

MERLOT-TRAUBEN IN ST-ÉMILION, BORDEAUX. IHRE SCHALEN SIND DÜNNER ALS DIE VON CABERNET SAUVIGNON.

Geschmacksbestimmung

Es dürfte nicht allzu schwierig sein, ein Beispiel für einen leckeren roten Bordeaux auf Merlot-Basis zu finden. Jeder St-Émilion-Wein dürfte diese Bedingung erfüllen, und bereits die Erwähnung dieses Namens auf dem Etikett bürgt für Qualität (es gibt dort ein recht undurchsichtiges AC-System kleiner »Bindestrichgemeinden«, wie beispielsweise Montagne-St-Émilion, St-Georges-St-Émilion usw.).

Noch besser geeignet wäre ein Pomerol, dessen Merlot-Anteil etwas höher sein dürfte. Beachten Sie, dass sowohl Viskosität als auch Alkoholgehalt im Merlot höher sind als in einem Cabernet Sauvignon. Auch hat er einen warmen, sonnengedörrten Geschmackston, der an sehr reife Früchte oder einen aromatischen Früchtekuchen erinnert. Er besitzt weniger Tannin als ein Cabernet Sauvignon und viel mehr Fülle als ein Cabernet franc.

Merlot in den USA und anderswo

In den Vereinigten Staaten wurde Merlot wegen seines relativ geringen Gehalts an Tannin und Säure und seiner oberflächlichen Süße gefeiert und kam gerade zur rechten Zeit auf den Markt, um von der großen Trendwende in den 1990er-Jahren zu profitieren, als die Verbraucher von Weiß- auf Rotwein umschwenkten. Heute ist Merlot so beliebt wie Chardonnay, auch wenn der sortentypische Charakter bei vielen kalifornischen Beispielen sehr zu wünschen übrig lässt. Wirklich erlesene Merlot-Weine stammen von Erzeugern wie Duckhorn, Harrison, Havens, Matanzas Creek, Shafer, St Francis und Silverado.

Weiter im Norden ist der Staat Washington eine der ganz wenigen Weinregionen der Neuen Welt, die sich mit ihrem Merlot einen Namen gemacht haben und wirklich attraktive, leckere Weine erzeugen, wenn auch die mangelnde Winterfestigkeit der Rebe (verglichen mit den beiden Cabernet-Sorten) in manchen Jahren zum Problem wird. Andrew Will ist für seine exquisiten Weine bekannt.

Eine sehr gute Quelle für preiswerten Merlot ist Chile, wo sich die Rebe den örtlichen Verhältnissen offenbar hervorragend angepasst hat, und selbst preisgünstige Beispiele zeigen bereits die samtige Struktur der erstklassigen Weine. Im Hause Casa Lapostolle wurde ein besonders üppiger Merlot-Stil kreiert. Auch in anderen Regionen der Neuen Welt gewinnt Merlot an Popularität. So ist er heute in Australien, Neuseeland und Südafrika immer häufiger anzutreffen.

In Norditalien wird Merlot, neben Cabernet franc, schon seit langem angebaut – mit sehr unterschiedlichem Erfolg, obwohl es einige durchaus überzeugende Beispiele gibt, wie Castello di Ama in der Toskana. Eine weitere Quelle durchschnittlicher Merlot-Weine ist das Languedoc in Südfrankreich, wo recht unspezifische liebliche Rotweine mit einer gelegentlichen Grasnote entstehen.

Nur das Beste vom Besten

Vergleichen Sie Ihr St-Émilion- oder Pomerol-Standardbeispiel für Merlot mit einem billigen Exemplar aus Italien, dem Languedoc oder Kalifornien. Schon die Farbe lässt erkennen, dass der billigere Wein dünner und blasser ist. Entsprechend wässrig ist auch sein Geschmack, mit einer deutlichen Säure. Ein blasses, oft recht mattes Rot deutet darauf hin, dass die Qualität einem hohen Ertrag geopfert wurde.

Der Vergleich eines St-Émilion/Pomerol mit einem preiswerten Languedoc-Merlot veranschaulicht, was geschieht, wenn einer Rebe zu viel Ertrag abverlangt wird. Für die meisten französischen Appellationen gelten strikte Ertragsregelungen. In qualitätsorientierten Weingütern kann durch ein zusätzliches Zurückschneiden der Reben während des Sommers der Ertrag weiter verringert werden, sodass sich dann beispielsweise nur 30 Hektoliter Wein pro Hektar Anbaufläche ergeben. Im kalifornischen Central Valley, dem französischen Languedoc oder dem italienischen Veneto wird ein einfacher Merlot unter Umständen aus der drei- bis vierfachen Ertragsmenge erzeugt, was sich dann allerdings in einem deutlich »gestreckten« Geschmack dieser recht dünnen, unattraktiven Weine niederschlägt.

Der kapriziöse Pinot noir

*Ähnlich wie Cabernet Sauvignon hinter den meisten großartigen
Bordeaux-Rotweinen steht, zeichnet Pinot noir für den wunderbaren
roten Burgunder verantwortlich.*

In Appellationen wie Gevrey-Chambertin, Chambolle-Musigny, Clos
de Vougeot, Nuits-St-Georges, Aloxe-Corton, Beaune, Pommard und
Volnay darf neben Pinot noir keine andere Rotweintraube angebaut
werden. Wenn sie in den besten Lagen der Côte d'Or, des berühmten
burgundischen »goldenen Hangs«, wächst und ihr ein gutes Jahr und
ein sachkundiger Ausbau vergönnt sind, kann sie hinreißende Weine ergeben. »Ätherisch«, »samtig-weich«, »Eisenfaust im Samthandschuh«,
»voll und duftig« lauten die einschlägigen Beschreibungen für große
rote Burgunder-Gewächse.

Im Gegensatz zu den im Allgemeinen zuverlässigen Bordeaux-
Weinen ist roter Burgunder von haarsträubend schwankender Qualität. Immer wieder kommen völlig überteuerte Enttäuschungen auf
den Markt. Doch von einem guten Burgunder – und gut ist er heute in
zunehmendem Maß, da eine ordentliche kellertechnische Ausbildung
mit Studienreisen ins Ausland für die jetzige Generation der burgundischen Weinerzeuger obligatorisch ist – geht eine Faszination aus, die
nur von einer Hand voll der besten Bordeaux-Weine übertroffen wird.

Die Pinot-noir-Traube ist so inspirierend, dass Weinerzeuger auf
der ganzen Welt ihre Kunst an ihr erprobt haben, weshalb Sie Ihren
Gaumen darauf einstimmen sollten, sie zu erkennen. Ein guter Pinot
noir ist leicht süß und deutlich duftiger als der ziemlich kompromiss-
lose Cabernet Sauvignon. Auch sein Tannin tritt in den Hintergrund,
da die Beeren weniger Kerne besitzen und die Schalen viel dünner sind.
Daraus ergibt sich auch die blassere Farbe (obwohl ambitionierte
Weingüter, darunter die legendäre Domaine de la Romanée Conti, ihre
Weine so lange auf den Schalen gären lassen, dass sie doch eine erhebliche Farbtiefe annehmen). Die meisten Pinot-noir-Weine sind weniger
körperreich als ein durchschnittlicher Cabernet, und ihr Charakter ist
ein wenig subtiler. Man spricht daher auch von der Männlichkeit des
Bordeaux und der Weiblichkeit des Burgunder, wie immer die oder der
Einzelne darüber denken mag. Manche Verkoster bezeichnen das Aroma des Pinot noir als »gekochte Rote Beete«, andere wiederum als
»totes Wild«. Junger Pinot noir hat ein deutliches Himbeeraroma, das
in mittelalten Weinen eindeutig vegetabile Obertöne annimmt.

Geschmacks-bestimmung

Um den unverfälschten Pinot-noir-Geschmack zu erleben, ist es ratsam, einen Burgunder aus einer weniger berühmten Appellation zu wählen. Er kostet nur einen Bruchteil dessen, was Sie für einen großen Namen bezahlen müssen, und die Qualität ist verlässlicher. Schon ein Wein der einfachen AC Bourgogne (französisch für Burgund) von einer zuverlässigen Domaine (Weingut) sollte durchaus genügen. Achten Sie darauf, wie hell und leicht die Weine sind und welch fruchtige Nase sie haben – ich persönlich fühle mich an Himbeeren erinnert, andere denken eher an Erdbeeren oder Veilchen. Der Wein hat etwas Sanftes und Süßes und wenig Tannin (dagegen kann er in verregneten Jahren eine ganze Menge Säure enthalten). Die billigste Art, einen Pinot noir zu testen, dürfte wohl eine Flasche des etwas lieblichen Rotweins aus Kalifornien oder Chile bieten (Cono Sur ist ein zuverlässiger Erzeuger). Der Geschmack ist wahrscheinlich nicht der reinste, eventuell sogar etwas marmeladenhaft, aber für den Anfang reicht er aus.

Regionale Unterschiede

Die Côte d'Or, das Kernland Burgunds, unterteilt sich in eine nördliche Region, die Côte de Nuits mit Nuits-St-Georges als Zentrum, und eine südliche, die Côte de Beaune um die Stadt Beaune herum. Üblicherweise sind die Weine von der Côte de Nuits fester und langlebiger als der weichere, leichtere Stil der Côte de Beaune. Tatsächlich sollte man sich, was Qualität und Stil betrifft, aber mehr auf den Namen des Erzeugers verlassen als auf irgendeine Appellation. All diese Weine sind teuer, doch mit ausreichend Geld und Geduld können Sie sich von den Produkten der unterschiedlichen Erzeuger selbst ein Bild machen. Auf der nächsten Seite finden Sie ein sehr kurz gefasstes Schema, das Ihnen als Orientierungshilfe dienen mag.

TANNENZAPFENÄHNLICHE PINOT-NOIR-TRAUBEN.

Billiger als die Weine von der Côte d'Or und für gewöhnlich auch leichter und herber sind jene aus den Hochlagen ihres Hinterlands, den Hautes Côtes de Nuits und den Hautes Côtes de Beaune. Weitere Beispiele für erschwinglichen roten Burgunder aus der Pinot-noir-Traube kommen von der weiter südlich gelegenen Côte Chalonnaise. Achten Sie hier auf die Appellationen Rully, Givry und Mercurey. Noch südlicher beginnt bereits das Gamay-Gebiet (siehe Seite 148).

Erzeuger von Pinot-noir-Weinen

Côte d'Or

Die besten Adressen an der Côte d'Or sind einzelne Domaines, vorausgesetzt, sie gehören zu der wachsenden Anzahl von Erzeugern mit hohem Qualitätsanspruch. Ein beträchtlicher Anteil der Weine Burgunds wird jedoch von großen Handelshäusern (négociants) abgefüllt, deren Ruf höchst unterschiedlich ist. Hier sind einige der zuverlässigeren Adressen für Rotwein:

Bouchard Père et Fils – gute Lagen um Beaune herum; im Neuaufbau begriffen.
Joseph Drouhin – sehr strikte Erzeugerprinzipien, die die besten modernen Produktionsmethoden mit traditionellen Techniken verbinden. Relativ leichte, reine Weine.
Louis Jadot – volle, feste Weine.

Côte Chalonnaise

Diese Weine sind die »ländlichen Vettern« der eleganteren Versionen aus der etwas weiter nördlich gelegenen Côte d'Or. Im Allgemeinen sind sie in puncto Qualität viel zuverlässiger als die Côte-d'Or-Weine, auch wenn sie an deren beste Vertreter nicht ganz heranreichen. Die meisten Rully-, Givry- und Mercurey-Gewächse können für Vergleiche mit Weinen aus dem burgundischen Kernland herangezogen werden. Sie sind viel erdiger, leichter und schlanker als feine Côte-d'Or-Weine.

Elsass, Sancerre und Champagne

Elsässer Pinot noir muss um seine Anerkennung kämpfen, denn er ist in der Regel etwas zu leicht und manchmal so lieblich wie deutscher Pinot noir (Spätburgunder). Die meisten Sancerre-Weine – rot oder rosé – zeigen neben einer hellen Farbe auch den typischen Pinot-noir-Duft. Häufig müssen sie kräftig chaptalisiert werden, um einen akzeptablen Alkoholgehalt zu erreichen. Wenn Ihnen je ein Champagner mit der Bezeichnung Blanc de Noirs begegnet (Bollinger erzeugt ihn gelegentlich aus den hochwertigen alten Pinot-noir-Reben seiner Lage Vieilles Vignes), so handelt es sich um einen reinen Pinot noir, ebenso wie bei dem roten Stillwein Bouzy rouge.

PINOT-NOIR-WEINSTOCK IN VOSNE-ROMANÉE IN BURGUND.
DIE DICKE DES STAMMS DEUTET AUF EIN HOHES ALTER HIN.

Jahrgang und Klima

Roter Burgunder kann von Jahrgang zu Jahrgang erheblich variieren, mehr noch als weißer, da Chardonnay wesentlich toleranter ist als die empfindliche Pinot-noir-Traube. Ihre Weine sind meist lange vor Cabernet Sauvignon trinkreif, was auf den geringeren Tanningehalt und den leichteren Körper zurückzuführen ist.

Auch in anderen Regionen Nordostfrankreichs wird Pinot noir angebaut: Im Elsass (wo aus ihm ein dunkler Rosé entsteht, der zeigt, wie schwer es ist, einen dunkelroten Pinot noir zu erzeugen, selbst wenn es die Weißweine derselben Region leicht auf 13 % Alkoholgehalt bringen); im Jura und in Sancerre, wo helle Rot- und noch blassere Roséweine aus ihm gewonnen werden; und in der Champagne, wo er mit Chardonnay und dem verwandten, etwas raueren Pinot meunier verschnitten wird und den weltberühmten Champagner ergibt. Reinen Pinot noir gibt es auch als Stillwein unter der Bezeichnung Coteaux Champenois, mit dem sich die Orte Bouzy und Cumière einen Namen gemacht haben.

Die Pinot-noir-Traube reift relativ früh. Um trotzdem interessante Weine aus ihr zu bereiten, muss sie in kühlen Regionen angebaut werden, sodass ihre Reifeperiode verlängert wird und sich genügend Geschmacksstoffe bilden können. In Kalifornien wird sie daher nur in Gebieten angepflanzt, die von den Nebeln der Pazifikküste gekühlt werden, etwa im Russian River Valley in Sonoma, in den Weinbergen der Central Coast um Santa Barbara und in einzelnen Hochlagen wie jenen von Chalone und Calera. Die unverfälschte Fruchtigkeit dieser Weine sucht man in jungem rotem Burgunder oft vergeblich.

Die Weinerzeuger im kühleren nördlich gelegenen Oregon sind fest entschlossen, mit der Konkurrenz aus Burgund gleichzuziehen, doch ihr großes Problem ist der herbstliche Regen, weshalb die Qualität ihrer Weine je nach Jahrgang erheblich schwankt.

Einige Regionen in Neuseeland, einem Land mit ebenfalls recht kühlem Klima, zeigen beim Pinot-noir-Anbau viel versprechende Ansätze, besonders Martinborough und Wairarapa im Süden der Nordinsel sowie Central Otago im Süden der Südinsel, und auch Marlborough im Norden der Südinsel erzeugt seit kurzem feinen Pinot noir. Die meisten Gebiete Australiens sind zu heiß für Pinot noir, doch die Insel Tasmanien und Teile des Bundesstaats Victoria, darunter hauptsächlich das Yarra Valley, zeigen echtes Potenzial.

Überall in Europa trifft man auf Pinot noir, unter den verschiedensten Namen: Pinot nero in Norditalien, Blauburgunder in Österreich, Spätburgunder in Deutschland und Blauer Burgunder im deutschsprachigen Teil der Schweiz, wo er zunehmend angebaut und hoch geschätzt wird.

In den kühleren Regionen Chiles und Südafrikas wird ebenfalls mit einigem Erfolg Pinot noir erzeugt. In Südafrika ist allerdings eine andere, fleischigere Traube viel häufiger anzutreffen: Pinotage (siehe Seite 164). Sie ist eine Kreuzung aus Pinot noir und Cinsault, einer robusten, kräftigen Rebsorte aus dem Gebiet der südlichen Rhône.

Gamay – der Süffige

*Gamay ist besonders leicht zu erkennen. Sogar die Farbe seiner
Weine ist charakteristisch: Ein helles Karmesinrot mit einem Purpurton macht Beaujolais zu einem der »blauesten« Weine der Welt.*

Der Geruch ist sogar noch verräterischer, aber dennoch schwerer zu
beschreiben als der anderer Trauben. Gamay besitzt immer viel erfrischende Säure (die meisten dieser Weine wirken tatsächlich wie Weiße), und schon beim ersten Dufthauch wird sich Ihre Zunge erwar-
tungsvoll kräuseln. Gamay ergibt normalerweise recht leichte Weine,
manchmal aber auch Weine mit mittlerem oder gar kräftigem Körper.

Ein Großteil der Gamay-Trauben wird mit Hilfe der Kohlensäuremaischung (siehe Seite 127–128) zu Wein verwandelt. Bei dieser
Methode entstehen ganz eigene Aromen, die auf den Wein übertragen
werden: Sie liegen irgendwo zwischen Banane (oder was Aromaspe-
zialisten dafür halten) und Nagellack. Von Verkostern wird Beaujolais
fast immer als »frisch und fruchtig« beschrieben, wobei die Frische
von der Säure herrührt und die Fruchtigkeit von dem einfachen, aber
unverkennbaren Geschmack der Trauben. Wenn man ihn riecht, weiß
man sofort, dass es sich nicht um einen großen Wein handelt, aber er
lässt sich so unglaublich gut trinken …

Der jugendliche Gamay

Gamay-Weine sind nur selten für die Lagerung geeignet. Man sollte
ihren erfrischenden, süffigen Charakter genießen, solange sie noch
jung sind – geradezu im Baby-Alter, wenn es um Beaujolais Nouveau
geht: Er wird in Rekordzeit vergoren, stabilisiert und in Flaschen abgefüllt, jeweils bis zum 15. November nach der Ernte.

Ein Beaujolais Cru, der aus zehn ausgewählten Weinorten
stammt, kann nach der Ernte bis zu fünf Jahre lang an Tiefe und Charakter gewinnen, und die Weine von Moulin-à-Vent können eine fast
»burgundisch« zu nennende Reife erlangen. Achten Sie auf die Namen
der folgenden Crus, wenn Sie hervorragenden Beaujolais mit eigen-
ständigem Charakter genießen wollen: Fleurie, Chiroubles, St-Amour,
Chénas, Juliénas, Brouilly, Côte de Brouilly, Morgon, Moulin-à-Vent.
Weine mit der Bezeichnung Beaujolais-Villages auf dem Etikett schmecken meist etwas strammer und saftiger als einfacher Beaujolais.

Doch die gleiche Traube, die in der Beaujolais-Region für solch
schmackhafte Weine verantwortlich ist, bringt unter dem Namen

**DIE SANFT GESCHWUN-
GENEN HÜGEL DES
BEAUJOLAIS, EINE DER
FASZINIERENDSTEN
WEINLANDSCHAFTEN
FRANKREICHS.**

Mâcon rouge, im Gebiet zwischen der Côte Chalonnaise und dem Beaujolais, nur sehr Mittelmäßiges zuwege.

Andere französische Gamay-Weine tragen den Namen der Rebsorte in der Regel auf dem Etikett (anders als Beaujolais); sie entstehen in der Touraine an der Loire, an der Ardèche und in den Côtes d'Auvergne, du Forez und Roannaises.

Zurzeit ist Gamay etwas außer Mode geraten und wird außerhalb Frankreichs kaum noch angebaut, da man dem Verbraucher bedauerlicherweise eingeredet hat, Qualität sei bei Rotweinen untrennbar mit tiefdunkler Farbe und konzentriertem Geschmack verbunden.

Ein erfrischender Geschmack

Um sich einen Eindruck von Gamay zu verschaffen, suchen Sie nach einem Beaujolais, der in der dortigen Region abgefüllt wurde, am besten vom selben Weingut, vom dem auch die Trauben stammen. Ein einziger guter Wein dürfte genügen, damit Sie sich den typischen Gamay-Geschmack für immer einprägen. Denken Sie daran, dass ein leichter Rotwein, wie der auf Gamay beruhende Beaujolais, eine gewisse Kühlung vertragen kann, wenn Sie ihn als erfrischendes Getränk bevorzugen. Ein Gamay-Gewächs besitzt keine vielfältigen, faszinierenden Duftnuancen, die sich bei Erwärmung entfalten könnten. In der Region selbst wird Beaujolais üblicherweise mit »Kellertemperatur« serviert, also mit ungefähr 11 °C. Beaujolais eignet sich hervorragend für Anlässe, bei denen die korrekte Trinktemperatur des Weins nicht immer strikt eingehalten werden kann, zum Beispiel für ein Picknick, und er nimmt auch größere Temperaturschwankungen nicht übel.

Syrah – schwarz wie die Nacht

Bis vor wenigen Jahren beschränkte sich das Verbreitungsgebiet der Syrah-Traube hauptsächlich auf Australien, wo sie als Shiraz bekannt ist, und auf zwei schmale Streifen am nördlichen Rhône-Ufer unmittelbar südlich von Lyon, wo sie die Weine Côte Rôtie, Hermitage, Crozes-Hermitage, St-Joseph und Cornas hervorbringt.

In der ersten Ausgabe dieses Buchs von 1983 schrieb ich noch: »Bei den wunderbaren, langlebigen Weinen, die aus der Syrah-Traube entstehen, ist es sehr verwunderlich, dass sie nicht in größerem Stil angebaut wird.« Das muss auf fruchtbaren Boden gefallen sein, denn heute wird an vielen Orten mit Syrah experimentiert, darunter in so unterschiedlichen Regionen wie Toledo in Spanien, Alentejo in Portugal, in Apulien und der Toskana, im chilenischen Aconcagua, im US-Bundesstaat Washington und an der kalifornischen Central Coast sowie im südafrikanischen Stellenbosch; auch in Südfrankreich trifft man heute überall auf sie.

SYRAH IN IHRER HEIMAT,
DER NÖRDLICHEN RHÔNE.

Abhängig vom Reifegrad der Trauben variieren ihre Weine erheblich. Im Gebiet der nördlichen Rhône, wo Syrah selten unter Hitze leiden muss, haben sie eine tiefdunkle, fast schwarze Farbe, sind extrem trocken und tanninreich, mit einer charakteristischen Note, die ich nur als »schwarzer Pfeffer« oder, bei weniger ausgereiften Tropfen, als »verbrannter Gummi« bezeichnen kann.

Früher gerieten Syrah-Weine aus warmen Anbaugebieten, wo man mit der Traube noch nicht vertraut war, häufig exotisch: nahezu weich, mit viel reifer, opulenter Frucht und einer gewissen Würze.

Australischer Shiraz zeigt sich wiederum von einer anderen Seite. Nur in den kühlsten Zonen von Victoria und Coonawarra und in weniger warmen Jahren entwickelt er den typisch pfeffrigen Charakter; allgemein ist er sehr körperreich, viskos, oft ziemlich tanninhaltig (manchmal wird Tannin sogar zugesetzt), aber auch fast süß und schokoladig – besonders in heißen Gebieten wie dem Barossa Valley.

Geschmacks-bestimmung

Eine sehr empfehlenswerte und nicht zu teure Methode, sich mit dem Geschmack eines guten französischen Syrah vertraut zu machen, wäre der Kauf einer Flasche Crozes-Hermitage von einem zuverlässigen Erzeuger wie Alain Graillot, Albert Belle oder Paul Jaboulet-Aîné. Beachten Sie die Intensität von Farbe und Geschmack. Wie bei Cabernet Sauvignon ist das Tannin deutlich wahrnehmbar, doch das Aroma ist ein gänzlich anderes – nichts erinnert hier an Schwarze Johannisbeere. Am ehesten mag man noch Maulbeere darin entdecken, doch Syrah ist eher mineralisch als pflanzlich (nur Pinot noir und Mourvèdre sind animalisch!) und im Abgang sehr trocken. Noch preiswerter wäre ein Syrah de l'Ardèche. Suchen Sie darin nach Spuren von schwarzem Pfeffer und verbranntem Gummi. Vergleichen Sie Ihren Syrah von der nördlichen Rhône mit einer Flasche australischem Shiraz. Penfolds ist für den stark konzentrierten südaustralischen Stil berühmt, aber auch Hardy's, d'Arenberg, Peter Lehmann und viele andere erzeugen solche Weine. Achten Sie jedoch auf die Herkunftsbezeichnung: South Eastern Australia ist eine Dachappellation, die es Abfüllern gestattet, billigere Gewächse aus den Bewässerungsgebieten im Landesinnern beizumischen; Barossa oder McLaren Vale wären ideal. Fällt Ihnen auf, wie viel »dicker« und süßer der australische Wein ist?

IM SÜDAUSTRALISCHEN BAROSSA VALLEY WIRD SYRAH ZU SHIRAZ.

Ein moderner »Global Player«

Im südlichen Rhône-Tal wird Syrah schon seit langem in begrenztem Umfang angebaut, und auch auf den riesigen Anbauflächen des Languedoc wird die Rebsorte von qualitätsbewussten Erzeugern zunehmend kultiviert. Es ist eine sehr edle Traube, deren Weine lang altern können und die im Verschnitt mit anderen Sorten (üblicherweise Grenache, Mourvèdre, Cinsaut und Carignan) Festigkeit und eine verführerische Würze hinzuzufügen vermag, besonders beim Châteauneuf-du-Pape und Gigondas, beim Côte du Rhône aus dem südlichen Rhône-Tal oder den Languedoc-ACs Costière de Nîmes, Coteaux du Languedoc, Faugères, St-Chinian, Minervois und Corbières.

   In Kalifornien hat der Anbau von Syrah erheblich zugenommen, dank der Initiative der »Rhône Rangers«, jener Erzeuger, die für mehr Sortenvielfalt in den kalifornischen Weinbergen eintraten. Joseph Phelps, Bonny Doon, Alban, Cline und Jade Mountain sind Meister ihres Fachs – ihre Weine neigen mehr dem französischen als dem australischen Stil zu, weisen jedoch ein gewisses Mehr an Reife auf.

Südfrankreich

Besorgen Sie sich einen südfranzösischen Wein, der laut Etikett als Syrah ausgewiesen ist oder von dem Ihr Weinhändler weiß, dass sein Hauptbestandteil Syrah ist. Im gesamten Languedoc gibt es Hunderte solcher Weine von interessanten kleineren Weingütern. Fällt Ihnen auf, dass der Wein die Brücke zwischen den Versionen von der nördlichen Rhône und aus Südaustralien zu schlagen scheint? In guten Syrah-Exemplaren finden Sie einen würzig-pikanten, fast salzigen Charakter und eine wahrlich »glänzende« Struktur.

   Vergleichen Sie einen Syrah aus irgendeinem anderen Land mit Ihrem französischen oder australischen Syrah/Shiraz. Achten Sie darauf, wie viel opulenter und süßer er im Vergleich zu dem Franzosen ist und wie viel weniger Tannin er im Unterschied zu dem australischen Wein enthält.

GRENACHE IST FÜR
IHREN BUSCHARTIGEN
WUCHS AUF DEN
STEINIGEN BÖDEN VON
CHÂTEAUNEUF-DU-
PAPE BERÜHMT.

Grenache
und andere Rhône-Trauben

Obwohl einige fleischigere Châteauneuf-du-Pape-Weine und andere
von der südlichen Rhône durchaus ein wenig Syrah enthalten kön-
nen, ist Grenache noir dort die meistangebaute Traube.

Grenache-noir-Weine erkennt man an der ungewöhnlichen Kombination von heller Farbe und hohem Alkoholgehalt sowie am süßen, fruchtigen Aroma, das an eine sehr kräftige Mischung aus Beaujolais und
gutem Pinot noir erinnert – plus Kräuterwürze, die die Düfte seiner
provenzalischen Heimat widerspiegelt: Lavendel und wilder Thymian.

Die meisten Châteauneuf- und andere Weine der südlichen Rhône
sind Verschnitte, und es mag interessant sein, sie in diesem Wissen zu
verkosten. Sie werden vielleicht feststellen, dass sie »verschwommen«
schmecken: ein Nebeneinander verschiedener Geschmackseindrücke
ohne eine vorherrschende Note. Es gibt jedoch Weingüter, die sich auf
sortenreinen Grenache spezialisiert haben, sodass Sie den unverfälschten Geschmack erleben können. In Spanien ist »Garnacha« neben
Tempranillo eine der Grundtrauben für den typischen Rioja-Verschnitt
und besonders wichtig in Priorato- und Navarra-Gewächsen.

Wegen ihrer hellen Farbe und Fruchtigkeit wird Grenache gern
für Rosé verwendet; sie prägt den Geschmack der kräftigen Tavel- und

Lirac-Weine ebenso wie den der meisten »Touristenrosés« der Provence. Achten Sie auf den hohen Alkoholgehalt, die blasse Farbe und die gewisse Üppigkeit, auch wenn der Wein im Grunde trocken ist. Die meisten Rosés werden auf die gleiche Art bereitet wie Rotwein, mit dem Unterschied, dass der Most viel früher von den Schalen abgezogen wird und dadurch wenig Farbe erhält. So entstehen auch die als »Blush« bezeichneten Weine, deren bekanntester der White Zinfandel ist: ein Wein aus dunklen Trauben, der jedoch blassrosa ist, weil er nur für ganz kurze Zeit mit den Traubenschalen in Kontakt kommt.

Geschmacksbestimmung

Versuchen Sie bei jedem Châteauneuf-du-Pape herauszuschmecken, wie groß sein Syrah-Anteil ist – üblicherweise liegt er bei 10 %, plus 65 % Grenache und 25 % lokale Traubensorten. Ist Syrah geschmacklich nicht zu erkennen, dann ist wahrscheinlich Grenache die Haupttraubensorte. Es gibt jedoch auch gänzlich ohne Syrah bereiteten Châteauneuf-du-Pape. Achten Sie darauf, wie süß, reif, würzig und alkoholisch Grenache ist.

Grenache und Rosé

Wenn Sie Grenache im Gewand eines Rosé kennen lernen möchten, probieren Sie einen Tavel, Lirac oder einen Rosé aus der Provence. Er kann so körperreich wie ein Rotwein sein und so viel Säure besitzen wie ein Weißer. Können Sie die Kräuter der Provence riechen? Einfache Vertreter bieten allerdings nicht viel.

Weitere südfranzösische Rotweintrauben

Mourvèdre, wie er in Frankreich heißt, wird gewöhnlich mit Syrah und Grenache verschnitten.

In Spanien ist er als Monastrell bekannt, doch wurde er im Lauf der Geschichte auch schon Mataro genannt (insbesondere in Kalifornien und Australien). In Frankreich findet man ihn vor allem im urwüchsigen, kräuterwürzigen Bandol. Mourvèdre braucht Wärme, um voll ausreifen zu können, daher wird er nördlich von Châteauneuf-du-Pape kaum angebaut. Im Verschnitt verleiht er den Syrah-, Grenache- und Carignan-Weinen des Languedoc eine opulente Note.

Viel größer sind die Anbaugebiete der Rebsorte jedoch in Spanien, wo sie entlang der gesamten Mittelmeerküste zu finden ist. Ihre Weine genießen dort kein besonders hohes Ansehen, da sie einen fast unverschämt hohen Alkoholgehalt erreichen und es ihnen oft an Säure, wenn auch nicht an Farbe fehlt. Es gab aber einige recht erfolgreiche Verschnittexperimente mit dem besser strukturierten Merlot.

In Kalifornien und Australien, wo Mataro schon vor geraumer Zeit in Mourvèdre zurückbenannt wurde, wird er mit Syrah und/oder Grenache verschnitten. Jade Mountain und Cline Cellars in Kalifornien erzeugen jedoch auch sortenreinen Mourvèdre.

Carignan war über Jahre hinweg die meistangebaute Traube in Frankreich, weil sie in den ertragreichen Ebenen des Languedoc so häufig vorkam. Selbst als Winzer es noch nicht für nötig befanden, die Rebe an Drähten zu erziehen, gedieh sie hervorragend – in Form ungepflegter Büsche, die sich über den Weinberg ausbreiteten. Der daraus entstandene Wein hatte keine Spur von Charme und einen ausgesprochen rauen Geschmack (was manche Erzeuger durch Kohlensäuremaischung auszugleichen versuchten) .

Mourvèdre

Um sich von Mourvèdre Ihr eigenes Gaumenbild zu machen, probieren Sie einen Bandol, einen spanischen Monastrell oder einen sortenreinen Mourvèdre. Achten Sie darauf, wie animalisch das Aroma sein kann. In weniger reifen Versionen tendiert es zum Würzigen; in sehr reifen Weinen kann es jedoch zwischen rohem Fleisch und nassem Fell liegen.

Carignan

Fast jeder sehr einfache französische rote Vin de Table enthält einen hohen Prozentsatz an Carignan. Beachten Sie den unangenehmen Geschmack und die Strenge am hinteren Gaumen.

Mittlerweile ist jedoch ein Großteil dieser recht unerquicklichen Traube aus den Weinbergen verschwunden. Nur im Languedoc trifft man noch öfter auf alte, wenig ertragreiche Carignan-Weinstöcke, die in diesem Zustand allerdings recht üppige Weine ergeben. Gute Beispiele liefern die Domaine d'Aupilhac in den Coteaux du Languedoc und Château de Lastours in Corbières. In Kalifornien, wo die Traube Carignane heißt, wird aus noch viel älteren Reben Wein erzeugt, der gut genug ist, um in den eigenwilligen roten Verschnitt von Ridge Vineyards einzugehen. Eine edle Traube ist sie trotzdem nicht.

Nebbiolo – der Nebelumhüllte

*Und jetzt kommt endlich Italien! Seine großen Weine sind nur
deshalb bislang noch nicht erwähnt worden, weil sie typischerweise
von (roten) Trauben stammen, die außerhalb des Landes kaum
anzutreffen sind.*

Viele Jahre lang war Italien in puncto Weinproduktion und gehobene
Weinkultur eine Insel, doch inzwischen haben die »klassischen« euro-
päischen Trauben wie die Cabernet- und Pinot-Sorten, Riesling und
Chardonnay im ganzen Land und speziell im Nordosten im wahrsten
Sinne an Boden gewonnen. Die einheimischen Trauben sind den meis-
ten Nichtitalienern allerdings noch recht fremd.

Italiens beste Weine kommen aus kühlen, meist hoch gelegenen
Weinbauenklaven, deren Zentrum das Piemont ist. Hier regiert die
Nebbiolo-Traube, und die dortige Bevölkerung nimmt für ihren erfolgreichsten Wein, den Barolo, in Anspruch, »der König der Weine
und der Wein der Könige« zu sein (was andere anderenorts auch getan haben). Nebbiolo wächst in der gesamten Region und ergibt die
langlebigsten Weine. Der Name bezieht sich auf *la nebbia,* der Nebel,
der im Herbst durch die Weinberge dieser Voralpenregion zieht.

Der dickschalige Nebbiolo ist eine äußerst tanninreiche Traube,
die entsprechend tanninhaltige, tiefdunkle Weine erbringt. Seit Mitte
der 1970er-Jahre gibt es jedoch dank neuer Weinbereitungstechniken
auch einen Trend zu zugänglicheren Versionen. Das Markenzeichen
des Nebbiolo ist sein einmaliges Bukett: Rose, Veilchen, Teer, Trüffel
und Lakritze gehören zum gängigen Vokabular, mit dem dieser sehr
trockene, körperreiche und tanninherbe Wein charakterisiert wird. In
seinem Gefüge kann ein guter junger Nebbiolo einem vergleichbaren
Syrah sehr ähnlich sein, doch ist die Fruchtigkeit im edlen Piemonteser
viel ausgeprägter als in den meisten jugendlichen Syrah-Weinen. Auch
nimmt seine Farbe früher den typischen Orangeton an, und ich entdecke in seinem Geschmack bisweilen eine pflaumige Note.

Das Problem der Nebbiolo-Weine besteht darin, dass sie in Stil
und Qualität sehr unterschiedlich ausfallen können, obwohl sie alle
aus derselben Ecke Nordwestitaliens stammen. Barolo und sein etwas
leichterer Nachbar Barbaresco sind die berühmtesten Beispiele, doch
auch Boca, Carema, Fara, Gattinara, Ghemme, Lessona, Sizzano,
Spanna und alle einfach nur Nebbiolo genannten Weine beruhen auf
dieser Traube. Barolo ist die längste Lebensdauer vergönnt, während

ein guter Barbaresco die Sinne vielleicht nicht ganz so hart attackiert. Die meisten dieser Weine sind hochprozentig; Barolo muss einen natürlichen Alkoholgehalt von mindestens 13 % aufweisen.

Traditionell ließen die Kellermeister aus Barolo und Barbaresco ihre Trauben längere Zeit mit Stielen und Schalen vergären und anschließend über Jahre in großen alten Kastanienholzfässern reifen – manchmal so lange, bis die erste Bestellung einging, sodass der Wein bisweilen zwölf Jahre im Fass verbracht hatte, ohne vor dem Verkauf je eine Flasche gesehen zu haben. Dadurch wurde der von Natur aus schon sehr tanninreiche Wein noch trockener und ärmer an Frucht. Nur die Weine von sehr ausgereiften Trauben konnte man trinken, ohne sie auch »kauen« zu müssen. Doch die Zeiten haben sich geändert. Viele Erzeuger haben neue Fässer oder Edelstahltanks gekauft, in denen fermentiert und der Traube (ohne die harten Stiele) ein Maximum an Frucht entzogen wird. Auch lässt man die Weine nun wesentlich kürzer im Fass und dafür länger in der Flasche reifen. Man kann in den Stilen dieser Weine dennoch enorme Unterschiede entdecken.

SERRALUNGA D'ALBA IN BAROLO, DEM
HERZSTÜCK DES NEBBIOLO-GEBIETS.

Geschmacks-
bestimmung

Namhafte Erzeuger von Barolo und Barbaresco sind u. a.: Ceretto, Aldo Conterno, Gaja, Bruno Giacosa, Alfredo Prunotto, Luciano Sandrone, Paolo Scavino, Roberto Voerzio. Beachten Sie, wie schwer, trocken und tanninherb die Weine sind, und versuchen Sie ihren erstaunlich intensiven Duft einzuordnen; vielleicht finden Sie Veilchen, Teer, Rosen und sogar Weiße Alba-Trüffeln darin. Mit zunehmendem Alter werden diese Weine, denen oft ein schwärzlicher Farbton eigen ist, schneller orange als ein durchschnittlicher französischer Wein – besonders wenn sie in großen alten Fässern gereift sind.

Neue Techniken
und neuer Geschmack

Erzeuger, die ihren Barolo und Barbaresco in modernerem Stil bereiten, sind u. a.: Ceretto (dessen Weine im Ausland oft unter den Namen der einzelnen Lagen angeboten werden, wie Bricco Rocche und Bricco Asili), Gaja (dessen Weine in jeder Hinsicht saftig sein können), Alfredo Prunotto und Luciano Sandrone. Vergleichen Sie einen ihrer jüngeren Jahrgänge mit einem im traditionellen Stil ausgebauten Wein, zum Beispiel von Aldo Conterno. Achten Sie darauf, wie viel deutlicher die Frucht in dem »neuen« Wein hervortritt und wie viel mehr Tannin der »ältere« enthält.

Ähnlich wie große rote Burgunder zahlreiche Weinerzeuger auf der ganzen Welt inspiriert haben, ihre Kunst an der Pinot-noir-Traube zu erproben, haben die edlen Weine des Piemont sie zu Experimenten mit Nebbiolo angeregt. Doch vom US-Bundesstaat Washington bis zum australischen Victoria ist es bis heute keinem von ihnen geglückt, die wunderbaren Düfte des Piemont in ihren Weinen einzufangen – aber eines Tages wird auch dies mit Sicherheit gelingen.

Zwei weitere Piemonteser

Piemont ist auch die Heimat zweier weiterer italienischer Rebsorten: Barbera und Dolcetto.

Barbera erbringt viel leichtere Weine als Nebbiolo, die deutlich mehr Säure als Tannin enthalten. Nicht in Eiche ausgebauter Barbera ist seit langem der Alltagswein der Einheimischen, die ihn jung und oft leicht gekühlt bevorzugen. In jüngster Zeit macht sich jedoch ein Trend bemerkbar, den Barbera ernster zu nehmen, indem man ihn in Holz ausbaut und auch eine gewisse Zeit in der Flasche reifen lässt. Die Ergebnisse dieser neuen Ausbaumethode bieten einen sehr preisgünstigen Einstieg in die Welt der köstlichen piemontesischen Rotweine.

Dolcetto ist noch eine Spur »leichtsinniger« und süffiger, aber keineswegs »dolce« (süß). Er ist trocken, sehr fruchtig und recht mild, da er verglichen mit Barbera nur wenig Säure enthält. Dolcetto sollte gewöhnlich im ersten oder zweiten Jahr getrunken werden.

Sangiovese in all seinen Formen

Die andere große Rotweintraube Italiens ist Sangiovese. Sie wird in ganz Mittelitalien angebaut und ergibt dort Weine von unterschiedlichster Qualität. Bekannt ist sie jedoch hauptsächlich für all die großen Klassiker der Toskana: Brunello di Montalcino, Vino Nobile di Montepulciano, Chianti Classico und viele andere.

Sangiovese ist eine jener Rebsorten, von denen viele verschiedene Klone angepflanzt wurden, mit unterschiedlichem Erfolg. Um Sangiovese kennen zu lernen, probieren Sie am besten einen guten Chianti, etwa einen Classico aus dem Herzen der Region. Ein großer Teil des dort kultivierten Sangiovese reift erst spät im Jahr und ergibt einen recht blassen Wein (besonders wenn er, wie früher üblich, mit dem lokalen weißen Trebbiano verschnitten wird), obwohl heute die Neubestockung mit besseren, dunklere Weine erbringenden Klonen kräftig gefördert wird. Weitere Merkmale sind die deutliche Azidität und ein gewisser rustikaler Geschmack.

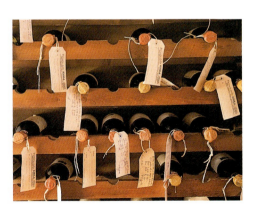

Wie so viele andere italienische Rotweine enthält auch Chianti oft einen bitteren Ton. Die wichtigsten Erkennungsmerkmale eines auf Sangiovese beruhenden Chianti sind:

CHIANTI CLASSICO RISERVA, DER LANGLEBIGSTE UNTER DEN CHIANTI-WEINEN.

die rubinrote Farbe mit einer Tendenz zu Orange nach nur drei bis vier Jahren, ein Geruch nach verwelkten Pflanzen, viel Säure, eine gewisse Bitterkeit und die Körnigkeit seiner Struktur. Mit zunehmender Reife nimmt Chianti einen helleren, bräunlichen Farbton an und erreicht im Alter von fünf bis acht Jahren den Höhepunkt seiner Entwicklung.

Sangiovese-Trauben wachsen in der gesamten Romagna, in Umbrien und der Toskana. Der schlichteste ihrer Weine ist der herbe, blassrote, preiswerte Sangiovese di Romagna, der so jung wie möglich getrunken werden sollte. Er entspringt einem wenig ausdrucksvollen, jedoch sehr ertragreichen Klon der Sangiovese-Familie. Allerdings gibt es in der Romagna auch qualitativ hochwertige Sangiovese-Klone.

Chianti

Jeder auf italienische Weine spezialisierte Händler sollte eine größere Chianti-Auswahl auf Lager haben. Chianti Classico ist konzentrierter und alterungswürdiger als die meisten einfachen Chianti. Sein Wappen ist ein schwarzer Hahn mit Siegel. Entwickeln Sie Ihr eigenes Gaumenbild für Sangiovese. Achten Sie auf die leicht bittere Note, den hohen Säuregehalt und das verführerische Gemisch aus verschiedenen Duftelementen.

Um Ihr Gespür für Qualität zu schärfen, empfehle ich Ihnen die Blindverkostung eines preisgünstigen Sangiovese di Romagna und eines recht jungen Chianti Classico. Der teurere Wein sollte viel intensiver schmecken und schon dadurch beweisen, was dem anderen fehlt. Die zuverlässig guten Weine von Antinori sind leicht zu finden.

Sangiovese und Cabernet Sauvignon

Brunello di Montalcino ist der berühmteste und teuerste aller Sangiovese-Weine. Er wird um den Ort Montalcino herum erzeugt und aus einer Sangiovese grosso oder Brunello genannten Traube gewonnen. Was Wucht, Substanz und Alterungspotenzial dieser Weine betrifft, rangieren sie in einer völlig anderen Klasse als Chianti. Vino Nobile di Montepulciano wird ebenfalls aus einem den örtlichen Verhältnissen angepassten Klon der Sangiovese-Traube bereitet und kann manchmal fast so majestätisch sein wie Brunello.

In der Chianti-Region hat eine ähnliche Revolution stattgefunden wie im Piemont. Fortschrittliche Erzeuger haben sich erfolgreich

für die Reduzierung des weißen Traubenanteils eingesetzt, der nach offiziellem Reglement für Chianti verarbeitet werden muss, und viele verzichten heute völlig auf Trebbiano (dessen Verwendung auch nur deshalb verfügt worden war, weil es zu viel von ihm gab und er so einfach anzubauen ist). Einige verwenden nun kleine Eichenfässer wie in Bordeaux, die die viel größeren alten Fässer aus slowenischer Eiche ersetzen. So entstehen elegantere, weniger rustikale Weine mit höherer Lebenserwartung, die sich für die anschließende Flaschenalterung bestens eignen. Antinori war der Vorreiter dieser Entwicklung; sein Tignanello gilt als Prototyp des »Super-Toskaners«, eines modernen Spitzenweins, der in kleinen Eichenfässern ausgebaut wird und keinerlei weiße Trauben, dafür aber bis zu 10 % Cabernet Sauvignon enthält. Dieses oft nachgeahmte Beispiel verdeutlicht bestens die geschmacksbildenden Möglichkeiten der Bordeaux-Traube. Wie sinnvoll ihre Beimischung ist, beweist die Tatsache, dass auch der toskanische Carmignano-Verschnitt bis zu 10 % Cabernet Sauvignon enthält – und das bereits seit 250 Jahren.

Weitere Beispiele für den Erfolg dieser Traube in Italien liefern der Sassicaia, der an der toskanischen Küste reinsortig aus Cabernet Sauvignon gewonnen und im Stil des Tignanello ausgebaut wird, sowie der enorm preisgünstige Solaia aus höheren Lagen. Gerade dieser Wein beweist die Fähigkeit der italienischen Erzeuger, aus importierten Rebsorten köstliche Weine zu bereiten (auch wenn sie nicht wie Bordeaux schmecken). Heute stufen die toskanischen Erzeuger einen erstklassigen Sangiovese jedoch genauso hoch ein wie einen Cabernet Sauvignon. Darin spiegelt sich der weltweite Trend wider, sich auf die Stärken der lokalen Rebsorten zurückzubesinnen, statt alles, was aus Frankreich kommt, automatisch für überlegen zu halten.

Weitere rote Trauben

Tempranillo – der Schatz der Iberer

Tempranillo ist die edelste rote Rebsorte Spaniens und hat sich als Haupttraube des Rioja und des Ribera del Duero (ein relativ neuer Stern am Weinhimmel) einen Namen gemacht.

Der Name leitet sich von *temprano* (früh) ab, und tatsächlich reift diese Traube relativ früh, weshalb sie sich bestens für hoch gelegene An-

TEMPRANILLO-REBEN IN RIOJA, IHRER ANGESTAMM-TEN HOCHBURG.

baugebiete wie Ribera del Duero (wo sie als Tinto fino, »edler Schwarzer«, bekannt ist) und das westliche Rioja, Rioja Alta und Rioja Alavesa eignet. Sie wächst auch in Navarra und Penedès unter dem Namen Ull de Llebre sowie weiter im Süden in Valdepeñas als Cencibel. Unter dem Namen Tinto Roriz wird sie in großem Stil in Portugal angebaut, flussabwärts am Ufer des Duoro (wie der Duero in Portugal genannt wird); im noch heißeren Alentejo kennt man sie als Aragonês.

Mein persönliches Schlüsselwort zur Charakterisierung von Tempranillo ist »Tabakblätter«. Auch wenn ich noch nie ein frisches Tabakblatt gerochen habe, assoziiere ich mit diesem Begriff automatisch eine Mischung aus frischem Grün, Erde und etwas deutlich Würzigem. Tempranillo-Weine sind für gewöhnlich robust, tiefdunkel und sehr langlebig. Tempranillo ergänzt sich hervorragend mit Eiche, traditionsgemäß mit amerikanischer.

Geruchsbestimmung

Ein preiswerter, nicht im Fass ausgebauter Tempranillo aus Navarra ist wahrscheinlich die beste Wahl, um sich mit dem typischen Aroma dieser Weine vertraut zu machen. Vielleicht fällt Ihnen ja auch ein treffenderer Ausdruck ein als »Tabakblätter«.

Touriga Nacional – ein Juwel aus Portugal

Portugal produziert einige sehr aufregende Tempranillo-Weine, wenngleich sie schneller zu reifen scheinen als die besten Beispiele aus Spanien. Doch dieses Land ist auch eine Fundgrube für viele einheimische Rebsorten. Die zweifellos feinste unter ihnen, die meiner Überzeugung nach in die Weinberge der ganzen Welt Einzug halten wird, ist Touriga Nacional, eine Traube, die nicht nur als die beste für Port angesehen wird, sondern auch für einige hervorragende Tafelweine verantwortlich ist, sowohl sortenrein als auch im Verschnitt.

Zunehmend wird in Portugal sortenreiner Touriga Nacional erzeugt, der farbintensiv und langlebig ist, einen betörenden Duft verströmt und mit einer kräftigen Portwein-Note aufwartet. Sein Aroma wird häufig mit »Feuerwerk« und »purpurroter Samt« umschrieben.

Einige der besten sortenreinen Beispiele werden von Quinta dos Roques und Quinta da Pellada in der Region Dão bereitet.

Pinotage – der Südafrikaner

Entstanden aus einer Kreuzung von Pinot noir und Cinsault, schmeckt diese Traube nach keiner ihrer beiden Eltern, liefert aber Südafrikas charakteristischsten Rotwein. Seine Farbe ist für gewöhnlich ein lebhaftes Karmisinrot. Er ist schon jung trinkreif, schmeckt nach einem Korb voller roter Früchte und Milchschokolade – in weniger erfolgreichen Fällen allerdings mit einer Spur Scheuerpulver darin.

Zinfandel – der Kalifornier

Der Ursprung dieser wichtigsten aller kalifornischen Trauben liegt nach wie vor im Dunkeln (obwohl DNA-Tests ergeben haben, dass sie mit der Primitivo-Traube aus Süditalien identisch ist). Sie reift ungleichmäßig aus, kann aber einen extrem hohen Zuckergehalt erreichen, weshalb heute Zinfandel-Weine mit 16 % natürlichem Alkohol keineswegs unbekannt sind – vor allem wenn die Trauben von viele Jahrzehnte alten, ertragsarmen Reben stammen. Bei zu hohen Erträgen wird der Wein bisweilen richtig marmeladig und entwickelt ein unangenehm süßes Beerenaroma. Doch in den Händen eines guten Erzeugers kann er außerordentlich nobel ausfallen und sich der Fassreifung als durchaus würdig erweisen, auch wenn er normalerweise erst nach fünf bis acht Jahren in der Flasche seinen Höhepunkt erreicht.

Der hellrosafarbene »White Zinfandel« wird aus unausgereiften Zinfandel-Trauben bereitet, oft unter Zugabe anderer, aromatischerer Trauben, und ist meist eine Verschwendung roten Traubenguts.

Einige der besten Zinfandel-Weine werden von Ridge Vineyards, Ravenswood (mit Lagenbezeichnung auf dem Etikett) und Renwood produziert. Die wegen ihres hohen Alkoholgehalts berühmten Versionen stammen von Martinelli's Jackass Hill und Turkey Cellars.

HUNDERTJÄHRIGE ZINFANDEL-WEINSTÖCKE IN SONOMA, KALIFORNIEN, MIT EINER FRÜHJAHRSBEGRÜNUNG AUS BLÜHENDEM SENF.

Malbec – in Argentinien am besten

Die Malbec-Traube ist in Frankreich vor allem durch ihre immer noch etwas rustikalen Cahors-Weine aus dem Südwesten des Landes bekannt. Irgendwann im 19. Jahrhundert fanden Setzlinge dieser Rebe ihren Weg nach Argentinien und gediehen dort so hervorragend, dass Malbec bald zur meistangebauten und erfolgreichsten Rotweintraube des Landes wurde. Unter der heißen Sonne Südamerikas, besonders in den bewässerten Weinbergen der Provinz Mendoza, von Chiles Weinland nur durch eine Gebirgskette der Anden getrennt, entstehen aus der Malbec-Traube Weine voller Extrakt und Wucht, kombiniert mit einer seidiger Fülle, die ich noch in keinem Cahors finden konnte.

Geschmacksbestimmung

Besorgen Sie sich einen argentinischen Malbec. Dies sollte nicht allzu schwierig sein, da Argentinien zu den größten Weinproduzenten der Welt gehört. Die Qualität der einzelnen Erzeuger ist fast so konstant wie bei chilenischem Cabernet, und ihr guter Ruf wird jedes Jahr aufs Neue durch ihre Exportweine bestätigt. Beachten Sie den hohen Alkoholgehalt, die Säure, die, falls deutlich spürbar, wohl zugesetzt wurde, und seinen bemerkenswerten Extraktreichtum (der Wein schmeckt »dick«). Sehr reife, alkoholreiche Beispiele können sogar sirupartig sein.

Gängige rote Verschnitte

Bordeaux und ähnliche Weine aus anderen Gegenden, darunter nordamerikanische Weine im Meritage-Stil: Cabernet Sauvignon, Merlot, Cabernet franc.

Rhône- und ähnliche Weine aus anderen Gegenden: Syrah, Grenache, Mourvèdre.

Rioja und Navarra: Tempranillo, Garnacha (Grenache noir).

Mittelitalien: Sangiovese, die lokale Canaiolo-Traube, Colorino mit möglicherweise Trebbiano (schlecht) oder ein wenig Cabernet Sauvignon bzw. Merlot (oft gut).

Australien und Provence: Cabernet Sauvignon, Shiraz/Syrah.

Für Fortgeschrittene:
Bordeaux contra Burgunder

Dies ist eine so wichtige Übung, dass sie einen eigenen Abschnitt verdient – und eine wesentlich schwierigere Angelegenheit, als man vielleicht denken mag. Eine meiner Freundinnen demonstrierte ihren neu erlangten Status als Master of Wine, indem sie beim Diner zur Feier des Ereignisses einen Burgunder als Bordeaux identifizierte. Der erfahrene britische Weinhändler Harry Waugh wusste jedoch Trost zu spenden. Auf die Frage, wann er denn das letzte Mal einen Burgunder mit einem Bordeaux verwechselt hätte, antwortete er lächelnd: »Nicht mehr seit dem Mittagessen.«

Sie können für diese Übung praktisch jeden beliebigen roten Bordeaux bzw. Burgunder verwenden, wobei es sich jedoch empfiehlt, zwei ungefähr gleich alte Weine gleicher Qualität zu wählen. Jeder der bisher genannten Weine käme in Frage; Ihr Standardbeispiel für Cabernet Sauvignon und Pinot noir wäre besonders gut geeignet. Die Aufstellung rechts enthält die wichtigsten Merkmale der zu begutachtenden Weine – in der Reihenfolge, in der Sie wahrscheinlich auf sie stoßen werden.

DIESER WEIN IST DUNKEL
GENUG, UM EIN CABERNET
SAUVIGNON ZU SEIN, WOBEI
DER FEHLENDE BLAUTON
AUF EINEN NICHT MEHR GANZ
JUNGEN JAHRGANG HINDEUTET.

Die Eindrücke interpretieren

Farbe	**blass bedeutet** Pinot oder Cabernet eines schlechten Jahrgangs	**kräftig bedeutet** Cabernet oder Pinot eines guten Jahrgangs
Viskosität	**niedrig bedeutet** Pinot	**hoch bedeutet** Cabernet oder stark chaptalisierter Pinot
Aroma	**Himbeere/vegetabil bedeutet** Pinot	**Schwarze Johannisbeere und/oder Zeder/kräuterwürzig bedeutet** Cabernet
Süße	**lieblich bedeutet** Pinot oder Cabernet eines opulenten Jahrgangs	**trocken bedeutet** Cabernet
Säure	**deutlich bedeutet** Pinot oder sehr junger (oder alter) Cabernet	**überreiche Frucht bedeutet** Cabernet
Tannin	**niedrig bedeutet** Pinot oder sehr reifer Cabernet	**hoch bedeutet** junger Cabernet
Körper	**leicht bedeutet** Pinot oder sehr schlechter Cabernet	**schwer bedeutet** Cabernet oder Pinot eines außergewöhnlichen Jahrgangs

Auch diesen Vergleich führen Sie am besten in Form einer Blindverkostung durch. Eine Hilfsperson sollte darauf achten, dass die Gläser nicht verwechselt werden, also beispielsweise der Bordeaux immer links steht. Sie kann sie auch mit einem Filzschreiber markieren. Falls Sie diese Übung jedoch allein machen müssen (oder wollen), können Sie die Gläser so oft vertauschen, bis Sie nicht mehr wissen, welcher Wein in welchem Glas ist. Das Problem dabei ist nur, dass Sie während der Übung die Gläser nicht nachfüllen können, es sei denn, Sie hätten bereits so viel gelernt, dass Sie am Ende der Übung zu jedem Glas die zugehörige Flasche finden können.

Wenn Sie diesen klassischen Test wahrer Weinkennerschaft bestanden haben, dürfen Sie zu Recht stolz auf sich sein. Wie wär's jetzt mit St-Émilion/Pomerol contra roter Burgunder? Der Merlot besitzt ebenfalls Süße, doch verbindet sich hier eine intensive Pflaumenwürze mit dem vollen Körper und hohen Tanningehalt eines dunklen Weins, während sich rote Burgunder eher mit einer himbeerartigen Fruchtigkeit, einer helleren Farbe und einem leichteren Körper präsentieren.

Bordeaux – die Geographie

*Die Region Bordeaux ist ein sehr großer, wohl geordneter Weinbau-
bereich, dessen Gewächse sich daher zum Blindverkosten ideal eignen.*

Bordeaux ist in einzelne Weingüter oder Châteaux aufgeliedert, wo-
ran sich von Jahr zu Jahr nichts (oder nur wenig) ändert. Alle Be-
reiche – Médoc, Graves, St-Émilion, Pomerol und die kleineren – sind
klar in Kommunen oder Gemeinden unterteilt, die jeweils ihren eigenen Charakter besitzen, so wie auch jeder Jahrgang seinen Weinen
einen eigenen Stempel aufdrückt. Dies gilt besonders für jenen Wein-
baubereich, aus dem die größte Menge hervorragender Bordeaux-Kres-
zenzen stammt, dem Médoc (angesichts des gegenwärtigen Trends zu
möglichst vollen, dunklen und alkoholstarken Rotweinen drohen die
lokalen Unterschiede allerdings zu verwischen).

Beim Blindverkosten sollten Sie zuerst versuchen herauszufinden, ob Sie es hauptsächlich mit Merlot (St-Émilion/Pomerol) oder
mit Cabernet Sauvignon (Médoc/Graves) zu tun haben. Können Sie
die volle Pflaumennote des Merlot erschnuppern, verbunden mit einer
tiefdunklen Farbe und einer intensiven Würzigkeit, die auf einen hohen Anteil dieser Traube hinweist, führt die Spur nach Pomerol. Wenn
Merlot aber zum großen Teil mit aromatischem Cabernet franc verschnitten wurde, ergibt sich ein leichterer Wein mit einem Hauch von
gebratenem Rindfleisch, was auf einen typischen St-Émilion verweist.

Wenn Sie den Verdacht haben, dass der Wein hauptsächlich auf
Cabernet Sauvignon beruht, suchen Sie nach der typischen »Struktur«, die aus einer Art trockenem, sandigem, fast erdigem Geschmack
besteht und ein deutliches Zeichen für Graves-Weine ist. Können Sie
diese nicht entdecken, ginge das Detektivspiel theoretisch mit der Frage weiter, aus welcher der Médoc-Gemeinden der Wein wohl stammen
mag. (Oder aber mit wildem Herumraten: Italien ... Kalifornien ...?)

Die Médoc-Gemeinden

Wie nicht anders zu erwarten, enthalten die Weine aus der am nördlichsten gelegenen Gemeinde **St-Estèphe** die meiste Säure. Sie sind in
ihrer Jugend einheitlich hart und sehr tanninhaltig.

Pauillac ist die berühmteste Gemeinde, mit drei Premier-cru-Châ-
teaux. Pauillac-Weine sind sehr konzentriert, tanninreich und haben
ein deutliches Aroma von Schwarzen Johannisbeeren.

Margaux liegt schon ein ganzes Stück im Süden, und die Weine tendieren zu einer delikateren, duftigeren, mehr Merlot-artigen Note.

In **St-Julien** gibt es viele als Deuxième cru eingestufte Châteaux. Dort entstehen Weine, die typischerweise irgendwo zwischen Pauillac und Margaux anzusiedeln sind, obwohl man mit dieser Appellation ein gewisses Zedernholzaroma verbindet.

Ich erwähne all diese Details, weil das »Bordeaux-Raten« ein beliebtes Gesellschaftsspiel ist, das sehr viel Spaß machen kann. Ich nehme an, dass die passionierten Bordeaux-Verkoster unter Ihnen optimistischer sind als ich, was die Chancen für eine exakte Weinbestimmung betrifft. Aber denken Sie immer daran: Der Weg ist das Ziel.

Jahrgang und Alter

Es ist schon schwer genug, die Gemeinde zu erkennen, aber einen Treffer beim »Erschmecke-den-Jahrgang«-Quiz kann man geradezu als mystisches Ereignis feiern.

Entgegen der verbreiteten Meinung gibt es nur wenige Weine, bei denen ein solches Kunststück sinnvoll wäre. Die trockenen, lebhaften Weißen, die wir mit Genuss trinken, wenn sie jung sind, scheinen mit den Jahren alle denselben Weg zu gehen und schal und langweilig zu werden, weshalb man mit der Jahrgangsbestimmung nur ihr tatsächliches Alter erraten würde. Das Gleiche gilt für viele der weniger aufregenden Rotweine, die in großen Mengen auf den Markt kommen.

Der Jahrgang ist nur bei solchen Weinen von Bedeutung, die im Lauf der Zeit interessante Charakterzüge entwickeln, die also eher reifen als einfach alt zu werden, und die zudem aus Regionen stammen, wo das Wetter genügend Schwankungen unterworfen ist, um jedem Jahrgang eine eigene, unverwechselbare Identität zu geben. Dadurch reduzieren sich die für ein Jahrgangsquiz in Frage kommenden Weißweine auf Chardonnay, Riesling und Sémillon und die Rotweine auf die in diesem Kapitel besprochenen klassischen Rotweinrebsorten. Und wiederum ist es der rote Bordeaux, der, ähnlich wie beim Herkunftsquiz, auch beim Jahrgangserraten den meisten Spaß verspricht.

Es gibt eine Flut von Literatur, die über die Charakteristika der verschiedenen Jahrgänge und ihre Entwicklungspotenziale informiert. Man darf aber nicht vergessen, dass sich der Ruf eines Jahrgangs erheblich ändern kann, während der Wein in der Flasche reift. So genoss der 1991er Burgunder anfangs kein großes Ansehen, hauptsächlich deshalb, weil er nach drei extrem guten Jahren wieder der erste »Normale« zu sein schien, doch inzwischen gilt er als jener Jahrgang, der wahrscheinlich den höchsten Genuss von allen bereitet.

Jahrgänge vergleichen

Man sollte auf jeden Fall einmal prüfen, wie unterschiedlich zwei aufeinander folgende Jahrgänge sein können. Einfach nur das Alter zu schätzen reicht nicht aus, um einen Bordeaux-Jahrgang zu identifizieren. Beispielsweise war der 1991er eine armselige, dünne Angelegenheit im Vergleich zum 1990er. Allein aufgrund des optischen Eindrucks könnte man denken, er sei viel älter als sein Vorgänger, so blass erscheint er neben diesem. Betrachten Sie die Farbe: Der 1990er ist wahrscheinlich ein klein wenig mehr entwickelt und zeigt die typische, ins Orange spielende Randaufhellung. Beim Verkosten ist der 1991er viel leichter und weniger charaktervoll, während der 1990er eine dunklere Farbe und einen konzentrierteren Geschmack aufweist, häufig mit einer deutlichen Tanninnote.

Die Entwicklungsphasen

Man sollte stets daran denken, dass Tannin, bläulicher Farbton und Farbintensität bei Rotwein ein Zeichen für Jugend ist, während die Komplexität des Geschmacks und ein zunehmender Farbverlust auf Reife hindeuten. Sollten Sie eine größere Menge eines bestimmten Weins gekauft haben, werden Sie seine Entwicklung im Blick behalten wollen, damit Sie ihn nicht zu früh trinken. Ein roter Bordeaux von mittlerer Qualität dürfte drei bis fünf Jahre nach der Ernte genussreif sein, während sich die edelsten Tropfen bis zu drei Jahrzehnte lang entfalten können. Als Faustregel gilt: Je besser der Wein, desto länger müssen Sie warten, bevor er Ihnen seine Klasse beweisen darf. Leider können Sie den Höhepunkt seiner Entwicklung erst dann genau bestimmen, wenn er bereits vorüber ist. Cabernet-Sauvignon-, Syrah- und Nebbiolo-Weine brauchen in der Regel eine längere Flaschenreifung als jene, die auf Merlot, Cabernet franc, Pinot noir, Grenache, Sangiovese, Zinfandel und Pinotage beruhen. Auch die besten Tempranillo- und Touriga-Nacional-Gewächse können meist eine gewisse Reifezeit vertragen.

Vergessen Sie auch nicht, dass viele Weine, besonders die edlen Roten, eine »stumme Phase« durchmachen, während der sie Ihren Sinnen, speziell Ihrer Nase, wenig mitzuteilen haben. Besonders kurz nach der Abfüllung, ungefähr zwei Jahre nach der Lese, und/oder zu gewissen Zeiten während der folgenden Dekade können Spitzenrotweine sehr verschlossen wirken, so als würden sie eine Zeit lang in sich gehen, um all ihre Elemente miteinander zu verweben. Schreiben Sie daher einen Wein nicht ab, der tiefrot und tanninreich ist, aber kein bemerkenswertes Bukett besitzt. Wenn er noch jung ist, bereitet er sich vielleicht gerade darauf vor, in Kürze seinen Charme zu versprühen.

Das Alter der Rebe

Das Alter der Rebe spielt eine wichtige Rolle bei der Geschmacksentwicklung des aus ihr gewonnenen Weins.

Hinsichtlich der Quantität lässt sich sagen: Im dritten Jahr beginnt die Rebe, eine annehmbare Menge an Trauben hervorzubringen, und mit 15 bis 20 Jahren erreicht sie ihren Höhepunkt. Danach sinkt der Ertrag des Weinstocks beständig, sodass es sich im Alter von 50 Jahren wirtschaftlich kaum noch lohnt, ihn weiterhin zu kultivieren. Die Qualität des Weins steigt jedoch mit dem Alter des Weinstocks, weshalb Spitzenerzeuger sich sehr alte Reben suchen, um ihren Verschnitten mehr Tiefe und Komplexität zu verleihen, oder sogar, um aus ihnen ganz besondere Weine zu bereiten.

Auch wenn der erste kommerziell verwertbare Ertrag eines Weinstocks von besonders hoher Qualität sein kann (vielleicht weil das Laub/Frucht-Verhältnis in diesem Stadium relativ hoch ist), gilt doch generell, dass Weine von alten Reben viel mehr Geschmacksnuancen entwickeln; unklar jedoch ist, ob dieser Umstand durch ihr Alter oder die (altersbedingte) kleinere Ertragsmenge zu erklären ist .

ALTEHRWÜRDIGE ZINFANDEL-WEINSTÖCKE AM RUSSIAN RIVER IN SONOMA. SIE WURDEN LANGE VOR DER ZEIT DER PROHIBITION GEPFLANZT.

Alt und jung

Halten Sie nach Weinen Ausschau, die in zwei Versionen erhältlich sind: einmal von (relativ) jungen Weinstöcken stammend und einmal von alten Reben. Dies muss jedoch auf dem Etikett speziell vermerkt sein, beispielsweise mit *vieilles vignes* auf Französisch oder *cepas velhas* auf Portugiesisch. Vergleichen Sie Tiefe, Geschmack und auch die Farbe der beiden Versionen.

Unterschiedliche Lagen

Es ist eine Tatsache, dass unterschiedliche Lagen, sogar wenn sie direkt benachbart sind, Weine von verschiedenem Charakter ergeben.

Wenn Sie an einem frostigen Morgen Ihren Garten (oder auch ein Feld) betrachten, werden Sie bei näherem Hinsehen feststellen, dass die Raureifschicht an einigen Stellen viel dicker ist als an anderen. Und an einem heißen Tag können Sie beobachten, dass bestimmte Teile durch die natürlichen Gegebenheiten stets vor Sonneneinstrahlung geschützt sind. Dies sind sichtbare Beweise für die strukturellen Uneinheitlichkeiten oberhalb des Bodens. Doch auch die Böden und Unterböden können von unterschiedlichster Struktur und Zusammensetzung sein, sodass jeder Weinberg seinen eigenen Charakter (Terroir) besitzt, der sich auf die Reben und die Weine auswirkt.

Weinberg und Wein

Dieses Phänomen können Sie selbst nachvollziehen (wenn auch nicht erklären), indem Sie zwei Weine vergleichen. Sie sollten vom selben Erzeuger, aus derselben Region und vom selben Jahrgang sein, doch von unterschiedlichen Lagen. Es können zwei Burgunder sein, zwei Bordeaux-Châteaux aus derselben Gemeinde oder zwei genau bezeichnete benachbarte Lagen aus Australien oder Kalifornien. Sie können dazu den überaus hilfreichen Führer *Der Weinatlas* (München, 2002) benutzen. Ein ganz hervorragendes Beispiel bieten meines Erachtens die Moselweine von J. J. Prüm. Beim Vergleich einer Wehlener Sonnenuhr mit einem Graacher Himmelreich aus unmittelbarer Nachbarschaft wird deutlich, wie viel mehr Sonne der Erstgenannte allein dadurch erhält, dass er auf einem der Sonne etwas stärker zugeneigten Hang am Moselufer heranwächst.

Die Flaschengröße

Man nimmt an, dass Wein in Flaschen von unterschiedlicher Größe auch unterschiedlich schnell reift, da sich der in allen Flaschen etwa gleich hohe Sauerstoffanteil bei verschiedenen Weinmengen anders auswirkt.

In halben Flaschen reift der Wein schneller, entwickelt jedoch weniger Charakter als in Flaschen von Standardgröße. Am besten geeignet scheint die Magnum-Flasche mit 1,5 Liter Inhalt. Daher kostet eine solche Flasche guten Weins normalerweise auch mehr als zwei Standardflaschen. Noch größere Flaschen werden hauptsächlich wegen ihres Kuriositätswerts angeboten, insbesondere die unter hohem Druck mit dem Inhalt mehrerer normaler Flaschen befüllten riesigen Champagner-Flaschen.

Groß und klein

Suchen Sie nach einem mindestens drei bis vier Jahre alten Wein, der in halben und in ganzen Flaschen angeboten wird, und vergleichen Sie die beiden. Der Wein in der kleineren Flasche sieht wahrscheinlich älter (brauner) aus und dürfte, wenn es ein Rotwein ist, reifer und weniger tanninherb schmecken – oder weniger scharf, wenn es sich um einen Weißen handelt.

DIE ÜBLICHEN FLASCHEN-
GRÖSSEN SIND 1,5 L,
75 CL, 50 CL (BESONDERS
FÜR WEISSE DESSERT-
WEINE), 37,5 CL UND (FÜR
FLUGLINIEN) 18,75 CL.

5. Gespritete und Schaumweine

Wie die Bläschen
in die Flasche kommen

Wein kann man auf verschiedene Art zum Perlen bringen. Die müh-samste und teuerste Methode ergibt, wie nicht anders zu erwarten, die besten Schaumversionen.

Gemeint ist die traditionelle Methode, französisch *méthode traditionelle,* mit der Champagner (ein fast in der ganzen Welt geschützter Name für die Schaumweine aus der Champagne in Nordostfrankreich) und viele seiner besten Nachahmungen bereitet werden. Sie beruht darauf, dass sich während der Gärung Kohlendioxid bildet. Sorgfältig ausgewählte Grundweine werden verschnitten, mit etwas Zucker und Hefe versetzt, in dickwandige Flaschen gefüllt und verkorkt. Die Hefe bewirkt in Verbindung mit dem Zucker eine Zweitgärung, bei der Kohlendioxid (im Wein als Kohlensäure gelöst) entsteht und sich ein Bodensatz von toten Hefezellen niederschlägt. Durch die Autolyse, die Wechselwirkung zwischen diesem Depot und dem Grundwein, entsteht der besondere Geschmack eines wirklich guten Schaumweins. Je länger der Wein auf dem Hefesatz verbleibt, desto komplexer wird sein Geschmack – doch nicht vor Ablauf von mindestens 18 Monaten.

Der Verbraucher jedoch empfindet Ablagerungen im Schaumwein als unschön. Deshalb werden die Flaschen nach Beendigung der Reifezeit allmählich auf den Kopf gestellt, und der Bodensatz wird entweder von Hand oder maschinell durch leichtes Rütteln nach und nach in den Flaschenhals befördert.

DIE ALTHERGEBRACHTE, ARBEITSINTENSIVE METHODE DES »RÜTTELNS« WIRD AUF FRANZÖSISCH *REMUAGE* GENANNT.

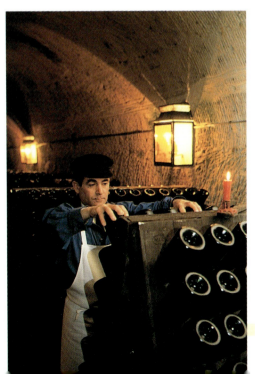

Anschließend werden die Flaschenhälse tiefgefroren und die unter Druck stehenden Korken geöffnet, sodass der Pfropfen aus gefrorenem Bodensatz herausschießt. Dann füllt man die Flaschen mit einem Gemisch aus Zucker und Wein, der Dosage, auf. Trockener Schaumwein trägt die Bezeichnung »Brut«; ein »Extra Brut« enthält keinerlei Dosage. »Extra Dry« ist etwas lieblicher als »Brut«.

Die nach dem traditionellen Verfahren erzeugten Schaumweine zeichnen sich durch ein stetiges, feines und lang anhaltendes Perlen aus, das mit keiner anderen Methode zu erzielen ist. Französische Schaumweine, die so bereitet wurden, führen auf dem Etikett die Bezeichnung »Champagne«, »Méthode traditionelle«, »Méthode classique« oder auch den Hinweis auf (Original-) Flaschengärung. Am anderen Ende der Skala steht die simple Technik, Gas in billigen Grundwein zu pressen. Das Ergebnis ist ein Billigschaumwein mit viel Kohlensäure und großen Blasen, der schnell seine Spritzigkeit verliert.

Zwischen diesen beiden Extremen gibt es noch das weit verbreitete Tankgärungs- oder Charmat-Verfahren, bei dem ein so genannter *cuve close* oder Gärtank zum Einsatz kommt, in dem die Zweitgärung stattfindet. Dabei entsteht zwar dieselbe Art Gas, aber der so wichtige Kontakt zwischen Wein und Bodensatz bleibt nur sehr oberflächlich. Anschließend wird der Wein unter Druck in Flaschen abgefüllt.

Daneben gibt es auch noch das Transfer- oder Transvasierverfahren, das auf dem Etikett als »Flaschengärung« bezeichnet wird. Hier findet die Zweitgärung zwar tatsächlich in der Flasche statt, doch anschließend wird der Wein in Drucktanks gepumpt, dort gefiltert und dann wiederum unter Druck auf Flaschen gezogen.

Champagner contra Billigschaumwein

Bestellen Sie in einem Weinlokal ein Glas vom billigsten Schaumwein und ein Glas vom besten Champagner auf der Karte. Vergleichen Sie die Größe der Bläschen und beobachten Sie, wie viel länger sie im Champagner aufsteigen als in der Billigvariante.

PERLEN IM WEIN – JE KLEINER, DESTO BESSER.

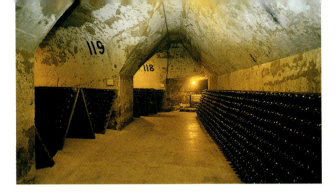

CHAMPAGNER-KELLER, WIE DIESER VON VEUVE CLICQUOT,
SIND OFT DIREKT AUS DEM KALKSTEIN GESCHLAGEN.

Das Verschnittrezept

Champagner ist, wie praktisch alle erstklassigen Schaumweine, das Ergebnis einer sorgfältig zusammengestellten Mischung. Chardonnay, Pinot noir, sein etwas leichterer Vetter Pinot meunier und gelegentlich auch Pinot blanc sind fast immer die bevorzugten Traubensorten.

Es gibt Schaumweine, die ausschließlich aus weißem Chardonnay (Blanc de Blancs) oder aus rotem Pinot noir (Blanc de Noirs) bereitet werden, doch die meisten sind Verschnitte, wobei die Pinot-Trauben vor der Gärung so sanft gepresst werden, dass die dunklen Schalen kaum Farbe abgeben. Der ideale Grundwein sollte relativ herb und neutral sein, und die Kunst beim Champagner-Verschneiden besteht darin, vorauszusehen, wie sich der Grundwein nach der Zweitgärung und der langen Hefesatzlagerung entwickeln wird.

Die Champagne ist eines der nördlichsten und damit kühlsten Weinbaugebiete der Welt. Dies bedeutet, dass die Weine einen hohen natürlichen Säuregehalt aufweisen, der nur durch eine ausreichende Reifezeit auf der Hefe zufriedenstellend ausgeglichen werden kann. Um diese Periode abzukürzen, greifen Erzeuger billigen Champagners gern zu einem »Hauruckverfahren«: Nach der gesetzlich vorgeschriebenen Flaschengärung von 15 Monaten erhält der Weine eine hohe Dosage. Sie besteht aus Zucker und minderwertigem Wein, der aus billigen, stark gepressten Trauben bereitet wurde – was den Wein auch noch adstringierend macht. Billiger Champagner kann widerlich schmecken, weshalb ihm ein guter Schaumwein aus einer anderen Region in jedem Fall vorzuziehen ist, zumal er nicht einmal teurer sein wird.

Was der Preis besagt

Vergleichen Sie den Geschmack eines erstklassigen Champagners mit einem erheblich preisgünstigeren. Erkennen Sie den viel tieferen, reicheren Geschmack des teureren Weins mit Anklängen an Biskuit?

Was der Name besagt

Wenn Sie das nächste Mal in größerem Stil Gäste empfangen, vergleichen Sie eine Flasche vom billigsten Champagner mit einem Spitzenschaumwein, der irgendwo anders auf der Welt nach seinem Vorbild entstanden ist. Die von Domaine Chandon, den kalifornischen und australischen »Außenposten« von Moët & Chandon, erzeugten Schaumweine bieten sich für diesen Vergleich an. Roederer Estate, der amerikanische Ableger des großen Champagner-Hauses Louis Roederer, ist wahrscheinlich der beste Erzeuger kalifornischen Schaumweins. Sehr zu empfehlen sind auch Croser aus Australien und Pelorus aus dem Haus Cloudy Bay in Neuseeland. Wahrscheinlich werden Sie die Beispiele aus der Neuen Welt wesentlich ansprechender finden als den mittelmäßigen Champagner.

Alles, was schäumt... Schaumwein wird fast überall dort erzeugt, wo auch Wein entsteht. Hier eine Auswahl der wichtigsten Schaumweinstile:

Cava Eine sehr populäre spanische Version, die hauptsächlich in Katalonien aus den lokalen Rebsorten Macabeo, Xarel-lo und Paradella (der besten von ihnen) bereitet wird, obwohl sich auch Chardonnay und Pinot noir zunehmender Beliebtheit erfreuen. Diese Weine schäumen besonders stark und haben oft eine ausgeprägte Zitrusnote, die sich deutlich von der Cremigkeit der Pinot/Chardonnay-Verschnitte abhebt.

Talento Nach traditioneller Methode *(metodo classico)* hauptsächlich von Chardonnay und Pinot nero bereitet, eine Spezialität der Lombardei. Bester Erzeuger: Ca' del Bosco.

Crémant de Loire Ein feiner Schaumwein von der Loire, der von Chenin blanc und etwas Chardonnay bereitet wird. Er schmeckt oft delikater und etwas lieblicher als Champagner, von dem er sich erheblich unterscheidet.

Sekt In Deutschland und deutschsprachigen Ländern nach verschiedenen Verfahren bereitete kohlensäurehaltige Weine. Beim (eher seltenen) Deutschen Sekt stammt der Grundwein aus Deutschland; empfehlenswert ist der leichte Stil des Riesling-Sekts.

Wie man Schaumwein serviert

Mit einer Flasche Schampus lässt sich gut feiern, aber sie birgt auch nicht zu unterschätzende Gefahren in sich.

Der Druck in einer Schaumweinflasche (etwa so hoch wie der in einem LKW-Reifen) lässt den Korken so kraftvoll aus der Flasche schießen, dass die Gefahr von Augenverletzungen besteht. Drücken Sie daher beim Öffnen der Flasche mit Daumen oder Handballen immer fest auf den Korken, damit er sich nur langsam herausschieben kann.

Üben Sie mit dem Daumen ständig Druck auf den Korken aus, während Sie den Drahtkorb vorsichtig entfernen. Halten Sie die Flasche im 45-Grad-Winkel von sich weg und lassen Sie den Korken durch vorsichtiges Drehen herausgleiten. Richtig gemacht, löst sich der Korken statt mit einem Knall mit einem sanften »Plopp« aus der Flasche. Je kälter der Schaumwein (er verträgt wesentlich mehr Kühlung als Stillwein) und je weniger die Flasche vor dem Öffnen bewegt wurde, desto einfacher sollte dies sein. Was Rennfahrer auf dem Siegerpodest mit Schampusflaschen veranstalten … tun Sie's nicht!

Der ganze Reiz eines Schaumweins besteht in seinen Perlen, weshalb man Gläser benutzen sollte, die diese so lange wie möglich erhalten. Daher sind schlanke Kelche flachen Sektschalen vorzuziehen. Damit auch die Nase nicht zu kurz kommt, sollten sich die Kelche zur Öffnung hin leicht verjüngen.

Die Schaumbildung oder »Mousse«, wie Fachleute sagen, wird durch Spülmittelrückstände im Glas empfindlich gestört. Spülen Sie deshalb Ihre Sektgläser immer noch einmal mit klarem Wasser nach.

Schaumwein und Spülmittel

Füllen Sie einen relativ preiswerten Schaumwein in zwei Gläser, von denen Sie nur eines sorgfältig mit Wasser nachgespült haben. Im schlecht nachgespülten Glas steigen viel weniger Blasen auf.

Sherry – nur für Kenner?

Es ist ein wenig wie mit deutschen Spitzenweinen: Sherry wird von
Kennern hoch geschätzt, vom Verbraucher jedoch nahezu ignoriert,
weshalb ein Großteil der Weine weit unter Preis angeboten wird.

Sherry ist das, was man unter einem gespriteten Wein versteht: ein
Wein, der nachträglich mit Alkohol, d. h. mit neutralem Branntwein
angereichert wurde. Anders als bei Portwein wird der Alkohol einem
trockenen, bereits voll ausgegorenen Wein zugesetzt.

Sherry wird nur in der Umgebung der andalusischen Stadt Jerez
hergestellt, von der sich der Name ableitet. Er wird aus der Palomino-
Traube bereitet, die hier zu ihrer wahren Bestimmung findet.

Sherry-Stile
Die Palomino-Traube ergibt von Natur aus eine breite Palette
unterschiedlicher Sherry-Arten, die alle pikant und sehr trocken sind.

Fino
Hell, leicht (ungefähr 15,5 % Alkohol), ein hervorragender Aperitif und Appetitanreger,
besonders an warmen Tagen.

Manzanilla
Ein Fino-Variante, die ausschließlich im Gebiet der Küstenstadt Sanlúcar de Barra-
meda entsteht und eine zarte Salznote aufweist.

Amontillado
Ein weitere Fino-Variante mit einer satt gelbbraunen Farbe und vielfältigen Geschmacksnuancen nach Jahren der Reifung im Holzfass *(butt)*. Sie besitzt ein nussiges Aroma und
einen Alkoholgehalt von 17,5 %. Köstlich als Aperitif im Winter, passt gut zu Suppen.

Oloroso
Körperreicher, voller und nussiger als Amontillado. Wenn sich die Jerezanos
(die Einwohner von Jerez) einmal keinen Fino genehmigen, dann bestimmt einen
Dry Oloroso. Er schmeckt köstlich zu Nüssen und Käse.

Palo Cortado
Diese seltene Sherry-Art kommt Oloroso nahe, besitzt aber einige Anklänge an Amontillado – trocken, dabei gleichzeitig voll und weich.

DIE BLENDEND WEISSE LANDSCHAFT DER KALKREICHEN
SHERRY-WEINBERGE UM JEREZ

Echte Sherrys sind hervorragende Weine, die fast ausschließlich im Solera-System bereitet werden, bei dem viele verschiedene Altersstufen von Sherry zu unterschiedlichen Anteilen verschnitten werden, weshalb Jahrgangs-Sherry sehr selten ist. Doch der gute Ruf des Sherry leidet seit Jahren unter der weit verbreiteten Unsitte, Verschnitte einfachster Weine zu süßen und als Amontillado, Oloroso oder – wenn der Zuckerzusatz extrem hoch ist – als Cream auf den Markt zu bringen. (Pale Cream ist ein gesüßter Fino, dem die Farbe entzogen wurde). Solche Weine verhalten sich zu echtem Sherry wie Liebfrauenmilch zu einem Spitzenwein von der Mosel aus Gutsabfüllung.

Schmecken Sie den Unterschied?

Besorgen Sie sich eine Flasche oder halbe Flasche (gute Sherrys werden oft in halben Flaschen angeboten) eines trockenen oder sehr trockenen (*seco* oder *muy seco*) Amontillado oder Oloroso. Vergleichen Sie ihn mit einer billigen Version. Wenn Sie die beiden Gläser vor eine weiße Fläche halten, werden Sie bemerken, dass dem billigen Wein der gelbgrüne Ton fehlt, der auf ein hohes Alter hindeutet. Im Geschmack ist er viel süßer und weit weniger charaktervoll und subtil als der edlere Sherry.

Es gibt aber auch einige sehr gute süßere Sherrys, bei denen in der Regel einem alten trockenen Wein der »Süßwein« von sonnengetrockneten Pedro-Ximénez-Trauben beigemischt wird. Solche Weine sind köstliche Begleiter vieler Desserts. Weitere Empfehlungen zu Sherry finden Sie auf Seite 192.

Portwein – der Stärkste

Dieser sehr beliebte gespritete Wein ist zugleich einer der süßesten Roten überhaupt. Port wird ausschließlich in Nordportugal erzeugt.

Bei der Portweinbereitung wird vor Beendigung des Gärungsprozesses süßem, halbvergorenem Most Weinbrand zugesetzt, sodass die alkoholempfindlichen Hefepilze ihre Arbeit einstellen. Das Ergebnis ist ein alkoholstarker (fast 20 %) und daher süßer Wein.

 Es gibt auch weißen Portwein, der aus hellschaligen Trauben bereitet und im Duoro-Tal in Nordportugal als Aperitif getrunken wird.

VINTAGE PORT IST EINER DER LANGLEBIGSTEN WEINE ÜBERHAUPT – SEIN »ANGESTAUBTES« IMAGE HAT SICH INZWISCHEN VERBESSERT.

Portwein-Stile
Portwein ist im Allgemeinen rot, stark und süß und wird in den folgenden Spielarten angeboten:

Ruby
Die jüngste der im Fass und nicht in der Flasche gereiften Versionen: ein lebendiger, einfacher, junger Port.

Tawny
Ein viel sanfterer, subtilerer Port, der etliche Jahre im Fass gereift ist, bis er schließlich einen gelbbraunen Farbton angenommen hat und auf dem Etikett als 10, 20, 30 oder »Over 40 year old« ausgewiesen wird. Dagegen wird die Tawny-typische Farbe von Billigexemplaren durch Verschneiden von weißem Port mit jungem Ruby erzielt.

Vintage Port (Jahrgangs-Port)
Relativ selten, doch eindeutig der feinste Port-Stil, der nur in besonders guten Weinjahren erzeugt wird (ungefähr jedes dritte Jahr). Ein gewissenhaft ausgewählter Verschnitt der besten jungen Portweine eines Jahrgangs wird nach knapp zweijähriger Fasslagerung auf Flaschen gezogen, um darin mindestens ein Jahrzehnt, am besten aber mehrere zu reifen. Der gesamte Bodensatz entwickelt sich hier in der Flasche, weshalb Vintage Port dekantiert werden sollte.

LBV (Late-Botteld Vintage)
Late-Bottled Vintage bedeutet eigentlich »spät abgefüllter Vintage Port«, doch dies ist nicht ganz korrekt. LBV wird nach vier bis sechs Jahren im Fass auf Flaschen gezogen und steht qualitativ etwas bis deutlich unterhalb von Vintage. Die marktgängigsten – und billigsten – Versionen werden vor der Abfüllung stark gefiltert, damit sich kein Bodensatz bildet und nachträglich das Aroma verändert. Die besseren, »echten« LBV-Portweine tun jedoch beides und müssen daher dekantiert werden.

Single-Quinta Vintage
Dieser aufregende Portwein entsteht aus Trauben, die ausschließlich auf einer einzigen *quinta* (Weingut) gewachsen sind und zwar meistens in Jahren, die nicht gut genug waren, um einen Jahrgangs-Port zu deklarieren. Diese Weine können sehr charaktervoll sein und sollten einige Zeit gelagert und vor dem Trinken dekantiert werden.

Geschmacks-
bestimmung

Vergleichen Sie einen Marken-LBV,
zum Beispiel einen Noval, mit einem
seriösen Late-Bottled Vintage Port,

auf dessen Etikett der Jahrgang
vermerkt ist. Letzterer besitzt
nicht nur viel mehr Geschmack
und Tannin, sondern auch mehr
Bodensatz.

Ein guter, junger Port ist Wein in seiner stärksten, dunkelsten und tanninreichsten Form. Über die Jahre reift er jedoch zu einem wunderbar sanften, weichen und einzigartig vielschichtigen Getränk.

theorie

Madeira – ein Schatz

Ein wahrlich atlantischer Wein, der ausschließlich in den Weingütern der von steilen, terrassierten Hängen geprägten portugiesischen Insel Madeira entsteht. Wie Sherry hätte auch der Madeira mehr Beachtung verdient, selbst wenn er in viel geringerer Menge produziert wird.

Madeira hat immer einen erfrischend hohen Säuregehalt, wird in den unterschiedlichsten Süßegraden angeboten und ist ungefähr so stark wie Port. Da er ausschließlich im Fass reift, werden Sie nie einen Bodensatz in der Flasche entdecken. Sein spezielles Karamellaroma mit einem Hauch von Salzwasser darin verdankt er der Tatsache, dass er nicht nur aufgespritet und in alten Fässern gereift, sondern auch regelmäßig erwärmt wird. Deshalb wird dieser »gekochte Wein« so gut wie nie schlecht, und man kann eine geöffnete Flasche lang aufbewahren.

übung

Haltbarkeit

Gießen Sie etwas Madeira in ein Glas
(gespritete Weine sollten wegen ihres
Alkoholgehalts in kleineren Gläsern
oder zumindest Portionen serviert
werden). Füllen Sie dieselbe Menge
nicht gespriteten Weins in ein gleich

großes und gleich geformtes Glas
und lassen Sie beide Gläser stehen.
Prüfen Sie während der nächsten
Stunden und Tage immer wieder die
Qualität beider Weine: Der Tischwein
verändert sich, und zwar zu seinem
Nachteil ...

Die verschiedenen Stile leiten ihre Namen von den edelsten, ausschließlich weißen Trauben ab, die früher bei der Madeira-Erzeugung verwendet wurden. Allerdings ergibt heute die großflächig angebaute rote Traube Tinta Negra Mole die kommerzielleren Madeira-Stile.

Madeira-Stile Die folgenden Bezeichnungen bürgen für Qualität:

Sercial Die leichteste, trockenste, säurehaltigste Madeira-Art, der es an jeglicher ausgleichenden Süße fehlt, weshalb sie auch die längste Reifezeit benötigt – im Idealfall nicht weniger als 40 oder 50 Jahre!

Verdelho Dieser pikante, halbtrockene Madeira-Stil beruht auf der ebenfalls pikanten Verdelho-Traube, die in Australien auch interessante sortenreine Tischweine erbringt.

Bual Voller, nussiger, halbtrockener Madeira, der Oloroso der Insel, köstlich zu Käse und Trockenobst.

Malmsey Die süßeste Madeira-Variante, von einer Traube aus der Malvasia-Familie gewonnen, schmeckt besonders gut zu Kuchen, Gebäck und Christstollen.

Andere gespritete Weine aus der ganzen Welt

Port- und Sherry-artige Weine werden auf der ganzen Welt erzeugt, besonders in Afrika, Australien und auf Zypern. Hier sind einige der bekannteren von ihnen:

Australischer Liqueur Muscat und Liqueur Tokay Gespritet wie Port und unter sonnenheißen Dächern gereift wie Madeira, jedoch viel süßer und sirupartiger als beide.

Vins Doux Naturels In Frankreich entsteht durch Anreichern süßen Traubensafts mit neutralem Branntwein eine Fülle von Dessertweinen. Die schweren, goldenen Muscat-Gewächse von Beaumes-de-Venise, Frontignan, Lunel und St-Jean-de-Minervois sind junge, traubige Beispiele aus dem Süden; Rivesaltes, Banyuls und Maury aus dem Roussillon können an Port erinnern; Pineau des Charentes und Floc de Gascogne werden von Trauben aus der Cognac- bzw. der Armagnac-Region bereitet; Ratafia kommt normalerweise aus der Champagne, Macvin aus dem Jura.

Málaga Sirupartiger Wein von der Costa del Sol aus rosinierten Trauben; sehr selten.

Marsala Die sizilianische Antwort auf Madeira, von höchst unterschiedlicher Qualität.

Wermut Ein Gemisch aus Grundwein, Alkohol und Kräuteraromen, häufig industriell hergestellt.

6. Wein, Essen und Spaß

Ein wunderbares Gespann

Wein und Essen ist ein schwieriges Thema für ein Buch. Entweder packt man die wichtigsten Regeln in ein kurzes Kapitel wie dieses, oder man widmet sich der jahrelangen Erforschung dieser Materie (inklusive diverser frustrierender Ergebnisse).

Nur als absoluter Purist werden Sie – nach vielen Enttäuschungen – schließlich zu jeder Speise, die Ihren Mund passieren darf, den einzig wahren Wein finden können. So würde zu einem herzhaften Rindergulasch beispielsweise ein Châteauneuf-du-Pape passen, da auch er eine Kombination vieler verschiedener Geschmacksnoten verkörpert. Werden dazu Karotten serviert, würde sich ein vorwiegend von der Grenache-Traube bereiteter Châteauneuf-du-Pape eignen, um der Süße dieses Gemüses zu begegnen. Zarte Frühkartoffeln als zweite Beilage lassen den Griff zu einem jungen Châteauneuf-Jahrgang geraten erscheinen, während Sie bei Backkartoffeln vermutlich eine etwas ältere Version vorziehen würden.

Verstehen Sie jetzt, was ich meine? Auf der Suche nach der einzig perfekten Zusammenstellung läuft das Ganze schnell aus dem Ruder. Allgemein gesagt, passt jeder Wein zu jedem Essen. Dies gilt schon deshalb, weil wir Speise und Getränk meist getrennt voneinander genießen und es kaum vorkommen wird, dass wir beim Kauen auch noch einen Schluck Wein nachschütten – außer wenn wir einmal wirklich gierig sind. Für gewöhnlich konsumieren wir das, was wir vor uns haben, oder besser gesagt wählen wir von den Speisen auf dem Teller etwas aus, essen es, und wenn wir anschließend Durst verspüren, nehmen wir einen Schluck Wein. Solange das, was wir gerade gegessen haben, unseren Geschmackssinn nicht völlig blockiert, können wir fast jeden Wein genießen, egal, welchen Charakter er besitzt.

In zweiten Kapitel haben wir uns mit Substanzen beschäftigt, die unser Geschmacksempfinden beim Verkosten beeinträchtigen können. Ebenso gibt es einige Speisen und Zutaten, die unseren Weingenuss beim Essen schmälern können. Damit meine ich natürlich nicht, dass Sie von nun an auf Schokolade und Minzsauce verzichten müssen. Ich möchte nur darauf hinweisen, dass es unklug wäre, Ihren Gästen einen ganz besonderen Wein zu servieren, wenn Sie sie gleichzeitig freundlich auffordern, sich an solch intensiv schmeckenden Speisen gütlich zu tun.

Der erste Schluck

Wenn Sie das nächste Mal zum Essen Wein trinken, beobachten Sie, wie Sie Festes und Flüssiges zu sich nehmen. Vor dem ersten Bissen trinken Sie wahrscheinlich einen Schluck Wein. Dies ist die beste Gelegenheit, um sich bewusst auf seinen Geschmack zu konzentrieren. Hat die Mahlzeit einmal begonnen, übernimmt der Wein keine andere Funktion als ein Schluck Wasser, mit dem man das Essen »nachspült«.

Beim Essen

Beachten Sie die Wirkung der Speisen auf den Geschmack des Weins. Vergleichen Sie besonders den Schluck vor dem Essen mit jenem, den Sie gleich nach den ersten Bissen nehmen. Durch die Speisen hat sich der Geschmack des Weins verändert, oder? Falls das Essen ihn in irgendeiner Weise beeinträchtigen sollte, nehmen Sie jedes Mal einen Schluck Wasser, bevor Sie an Ihrem Weinglas nippen.

Was sich mit Wein schlecht verträgt

Säuren

»Ein Apfel vor dem Ankauf von Wein, ein Stückchen Käse vor dem Verkauf«, lautet eine alte Weinhändlerweisheit. Während Käse nämlich den Gaumen (nicht nur) des Kunden auf einen guten Schluck Wein einstimmt und dessen Aromen unterstreicht, beeinträchtigt alles Säurereiche, wie beispielsweise ein säuerlicher Apfel, den Geschmack eines guten Weins (obwohl er einem ziemlich sauren auch schmeicheln kann). Nicht

WEICHKÄSE KANN EIN SCHWIERIGERER BEGLEITER ZU WEIN SEIN ALS HARTKÄSE (SIEHE SEITE 197).

alle Säuren mindern jedoch den Weingenuss im selben Maß. So kann ein Spritzer Zitronensaft kaum schaden, scharfer Essig hingegen schon – nicht nur dem Wein, sondern auch dem Gaumen.

Artischocken

Artischocken lassen Wein metallisch schmecken. Schuld daran ist der Bitterstoff Cynarin. Guter Wein wird geradezu verschwendet, wenn man ihn zu Artischocken trinkt, die übrigens so viel Feuchtigkeit enthalten, dass man getrost auf ein Getränk verzichten kann.

Spargel

Für Spargel gilt fast dasselbe wie für Artischocken. Nur Sauvignon blanc scheint ihnen gewachsen zu sein.

Eigelb

Weiches Eigelb scheint uns Gaumen und Zunge zu »verkleben« und die Geschmackspapillen lahm zu legen. Ein Stückchen Brot kann sie wieder zum Leben erwecken.

Schokolade

Ein sehr ähnlicher Effekt wie bei Eigelb, wiederum zum Teil auf die Konsistenz zurückzuführen. Dabei kann Ihr Gaumen eine leichte Schokoladencreme vielleicht noch verkraften, Schokolade pur jedoch macht Ihrem Geschmacksempfinden den Garaus. Da Wein zu süßen Speisen noch süßer sein sollte als diese, ist es bei manchen Schokoladendesserts sehr schwierig, einen entsprechenden Wein zu finden.

Räucherfisch

Bückling, Schillerlocken und Ähnliches sind sehr salzig und ölig. Ich vermute, dass es gerade das Ölige ist, das uns den Weingenuss verdirbt, wahrscheinlich aus denselben Gründen wie Eigelb und Schokolade. Zu Fischsorten wie diesen, aber auch zu anderen öligen Speisen passt am besten ein fruchtiger oder sehr tanninreicher Wein.

Minze

Ähnlich wie man einem Wein keinen Gefallen tut, wenn man zuvor Pfefferminzbonbons gelutscht hat, sind auch alle mit Minzsauce servierten Gerichte schlechte Begleiter für einen anspruchsvollen Wein, vor allem wenn sie auch noch Essig enthalten.

Gewürze

Dezent gewürzte Speisen können körperreiche und sogar halbtrockene Weine wunderbar ergänzen. Richtig scharfe, mit Chilisauce oder Cayenne-Pfeffer gewürzte Gerichte vertragen sich dagegen überhaupt nicht mit Wein, dessen Aromen man mit brennendem Mund kaum zu würdigen vermag. Man kann zwar versuchen, ihn zu beriechen, doch das scharfe Gewürz dürfte selbst der Nase ordentlich eingeheizt haben.

Probieren Sie's selbst

SÄURE UND WEIN

Nehmen Sie einen Wein, der Ihnen nicht allzu sehr am Herzen liegt – oder besser noch zwei von sehr unterschiedlichem Stil, einen leichten Weißen und einen schweren Roten. Verkosten Sie nun die Weine jeweils bevor und nachdem Sie von jeder der folgenden Substanzen ein nicht zu klein bemessenes Quantum in den Mund genommen haben:

Zitronensaft (Zitronensäure)
Essig (Essigsäure)
Joghurt (Milchsäure)

Stellen Sie fest, wie sich diese Substanzen auf den Geschmack des Weins auswirken. Merken Sie, dass der Wein nach dem Essig sehr viel saurer schmeckt als nach Zitronensaft oder Joghurt? Möglicherweise sollten Sie Ihre Rezepte für Salatsaucen dementsprechend abwandeln, wenn Sie Wein zum Essen servieren möchten. Beachten Sie auch, dass sich dieser Effekt auf leichtere Weine stärker auswirkt. Körperreiche, geschmacksintensive Weine scheinen sich von Säuren nicht so sehr beeinflussen zu lassen. Machen Sie nun den Apfel-Käse-Test (siehe Seite 188), und beurteilen Sie selbst, wie unterschiedlich ein Wein nach diesen beiden Geschmacksproben schmeckt, besonders ein junger Wein.

ARTISCHOCKEN ODER SPARGEL MIT WEIN

Wenn Sie das nächste Mal Artischocken oder Spargel essen, probieren Sie aus, wie der Wein schmeckt, den Sie dazu trinken. Finden Sie nicht auch, dass er sich nach einem Bissen Gemüse ganz weinuntypisch gibt? Sogar Wasser hat nach dem Genuss von Artischocken eine leicht metallische Note.

EI UND WEIN

Trinken Sie ein Glas Rotwein zu Ihrem nächsten weich gekochten Ei und beachten Sie, wie schwer es ist, den Wein zu »erschmecken«.

SCHOKOLADE UND WEIN

Können Sie nach Schokolade Wein wirklich noch würdigen? Interessanterweise beeinträchtigen nur wenige dieser weinunverträglichen Speisen den Geruchssinn, denn Sie können nach wie vor fast alle Aromen im Wein erkennen. Nur das, was uns ein ungetrübter Geschmackssinn normalerweise vermittelt, ist deutlich gestört: die Empfindung von Säure, Süße und Tannin.

RÄUCHERFISCH UND WEIN

Räucherfisch und Tee sind wie füreinander geschaffen. Wenn Sie es nicht glauben, probieren Sie stattdessen einmal Räucherfisch mit Wein.

MINZE UND WEIN

»After Eight« und andere Minz-
schokoladesorten sind absolute
Weinkiller. Essen Sie erst davon,
wenn Sie sicher sind, dass Sie
anschließend keinen Wein mehr
trinken – oder kann vielleicht ein
kräftiger Port sich trotzdem einen Weg durch das Menthol und
die fette Kakaobutter bahnen?

GEWÜRZE UND WEIN

Wenn Sie zu Curry-Gerichten lieber Wein als Bier trinken, probieren
Sie einen vollen, trockenen, aber
ziemlich würzigen Elsässer. Denn
wahrscheinlich haben Sie Lust auf
etwas erfrischend Kühles, und ein
Wein braucht schon einen kräftigen Körper, um sich gegen die ge-
ballte Schärfe behaupten zu können.

Gaumenspülung

Es gibt eine einfache Lösung für das Problem der Unverträglichkeit bestimmter Speisen mit Wein: Sie können Ihren Mund schnell wieder
neutralisieren, indem Sie zwischendurch etwas Sanftes, Absorbieren-
des wie Brot kauen oder einfach den Mund mit Wasser ausspülen. Ein
Stückchen Brot nach dem Genuss von Artischocken oder einem deftigen Salat mit einem stark essighaltigen Dressing »reinigt« den Gaumen für ein Glas köstlichen Weins.

Brot und Wein

Neutralisieren Sie Ihren Mund nach
dem Genuss einer der erwähnten
problematischen Speisen mit Brot
oder Wasser, und der Wein schmeckt
wieder wie Wein. Curry- und Minze-
gerichte sind jedoch so geschmacks-
intensiv, dass sie auch die Nasenhöhle beeinflussen. Um diese zu
neutralisieren und Wein wieder zu
genießen, braucht es mehr als Brot
und Wasser – nämlich Zeit.

Sherry und Essen

Sherry ist der einzige Wein, der auch bei »schwierigen« Speisen eine
gute Figur macht, denn er ist körperreich, sauber, trocken und kräftig
genug, um es fast mit allem Essbaren aufzunehmen. Die trockensten
Versionen, Fino und Manzanilla, werden sträflich unterschätzt und
daher weit unter Wert verkauft. Sie sind die idealen Appetitanreger
und daher als Eröffnungsweine zu Salaten, Eierspeisen und vielen
scharfen Gerichten besonders zu empfehlen. Zu Schokolade passt
aber auch Fino nicht. Trinken Sie lieber Milch.

Sherry-Tipps

Jedes gute Weingeschäft sollte zumindest einen Fino oder Manzanilla
führen. Tío Pepe (González Byass)
ist in der Regel gut, ebenso La Ina
(Domecq), Tres Palmas und San
Patricio (Garvey) sowie Manzanilla
von La Guita. Diese Sherry-Arten
sollten bald nach der Abfüllung getrunken werden und halten in der
geöffneten Flasche nur wenige Tage.
Restaurants, die gute Sherrys führen,
sind offensichtlich weinkundig.

**DIE *COPITA*, DAS TRADITIO-
NELLE SHERRY-GLAS.**

Gegen alle Regeln

*Was die Etikette bezüglich Wein und Essen betrifft, bin ich eine gro-
ße Skeptikerin. Ich glaube nicht einmal an das allgemein bekannte,
vermeintlich eherne Gesetz »Weißwein zu Fisch, Rotwein zu Fleisch«.*

Was dieser Regel vermutlich zugrunde liegt, ist die Tatsache, dass
Fisch etwas Säure braucht, um sein Aroma zu entwickeln – daher sind
Zitronensaft, Kapern und sogar Essig die ständigen Begleiter von
Fischgerichten –, und Weißwein enthält üblicherweise mehr Säure als
Rotwein. Doch der Unterschied ist marginal. Es gibt viele säurereiche
Rotweine, die hervorragend zu Fischgerichten passen, speziell zu kräf-
tig schmeckenden, festfleischigen Fischsorten wie Thunfisch, Lachs,
Lachsforelle, Steinbutt, Petersfisch, Seebarsch, Heil- und Glattbutt.

Es ist richtig, dass Tannin, das so mancher Rotwein in hohem
Maß enthält, nicht gut zu feinen Geschmacksnoten jeglicher Art passt
und in Verbindung mit Fisch einen strengen Nachgeschmack hinterlässt. Aber leichte, tanninarme, säurehaltige Rotweine passen wunderbar zu den meisten Fischgerichten, besonders wenn fette Saucen mit
im Spiel sind, und vertragen auch eine gewisse Kühlung.

Rotwein zu Fisch Die hier genannten Rotweine harmonieren mit
Fischgerichten, besonders wenn der Fisch festfleischig und schmackhaft ist.

Fast jeder Wein, bei dessen Gärung die eine oder andere Methode der Kohlensäuremaischung eingesetzt wurde und der deshalb tanninarm ist, wie Beaujolais, viele
Côtes-du-Rhône-Weine, sehr leichte Vins de Pays und saftiger junger Cabernet.

Die meisten Gamay-Weine.

Alle Pinot-noir-Weine außer den edelsten.

Rote Loire-Weine: Bourgueil, St-Nicholas-de-Bourgueil, Chinon, Saumur-Champigny,
Anjou-Villages.

Alle Roten aus Deutschland, Österreich oder dem Elsass außer den Spitzengewächsen.

Rotweine aus Südtirol (Alto Adige).

Bardolino, Valpolicella, die meisten leichten italienischen Cabernet- und einige
Chianti-Weine, nicht eichenfassgereifter Barbera und Dolcetto.

Roter Burgunder aus früh reifenden Jahrgängen.

Die meisten roten Vins de Pays aus Südfrankreich, Rotweine von den Coteaux
de Tricastin, den Côtes de Ventoux und den Côtes du Luberon.

Leichte junge Rioja-Weine im hellen Clarete-Stil.

Viele neuseeländische Rotweine.

und Weißwein zu Fleisch

Großen Genuss kann Ihnen jeder körperreiche Weißwein zu vielen Fleischgerichten
bereiten, besonders Chardonnay, Pinot gris und Sémillon. Auch hier gilt: Es kommt
weniger auf die Farbe an als auf den Körper.

Temperatur und Körper

Die Temperatur eines Weins ist mitentscheidend für seinen Ge-schmack. Aber auch die Temperatur der Speisen ist von Bedeutung.

Es dürfte jedem klar sein, dass man mit verbrannter oder halb erfro-rener Zunge nichts schmecken kann. Selbst auf die Gefahr hin, schul-meisterlich zu klingen, muss ich davor warnen, Wein zu verkosten, wenn man vorher eine kochend heiße Suppe oder ein eiskaltes, die Mundschleimhaut betäubendes Sorbet gegessen hat. Also trinken Sie Ihren Wein am besten erst nach dem Eis, und dann vielleicht einen ebenfalls sehr kalten, aber nicht zu edlen weißen Süßwein, beispiels-weise einen Monbazillac oder einen einfachen Sauternes.

Viel wichtiger als die Temperatur ist die Frage nach dem Körper eines Weins. Darüber gibt Ihnen die Angabe des Alkoholgehalts auf dem Etikett Aufschluss, oder Sie schwenken den Wein im Glas und be-obachten, wie viele Tropfenbahnen sich an der inneren Glaswand bil-den. Obwohl Sie durchaus die verschiedensten Aromen abwechselnd genießen können – beispielsweise ist ein Bissen pochierter Heilbutt ge-folgt von einem Schluck jungem rotem Bordeaux eine Köstlichkeit –, führt der Genuss von Speisen und Weinen verschiedener »Gewichts-klassen« meist dazu, dass der leichtere Partner erdrückt wird. Eine leichte Gurkencremesuppe würde von einem starken Hermitage oder Barolo geradezu hinweggefegt, ebenso wie ein zarter Mosel von einer deftigen Kalbshaxe. Für feine, dezent gewürzte Speisen bietet sich ein

ÜPPIGE DESSERTS VERLANGEN
NACH EINEM SEHR SÜSSEN WEIN.

leichter Wein an. Bei kräftigen Gerichten hingegen können Sie von einem solchen Wein kaum mehr geschmackliche Bereicherung erwarten als von einem Glas Wasser. Schwere, reichhaltige Speisen sind beispielsweise scharfe Currys, Schmorgerichte, Wild- und Fleischspeisen mit gehaltvollen Saucen; pikanter Käse, besonders Blauschimmelkäse; fette Fleischpasteten, Foie gras und Terrinen sowie geräucherter Fisch.

Mit Hilfe dieser Grundregeln sollte es Ihnen gelingen, köstliche Zusammenstellungen von Speisen und Weinen zu kreieren. Bei einem zwanglosen Abendessen mit Freunden nehmen Sie einfach die Flasche Wein, die gerade offen ist. Ganz automatisch lernen Sie dabei einiges über ungewöhnliche Kombinationen von Wein und Speisen.

Wenn Sie ein eher formelles Essen mit einer größeren Auswahl an Weinen planen oder auch einfach nur Ihren eigenen Weingenuss steigern wollen, sollten Sie sich beim Servieren an die folgenden drei Grundregeln halten (siehe Seite 81):

- **trocken vor lieblich**
- **leicht vor schwer**
- **jung vor alt**

Wenn vier oder mehr Personen an dem Essen teilnehmen, dürften schon etliche Flaschen geköpft werden. Besonders vergnüglich und auch sehr lehrreich ist es, gleichzeitig zwei verschiedene, aber doch irgendwie verwandte Weine anzubieten, denn Sie und Ihre Freunde werden überrascht sein, wie unterschiedlich zwei vermeintlich ähnliche Weine sein können, wenn man sie direkt miteinander vergleicht.

Man kann mit der Wahl der Weine auch geographisch an das servierte Essen anknüpfen. Zu Pasta bietet sich ein einfacher Vino da Tavola an oder ein besserer Chianti. Zu *saucisson* (deftiger Wurst) würde ein Beaujolais passen. Ein saftiges Steak wäre ein Argument für einen tollen Argentinier, während Feta-Salat und Gyros einen Anlass böten, Ihren Freunden einen der besseren griechischen Weine vorzustellen.

Weder die Speisen noch die Weine müssen teuer sein. Aber wenn Sie bereit sind, etwas mehr auszugeben, weil es Ihnen um die Ehre geht oder weil Sie Ihren Chef beeindrucken wollen, verschwenden Sie kein Geld an einen Wein, der noch nicht trinkreif ist. Verlassen Sie sich auf das Urteil eines seriösen Weinhändlers. Wie vertrauenswürdig er ist, erkennen Sie daran, dass er sich Zeit für Sie nimmt und sich freut, kompetent und ausführlich auf Ihre Fragen einzugehen.

Mut zum Experiment

Hier sind einige ungewöhnliche, aber erprobte Kombinationen von Speisen und Weinen:

Fruchtiger deutscher Weißwein zu Wurst und Schinken

Der Vorschlag, einen relativ lieblichen leichten Weißwein mit so geschmacksintensiven Speisen wie Salami oder Schinken zu kombinieren, mag seltsam klingen, aber hier erfüllt der Wein dieselbe Funktion wie die reife Melone beim Parma-Schinken, die Ananas beim Hawaii-Toast oder das Chutney bei kräftig gewürzten indischen Gerichten: Süße und salzige Bestandteile ergänzen einander.

Madeira und klare Brühe

Ein trockener Madeira – Sercial oder Verdelho – kann wunderbar »nussig« zu einer auf Fleisch oder Fisch basierenden Kraftbrühe schmecken.

Räucherlachs zu Elsässer Riesling oder Gewürztraminer

Der intensive Geschmack von Geräuchertem verlangt nach einem kräftigen Wein. Der Riesling ist dabei etwas eleganter.

Leberpastete und Süßwein

Klingt ziemlich widerlich, nicht? Tatsächlich schmeckt aber Leberpastete ganz hervorragend zu körperreichem Süßwein (weshalb deutsche Weine weniger in Frage kommen, Loire-Weine hingegen schon) – vorausgesetzt, er besitzt merkliche Säure.

Steak oder Grillfleisch zu tanninreichem jungem oder komplexem altem Roten

Im ersten Fall lenkt das würzige Fleisch ein wenig vom straffen jungen Wein ab, sodass er sanfter und weniger herb erscheint. Bei sehr komplexen alten Weinen ist es jedoch ratsam, eine nicht allzu intensiv schmeckende Speise und ohne viele ablenkende Beilagen zu servieren (niemals Minzsauce!).

Truthahnbraten und diverse Beilagen in Kombination mit Pinot noir

Truthahnfleisch hat einen sehr zarten Geschmack, doch Beilagen wie Kastanien und Preiselbeeren sind normalerweise derart süß, dass sie einen Cabernet-Wein geradezu herb erscheinen lassen. Ich würde daher einen deutlich fruchtigen Wein vorschlagen: Zinfandel wäre eine gute Wahl für spätherbstliche und winterliche Festtagsessen, wenngleich sein hoher Alkoholgehalt für ausgedehntere Trinkfreuden weniger geeignet ist. Die leichteren Pinot-noir-Weine bieten sich deshalb für solche Gelegenheiten eher an. Ein guter, aber nicht zu anspruchsvoller Pinot noir oder ein roter Burgunder können charmant, festlich, fruchtig und sogar leicht süßlich sein.

Blauschimmelkäse und Sauternes

Wieder eine scheinbar seltsame Kombination, die aber bestens funktioniert und ebenfalls auf dem Prinzip basiert, dass Süßes und Salziges einander ergänzen. Käse und Wein werden üblicherweise als ideale Partner angesehen, und wir gehen selbstverständlich davon aus, dass französischer Käse zu französischem Wein passt. Doch wenn Sie einen reifen Brie oder Camembert zusammen mit einem Schluck Wein probieren, werden Sie bemerken, wie sehr der Wein gegen die Ammoniaknote des Käses ankämpfen muss, sodass er sogar bitter schmeckt. Dies gilt nicht für fetten französischen Weichkäse, wenn er jung ist, und ebenso wenig für den viel festeren Cantal, aber zweifellos für jeden kräftigen französischen Käse, ganz zu schweigen von italienischem Gorgonzola. Selbst aus dem von Gourmets zu Recht so heftig gescholtenen England kommen einige Käsesorten, die sich für die Kombination mit Wein hervorragend eignen. Hier sind vor allem nicht industriell gefertigter Cheddar und Stilton zu nennen, wobei Letzterer so kräftig und salzig ausfallen kann, dass er, genau wie Roquefort, nach einem richtig süßen Wein wie Sauternes verlangt. Auch Port wäre hier eine gute Wahl, wie ich finde. Junger Gouda ist ein hervorragender Begleiter für alle außer den delikatesten Weinen. Er ist bissfest und tritt mit dem Geschmack des Weins nicht in unnötige Konkurrenz.

Schokolade und australischer Black Muscat oder Ruby Port

Die Süßspeise wird bei Weinenthusiasten grundsätzlich nach dem Käse serviert, da dieser, ähnlich wie der Hauptgang, besser zu trockenen Weinen passt. Für Süßes sollte man auf einen Wein umschwenken, der noch süßer ist als das Dessert selbst. Es gibt kaum etwas Süßeres als schokoladenhaltige Desserts; der sie begleitende Wein muss neben extremer Süße außerdem sehr stark sein, um dem kräftigen Schokoladenaroma etwas entgegensetzen zu können. Ein unkomplizierter, überschwänglicher junger Port wäre hervorragend geeignet, um etwa einer Mousse au Chocolat Paroli zu bieten, ebenso wie der noch süßere, gelbbraune, gespritete Black Muscat aus dem Nordosten des australischen Bundesstaats Victoria.

Denken Sie immer daran, dass es in der Gastronomie keine unabänderlichen Gesetze gibt. Niemand kann Sie anklagen und sagen: »Du hast Sünde auf dich geladen, weil du mir einen Mâcon Blanc zum Hamburger serviert hast!« Wenn Sie Ihre eigene Zusammenstellung nicht mögen, können nur Sie selbst sich Vorwürfe machen, aber Ihre Gäste sollten nicht herummäkeln, sondern einfach dankbar sein, dass Sie sich die Mühe gemacht haben, ein Essen für sie zu bereiten.

Nützliche Begriffe für Weinverkoster

Dies soll kein allgemein verbindliches Wörterbuch für Weinliebhaber sein, denn so etwas gibt es nicht. Die Begriffe, die Sie hier finden, können Ihnen dabei behilflich sein, Ihre Eindrücke beim Verkosten zu beschreiben. Die meisten sind allgemein anerkannt, einige andere, die mit * markiert sind, meine eigenen Erfindungen oder Definitionen. »Schwarze Johannisbeere« ist beispielsweise keine ungewöhnliche Beschreibung für das Aroma des Cabernet Sauvignon, aber »gummiartig« für einen reifen Chenin blanc von der mittleren Loire habe ich anderswo noch nie gehört. Entwickeln Sie Ihr eigenes Vokabular, wenn Sie möchten, oder greifen Sie auf den vorliegenden, breit gefächerten Begriffsfundus zurück, um eine Verbindung zwischen einem speziellen Geschmacks-/Geruchseindruck und einer bestimmten Traubensorte herzustellen. Darunter finden sich auch einige (recht hochtrabende) Spezialausdrücke, damit Sie für Fachsimpeleien unter Weinkennern gerüstet sind.

Abgang Wichtiger Teil der sensorischen Wahrnehmung beim Verkosten von Wein: der Eindruck, der am Ende des Verkostens zurückbleibt. Ein Wein mit einem unbedeutenden Abgang löst sich in Nichts auf und besitzt keine **Länge**.

Adstringierend Das zusammenziehende Gefühl, das bei einem Übermaß an **Tannin** an der Mundschleimhaut entsteht. Der Begriff wird speziell für Weißwein verwendet (**tanninreich** hingegen für Rotwein).

Apfel Einige junge Chardonnay-Weine verströmen Apfelduft. Der Geruch nach unreifen Äpfeln ist jedoch ein Zeichen für zu viel Milchsäure.

Appellation Das genau definierte Anbaugebiet (meist in Frankreich), aus dem ein Wein stammt. Appellation-Contrôlée-Weine sind Frankreichs beste Gewächse, die heute ca. 40 % der Gesamtproduktion ausmachen und in der Regel nach dem Ort benannt werden, wo sie entstehen.

Aroma Jene Geruchskomponenten eines Weins, die ausschließlich von den Trauben herrühren (vgl. **Bukett**).

Aromatisch Sehr stark duftend, beispielsweise die Rebsorten Sauvignon und Riesling.

Atmen Wenn man eine Flasche Wein vor dem Servieren eine Zeit lang offen stehen lässt, kann der Wein »atmen« und eventuelle Fremdgerüche loswerden. Allerdings ist die Kontaktfläche (der Flaschenhals) zwischen Wein und Luft so klein, dass diese Maßnahme keine große Wirkung haben kann. Sollte der Wein wirklich nach Belüftung verlangen (zum Beispiel weil er sehr jung und straff ist), so dekantieren Sie ihn am besten in ein geeignetes Gefäß.

Aufgeblasen Ein Wein, der anfangs die Nase beeindruckt, doch weder **Länge** besitzt noch irgendwelche Anzeichen für Alterungsfähigkeit erkennen lässt (**Tannin** bei Rotwein, **Säure** bei Weißwein). Fast ein Übermaß an **Frucht**.

Aura* Mein eigenes Wort für das »persönliche Bukett«, das den Körper eines jeden von uns umgibt.

Ausgewogenheit Ein wichtiges relatives Maß für die verschiedenen Bestandteile eines Weins, besonders Süße, **Säure**, **Frucht**, **Tannin** und Alkohol. Jeder gute reife Wein sollte ausgewogen sein. Ein junger Wein darf hingegen noch unausgewogen sein, vor allem wenn es sich um zu viel Tannin (in Rotwein) und zu viel Säure (in Weißwein) handelt.

Ausgezehrt Alter Wein, dessen anfängliche **Fruchtigkeit** verschwunden ist und neben einem Defizit an **Geschmack** und **Extrakt** auch oft ein Übermaß an **Säure** hinterlässt.

Azidität siehe Säure.

Beeren* Warme Beeren, zu Marmelade tendierend, verraten einen Zinfandel-Wein.

Benzin Das Aroma des reifen Riesling-Weins, besonders des deutschen.

Birnenbonbons Ein ziemlich chemischer Geruch nach Acetat oder Nagellackentferner, der manchmal in jungem Beaujolais zu finden ist.

Bleistiftspäne* Ich entdecke den Holzanteil (nicht das Grafit) dieses Geruchs in Cabernet franc.

Blindverkostung Der Versuch, einen Wein unbekannter Identität zu erkennen und geschmacklich zu beurteilen.

Blumig Sehr stark duftend, ähnlich wie Blumen dies manchmal tun.

Botrytis cinerea/Edelfäule Ein Schimmelpilz, der Trauben befällt und schrumpfen lässt, ohne sie aufzubrechen. Dabei werden neben Zucker auch alle anderen Inhaltsstoffe stark konzentriert – ein besonders bei süßen weißen Trauben wünschenswerter Vorgang, der köstliche Weine entstehen lässt. Botrytis-befallene Rotweintrauben verlieren hingegen die Farbe und verderben.

Brandig Zu alkoholisch.

Brettanomyces Eine Bakterienart, die in altem Fassholz vorkommen kann und im Wein einen Beigeschmack nach Mäusen hervorruft (**Mäuseln**). Ein Weinfehler, auf den Verkoster in Amerika besonders sensibel reagieren; andererseits bringen ihn einige dortige Erzeuger so sehr mit französischem Wein in Verbindung, dass sie absichtlich ein leichtes Mäuseln in ihren Weinen herbeiführen.

Bukett Der während der Gärung, vor allem aber während der Flaschenalterung entstehende besondere Duft eines Weins (vgl. **Aroma**).

Buttrig Eine spezielle Art von Fülle (und Farbe) reifer Chardonnay-Weine, meist mit Meursault in Verbindung gebracht.

Chaptalisation Das Zusetzen von Zucker zum Most (vor allem in Frankreich üblich), um den daraus entstehenden Wein alkoholstärker (nicht süßer!) zu machen.

Château Eigentlich »Schloss«, oft aber auch die Bezeichnung für viel weniger edle Weingüter, insbesondere in Bordeaux.

Commune Französische Bezeichnung für einen Ort oder eine Gemeinde. Viele Weine tragen die Namen der *commune,* in der sie entstanden. Ein Gevrey-Chamberlin wäre beispielsweise so ein Wein, im Unterschied zu einem Wein mit Lagenbezeichnung.

Cru Im eigentlichen Sinn »Gewächs«. *Cru classé* bedeutet »klassifiziertes Gewächs«, während französische Spitzenweine *Grand cru,* »großes Gewächs«, genannt werden.

Cru classé Die französische Bezeichnung für eines der rund 60 Châteaux, die 1855 in die berühmte Liste der fünf höchsten Klassen für Médoc und Graves oder in später erfolgende Klassifikationen anderer Bordeaux-Regionen aufgenommen wurden.

Cuvaison Französischer Begriff für die Zeit, die der Wein nach der **Gärung** auf den Schalen belassen wird, um mehr **Extrakt** zu gewinnen.

Dämpfe* Mein Wort für die **volatilen** Bestandteile eines Weins, mit denen er sein **Bukett** bzw. **Aroma** dem Geruchsapparat und anschließend dem Gehirn vermittelt.

Delikat Ein ziemlich vager Begriff für **leichte**, relativ geschmacksarme, aber **ausgewogene** Weine.

Duftig Wein mit stark riechenden, oft leicht moschusartigen Aromen (nur auf Weißwein bezogen).

Dünn Ein Wein, dem es an **Körper** fehlt, sodass er fast wässrig wirkt.

Edel, französisch *noble*. Mit diesem Adjektiv werden die besten Traubensorten bedacht, aus denen Weine entstehen, die zu wahrer Größe heranreifen können. Cabernet Sauvignon, Merlot, Pinot noir, Syrah, Nebbiolo, Chardonnay, Riesling und Sémillon sind die bekanntesten Kandidaten, aber auch fast alle anderen in diesem Buch aufgeführten Traubensorten haben die Fähigkeit, hervorragende Weine zu erbringen. Und sogar hinsichtlich Trebbiano und Colombard gibt es Beispiele, die gewisse blaublütige Ansätze erkennen lassen.

Edelfäule Siehe *Botrytis cinerea*.

Eichig Ein Wein, der nach Eichenholz riecht und schmeckt. Je nachdem, ob Sie dies mögen oder nicht, kann es positiv oder negativ sein.

Ertrag Die Menge des Weins, der pro Rebflächeneinheit gewonnen wird. Die Franzosen messen ihn in Hektoliter pro Hektar und sagen *rendement* dazu. Dabei wäre 30 ein niedriger, 100 ein hoher Ertrag.

Essigsauer Wein, der zu lange offen herumsteht, entwickelt einen Essigstich.

Eukalyptus Ein hustensaftähnliches Aroma, häufig in konzentriertem kalifornischem und australischem Cabernet Sauvignon zu finden.

Extrakt Eine wichtige Größe im Wein. Die Summe aller nichtflüchtigen Bestandteile eines Weins, darunter **Tannine**, Pigmente, Zucker, Mineralien und **Glyzerin**.

Faule Eier Der Geruch von **Mercaptan** oder Schwefelwasserstoff (H_2S).

Feigen Einer der vielen Düfte, die Verkoster gemeinhin mit Sémillon verbinden.

Fest Ein Wein mit genügend **Säure**, sodass er nicht Gefahr läuft, im Alter auseinander zu fallen oder **essigsauer** zu werden.

Fett Reichhaltiger, nahezu »wächserner« **Geschmack** und ebensolches Gefüge; bei einem guten Sauternes anzutreffen.

Feuchtes Stroh* Mein Schlüsselwort für Chenin blanc, obwohl viele andere den Begriff **Honig und Blumen** verwenden.

Feuerstein Verwirrender, aber oft verwendeter Begriff, der sich in der Regel auf **Lebhaft**igkeit mit einem metallischen Anklang bezieht. Feuersteinaroma findet man oft in Sauvignon-blanc-Weinen.

Flach Langweiliger **Geschmack**, oft verbunden mit zu wenig **Säure** oder einem Mangel an Kohlensäure bei Schaum- bzw. Perlwein.

Flaschenalterung Die veredelnde Wirkung von vielen Jahren in der Flasche.

Flau Zu wenig **Säure** (vgl. **fest**).

Fleischig* Sehr **körperreich** und auch recht viel **Tannin**.

Frisch Jung, mit einer gewissen **Säure** und daher angenehm.

Frucht Sehr wichtiger Bestandteil vor allem junger Weine, der von den Trauben selbst stammt.

Früchtekuchen* Mein Eindruck von der Merlot-Traube, insbesondere in St-Émilion-Weinen.

Fruchtig Wein mit viel köstlicher, manchmal süßer **Frucht**.

Gärung Den chemischen Vorgang der Umwandlung von Traubensaft in Wein nennt man alkoholische Gärung. Eine bei Weinen aus kühlen Regionen erwünschte Form der Zweitgärung ist die malolaktische Säureumwandlung, bei der die scharfe Apfelsäure in die mildere Milchsäure umgewandelt wird.

Gebacken Ein warmer, sehr alkoholischer Geruch. Er kann häufig auch mit einer »eingekochten« Note verbunden sein.

Gehaltvoll Kräftig und **körperreich** im **Geschmack**; bezeichnet häufig das Stadium, in dem sich die **Tannine** zurückziehen und die **Frucht** zum Vorschein kommt.

Gekochte Rote Beete Ein Aroma, das von manchen in Pinot noir wahrgenommen wird.

Geranien Unangenehmer chemischer Geruch, der auf die Behandlung mit Sorbinsäure zurückzuführen ist.

Geschmack Eigentlich das **Aroma** im engsten Sinn, da die Nase entscheidend zur Geschmacksempfindung beiträgt. Manche bezeichnen als den Geschmack des Weins auch die Gesamtheit der sensorischen Eindrücke, die durch Nase und Mund aufgenommen werden.

Geschmeidig Wein, der nicht zu viel Tannin, aber eine Menge köstlicher **Frucht** enthält. Meist verwendet für relativ junge Rotweine, denen man eine solche Qualität nicht zugetraut hätte, beispielsweise Cabernet.

Gewicht Jeder Wein hat ein bestimmtes »Gewicht«, und ebenso wie beim Menschen sagt es etwas über den **Körper** aus.

Glyzerin Farblose, süßliche Substanz, die **Körper** vortäuschen kann.

Grasig Ähnlich wie **kräuterwürzig**, jedoch eher auf Weißweine bezogen.

Grün Junger Wein mit zu viel **Säure**.

Gummiartig* Jene Reichhaltigkeit, die sehr reife Chenin-blanc-Trauben einem Wein verleihen können.

Gut entwickelt Ein Wein wird als gut entwickelt bezeichnet, wenn er reifer schmeckt, als man dies bei seinem Alter erwartet.

Harmonisch Siehe **Ausgewogenheit**.

Hart Wein, der zu viel **Tannin** enthält.

Hefenote Der Geruch gärender Hefe.

Himbeere Charakteristischer Duft von Pinot noir, manche entdecken ihn auch in Zinfandel.

Hochgetönt Wein mit einer spürbaren, jedoch nicht überzogenen **Volatilität**.

Hohl Wein, der zwar ausreichend Alkohol enthält, jedoch zu wenig **Frucht**, um im Mund genügend **Geschmack** und **Körper** zu entwickeln.

Hölzern Die Kehrseite der Eichenholzbehandlung: ein ekliger, feuchter, schimmliger Geschmack, der zum Glück nicht oft vorkommt und von einem schlechten Fass verursacht wird.

Honig und Blumen Ein sehr ausdrucksvoller traditioneller Verkostungsbegriff für die Chenin-blanc-Weine von der Loire und einige deutsche Rieslinge.

Horizontale Verkostung Eine Art der vergleichenden Weinprobe, bei der unterschiedliche Weine desselben Jahrgangs verglichen werden.

Jahrgang Das Jahr, in dem ein Wein entstanden ist, oder das Jahr der Traubenernte.

Katzenpisse* Kommt in Sauvignon blanc und der sehr aromatischen Scheurebe vor.

Kernig Ein Wein »zum Beißen« mit deutlich spürbaren **Tanninen**.

Klebrig süß Ein süßer Wein, dem die ausgleichende **Säure** fehlt.

Klone Reben, die auf dem Wege der vegetativen Vermehrung durch Edelreiser bzw. Stecklinge von einer Mutterrebe gewonnen wurden. Bei der so genannten Klonenselektion geht es vor allem um die Verbesserung von Ertragsleistung, Widerstandsfähigkeit und Traubenqualität einzelner Rebsorten.

Kohlensäuremaischung Eine Methode der Rotweinbereitung, bei der die ungepressten Trauben vergoren werden. Dieses Verfahren ergibt meist geschmacks- und farbintensive Weine mit geringem Tanningehalt.

Komplex Ein Wein mit vielen verschiedenen, aufeinander abgestimmten Duft- und Geschmacksnuancen, die ihn interessant, wenn nicht gar faszinierend machen.

Konzentriert Viel **Frucht** und **Geschmack**, häufig auch eine intensive Farbe.

Korkgeschmack/Korkeln Der Wein hat ein ausgesprochen unangenehmes **Aroma** – schimmlig oder verdorben. Verantwortlich dafür ist die chemische Verbindung Trichloranisol (TCA) bzw. ein davon befallener Korken. Einen korkelnden Wein sollten Sie im Restaurant zurückgehen lassen und eine neue Flasche verlangen.

Körper Ein wichtiges Maß für das Gewicht eines Weins, das in erster Linie vom Alkohol-, aber auch vom Extraktgehalt bestimmt wird. Je mehr Körper ein Wein besitzt, desto weniger schmeckt er nach Wasser.

Körperreich Wein mit viel Alkohol und Extrakt, im Unterschied zu einem mit mittlerem oder leichtem **Körper**.

Kraftvoll Viel leicht erkennbarer **Geschmack** plus hoher Alkoholgehalt.

Kräuterwürzig Geruch nach Gras und Blättern, der oft in den Weinen der Cabernet-Familie vorkommt, besonders in Cabernet franc.

Krautig Eine Kombination aus **kräuterwürzig** und **scharf**.

Kurz Ein Wein, dessen Geschmackseindruck schnell verfliegt, der also keine **Länge** besitzt.

Lakritze Manche Verkoster entdecken diesen Duft in Nebbiolo-Weinen, andere in rotem Burgunder.

Lang Ein Wein mit viel **Nachhaltigkeit** bzw. einem guten **Abgang** ist lang.

Länge Ein Qualitätsmerkmal: Jeder gut bereitete Wein, der Zeit zum Reifen hatte, sollte nach dem Schlucken oder Ausspucken einen **Nachgeschmack** von einigen Sekunden Länge hinterlassen. Ein solcher Wein hat einen guten **Abgang**.

Lebendig Ein Wein, der vor **Frucht** und **Geschmack** zu bersten scheint, was oft auch auf das leichte **Prickeln** von Kohlensäure zurückzuführen ist, die aus diesem

Grund vom Erzeuger im Wein belassen wurde.

Lebhaft Positive Bezeichnung für einen Weißwein mit erfrischender Säure.

Leicht Das Gegenteil von **körperreich** – und keineswegs abschätzig gemeint bei **delikaten** Weinen sowie vielen trockenen Weißen und einigen Rotweinen, die jung getrunken werden wollen.

Maderisiert Bei Weißwein manchmal statt **oxidiert** verwendet, besonders wenn es im positiven Sinn gemeint ist, also beispielsweise für einen gespriteten Wein wie Madeira (von dem sich der Name ableitet), oder für einen sehr alten Wein, der trotz leichter Oxidation noch interessant ist.

Mager Bei ausgeprägter **Säure** fehlt es an Frucht.

Maulbeere* Ihren Geruch (und ihre Farbe) verbinde ich mit Syrah.

Mäuseln Ein widerlicher, von **Brettanomyces** verursachter Geruch (Weinfehler).

Mercaptan Eine nach faulen Eiern stinkende Schwefelwasserstoffverbindung (H_2S). Sie ist für den gefürchteten Weinfehler Böckser verantwortlich, für den Australier besonders sensibel sind.

Mild So preisen manche Weinhändler ihren Rotwein an, wenn er allzu lieblich ist.

Mineralisch Ein unspezifischer Geruch nach Mineralien, der sich häufig in guten Cabernet- und Riesling-Weinen findet.

Minze Viele entdecken diesen Duft von Grüner Minze (nicht Pfefferminze) in kalifornischem Cabernet, besonders aus dem Napa Valley.

Mittelbau Verkosterjargon für das, was wir zwischen dem ersten Eindruck eines Weins im Mund und seinem **Abgang** wahrnehmen, zum Beispiel: »Im Mittelbau hat dieser Wein nicht viel Frucht.«

Mittelmeerkräuter* Ein Geruch von Thymian, Lavendel und Pinie, der manchmal (vielleicht auch nur als Einbildung) in den Grenache-Weinen der Provence und des restlichen französischen Mittelmeerraums zu finden ist.

Mosel Deutscher Wein in schlanken grünen Flaschen aus dem Tal der Mosel.

Most Gemisch aus Traubensaft und Fruchtfleisch, das zu Wein vergoren wird.

Mundgefühl Die von der Beschaffenheit des Weins, insbesondere durch **Tannin** und **Körper**, hervorgerufene Empfindung.

Nachgeschmack Genau genommen der im Mund zurückbleibende Geschmack, nachdem der Wein hinuntergeschluckt oder ausgespuckt wurde.

Nase Die Nase eines Weins ist, abhängig vom Reifegrad, sein **Bukett** oder **Aroma**. Wenn Sie den Wein bewusst wahrnehmen, »beschnuppern« oder »beriechen« Sie ihn.

Oxidiert Wein, der zu lange der Luft ausgesetzt war, wodurch er schal und flach wurde.

Pappe* Meine Bezeichnung für einen schalen Geruch, der auf Weinbehandlungsfehler, vor allem auf zu lange verwendete Filtereinlagen, zurückzuführen ist.

Pétillant Leicht schäumend.

Petit Château Wein eines Bordeaux-Weinguts, das kein **Cru classé**, also nicht offiziell klassifiziert ist.

Pfirsichduftig* Dieses Aroma verbinde ich mit Viognier.

Pflaumenwürzig Ausgeprägte Fruchtigkeit, besonders typisch für Merlot.

Pourriture noble Französisch für *Botrytis cinerea*.

Prickeln Ein leichtes Perlen (vgl. **Spritzig**).

Rassig Oft für **lebendigen** Weißwein, insbesondere für Riesling benutzt.

Rau Herb, gewöhnlich und uninteressant.

Rauchig Ein Charakteristikum vieler Elsässer Weißweine und der Chardonnay-Traube; ein recht »breiter« Geschmack.

Reichhaltig Üppig und **körperreich**, dabei jedoch nicht unbedingt **lieblich**. Ein reichhaltiger Rotwein kann leicht süßlich schmecken (obwohl dieser Begriff auf Rotwein kaum angewandt wird), was wahrscheinlich auf den Alkoholgehalt zurückzuführen ist.

Reife Entwicklungsstadium eines Weins zwischen dem Ende seiner Jugend und dem Beginn seines Verfalls. Diese Phase kann, abhängig vom Wein, schon nach drei Jahren oder erst nach drei Jahrzehnten beginnen. »Reif« ist immer positiv gemeint, im Gegensatz zu »alt« oder »verblasst«.

Restsüße Die nach der Gärung im Wein verbliebene Süße.

Rund Ein guter **Körper**, nicht zu viel **Tannin**.

Samtig Ein Begriff zur Beschreibung der Struktur, häufig für Weine mit viel Glyzerin und wenig **Tannin** verwendet.

Sanft Wein mit zu wenig **Tannin**, also nur auf Rotwein anwendbar.

Sauber Ohne Geschmacksfehler oder Nebengerüche.

Sauer Ein als sauer bezeichneter Wein enthält zu viel Säure.

Säure Wichtiger Bestandteil, der dem Wein »Biss« und **Lebhaft**igkeit verleiht.

Scharf Wein, der zu viel jugendliche Säure enthält. Negativer Begriff, ebenso wie **grün**.

Schaumwein Meist weißer Wein mit Bläschen. Die Bezeichnung »Champagner« ist ausschließlich Schaumweinen aus der Weinbauregion Champagne vorbehalten.

Schießpulver* Der Geruch des vollen, reifen Merlot-Weins, speziell des Pomerol (in jeder Hinsicht nur einen Schritt vom **Wildgeschmack** entfernt).

Schlüsselwort* Ein Begriff, der eine Assoziation mit einem bestimmten Wein wecken soll. Wenn ich zum Beispiel Tempranillo rieche, sage ich mir »Tabakblätter« und kann ihn so für mich einordnen. Sehr praktisch für die **Blindverkostung** und um Weine einzuschätzen, die nicht der Norm entsprechen.

Schokoladig* Ein Geschmack, den ich in den oft recht lieblichen Rotweinen Aus-

traliens und besonders Südafrikas entdecke.

Schwarze Johannisbeere Das Aroma des Cabernet Sauvignon, in Frankreich *cassis* genannt. Der verwandte Sauvignon blanc kann nach Johannisbeerblättern duften.

Schweflig Weine mit einem hohen Anteil an Schwefeldioxid (SO_2), dem viel benutzten Standarddesinfektionsmittel der Weinerzeuger, können nach einem frisch entzündeten Streichholz riechen. Der Geruch verfliegt oft, wenn man den Wein im Glas ausgiebig schwenkt.

Schwer Ein Wein, der zu viel Alkohol und zu wenig **Säure** im Verhältnis zu **Frucht** und Zucker enthält.

Sortenrein Ein sortenreiner Wein trägt den Namen der Rebsorte, aus der er (zum überwiegenden Teil) bereitet wurde, im Gegensatz zu Gattungsweinen, die nach dem Anbaugebiet und angeblich auch dem Weinstil benannt werden. Daher gab es in Großbritannien und gibt es heute noch in Amerika und Australien Weine mit den Bezeichnungen »Burgundy«, »Claret« und sogar »Sauterne« (ohne »s« am Ende) auf dem Etikett, nur weil sie annähernd den Stil dieser Regionen nachahmen.

Spritzig Auf den Gesichtssinn bezogene Bezeichnung für einen leicht schäumenden Wein, aus dem man kleine Luftbläschen aufsteigen sieht.

Stachelbeere Eine Art »grüner« Duft, der Sauvignon blanc eigen ist, besonders den Weinen aus Neuseeland.

Stahlig Ein ziemlich vager Begriff, der meist für Weißwein wie Sauvignon blanc oder Chardonnay aus sehr kühlen Regionen verwendet wird und sich auf einen hohen **Säure**grad und einen sehr reinen **Geschmack** bezieht.

Stechend Wein mit einem Essigstich.

Stillwein Nicht schäumender Wein.

Stumm Eine sehr schwache **Nase**. Häufig in guten, aber noch jungen Weinen zu finden.

Tabakblätter* Ein Aroma, das ich mit Tempranillo verbinde (nicht zu verwechseln mit Zigarre oder **Zigarrenkiste**).

Tannin Konservierende Substanzen aus den Traubenschalen, -kernen und -stielen (sowie aus dem Fassholz). Tannin (Gerbsäure) schmeckt nach abgestandenem Tee.

Tanninreich/tanninherb Viel Tannin enthaltend.

Teer Manche riechen ihn in Nebbiolo-Weinen, andere in Syrah. Auch die tiefdunkle Farbe dieser beiden Traubensorten erinnert an Teer.

Tintig Rotwein, der metallisch, **sauer** und oft **dünn** schmeckt.

Tränen/Beine. Die farblosen Tropfenbahnen, die nach dem Schwenken eines Glases mit relativ alkoholhaltigem Wein (mindestens 12%) mehr oder weniger langsam an dessen Innenseite herabrinnen. Sie werden oft fälschlich mit dem im Wein enthaltenen **Glyzerin** in Verbindung gebracht.

Traubig Wein, der nach Trauben riecht und schmeckt, gewöhnlich ein Muskateller.

Trüffel Manche Verkoster entdecken diesen schwer zu fassenden Duft in den Nebbiolo-Weinen des Piemont, der Heimat der berühmten Weißen Alba-Trüffel.

Vanille Allgemein bekanntes Aroma, das man im Holz der amerikanischen Eiche findet, in dem fast alle Rioja- und viele kalifornische Rotweine ausgebaut werden.

Vegetabil Wein, der verschiedene pflanzliche Düfte verströmt. Damit ist nicht jener Geruch gemeint, der als **kräuterwürzig** bezeichnet wird, sondern eher der eines Gemüsebeets. Dieses Aroma findet man oft in Pinot noir.

Veilchen Ein Duft, den manche mit Nebbiolo verbinden, andere mit Pinot noir.

Verblassend Ein Wein, der aufgrund seines Alters auf dem Weg ist, Fruchtigkeit und Charme einzubüßen.

Verbrannter Gummi* Ein Geruch, den ich mit der Syrah-Traube verbinde.

Verschlossen Duftschwach, eventuell auf Grund des **Reifestadiums**. Gleichbedeutend mit **stumm**.

Verschwommen Wein ohne ausgeprägten Geschmack, meist mit wenig **Säure** und ziemlich **körperreich**.

Vertikale Verkostung Weinprobe, bei der verschiedene Jahrgänge von Weinen derselben Provenienz verkostet werden.

Vitis vinifera Die europäische Rebenspezies, deren Trauben für die Weinbereitung besonders geeignet sind, im Gegensatz zu den meisten anderen Spezies, die hauptsächlich in Amerika beheimatet sind.

Volatil Volatile Stoffe sind die flüchtigen Bestandteile (siehe **Dämpfe**) eines Weins. Sie verfliegen schnell und tragen die Aromen zum olfaktorischen System in unserer Nase. Alle Weine sind mehr oder weniger volatil. Je höher ihre Temperatur und je aromatischer die Traubensorte, aus denen sie bereitet wurden, desto volatiler sind sie. Ein Wein, der als »volatil«bezeichnet wird, verströmt ein Übermaß an flüchtigen Säuren und ist auf dem Weg, **essigsauer** zu werden.

Wildgeschmack Weine mit einer reifen, stechend animalischen Note, wie ein voller Syrah, Mourvèdre oder Merlot (besonders ein Pomerol).

Würzig Gewürztraminer besitzt eine exotische blumige oder litschiartige »Würze«, während die einiger roter Trauben, insbesondere Merlot, eher **fruchtig** ist.

Zedernholz Bekannter Geruch des roten Bordeaux, wenn er intensiver Eichenholzreifung ausgesetzt war; ein besonderes Merkmal von St-Julien-Weinen.

Zigarrenkiste Synonym für **Zedernholz**.

Zuckerrübensirup* Ein Geruch, den ich mit vollen, süßen Weißweinen verbinde, vor allem mit edelfaulen Spätlesen, darunter besonders mit Riesling.

Bildnachweis

Der Verlag dankt den folgenden Fotografen und Institutionen für die freundliche Erlaubnis zum Abdruck ihrer Bilder.

14 Steve Elphick/Cephas; 24 John Miller/Robert Harding Picture Library; 25 Jan Traylen/Patrick Eagar Photography; 28 & 35 Mick Rock/Cephas; 37 Diana Mewes/Cephas; 42 Robert Harding Picture Library; 46 Diana Mewes/Cephas; 57 Geoff Lung/Vogue Entertaining; 58 Simon Shepheard/IMPACT; 63 Nick Dolding/Tony Stone Images; 68 Patrick Eagar Photography; 72, 84 & 88 Mick Rock/Cephas; 91 Patrick Eagar Photography; 95 Adrian Lander; 99 Mick Rock/Cephas; 101 Robert Harding Picture Library; 102 Mick Rock/Cephas; 106 Kevin Judd/Cephas; 109 Patrick Eagar Photography; 111, 113, 116, 120, 123 & 124 Mick Rock/Cephas; 126 Melanie Acevedo; 129 Mick Rock/Cephas; 132 R & K Muschenetz/Cephas; 134 Mick Rock/Cephas; 136 Andy Christodolo/Cephas; 139 Mick Rock/Cephas; 140 Patrick Eagar Photography; 142 Kevin Judd/Cephas; 144 & 146 Mick Rock/Cephas; 149 David Martyn Huges/Robert Harding Picture Library; 150 Mick Rock/Cephas; 152 Michael Busselle; 153 Patrick Eagar Photography; 157 Mick Rock/Cephas; 159 Michael Short/Robert Harding Picture Library; 161 Lucy Davies/Axiom Photographic Agency; 162 C Bowman/ Robert Harding Picture Library; 164 Ted Stefanski/Cephas; 171 Mick Rock/ Cephas; 175 Patrick Eagar Photography; 177 Michael Busselle; 181 Mick Rock/Cephas; 182 Michael Jenner/ Robert Harding Picture Library; 186 Hotze Eisma/Taverne Agency; 188 Tom Odulate/Camera Press; 192 Mick Rock/Cephas; 194 Alexander van Berge

Verlag und Autorin danken der Cantina Vinopolis (0044 20 7940 8333) für ihre Unterstützung bei den Fotoarbeiten vor Ort.

Falls trotz intensiver Recherchen ein Bildnachweis unrichtig sein oder fehlen sollte, entschuldigen wir uns dafür und werden den berichtigten Nachweis selbstverständlich in zukünftigen Ausgaben angeben.